Birger Schäfermeier

Einfach Traden

Birger Schäfermeier

EINFACH
TRADEN

FBV

Bibliografische Information der Deutschen Nationalbibliothek
Die Deutsche Nationalbibliothek verzeichnet diese Publikation in der Deutschen Nationalbibliografie; detaillierte bibliografische Daten sind im Internet über **http://d-nb.de** abrufbar.

Für Fragen und Anregungen:
info@finanzbuchverlag.de

2. Auflage 2016

© 2015 by FinanzBuch Verlag
ein Imprint der Münchner Verlagsgruppe GmbH,
Nymphenburger Straße 86
D-80636 München
Tel.: 089 651285-0
Fax: 089 652096

Alle Rechte, insbesondere das Recht der Vervielfältigung und Verbreitung sowie der Übersetzung, vorbehalten. Kein Teil des Werkes darf in irgendeiner Form (durch Fotokopie, Mikrofilm oder ein anderes Verfahren) ohne schriftliche Genehmigung des Verlages reproduziert oder unter Verwendung elektronischer Systeme gespeichert, verarbeitet, vervielfältigt oder verbreitet werden.

Redaktion: Marion Reuter
Korrektorat: Leonie Zimmermann
Umschlaggestaltung: Maria Wittek
Umschlagabbildung: unter Verwendung von shutterstock-Bildern
Satz: Georg Stadler, München
Druck: Konrad Triltsch GmbH, Ochsenfurt
Printed in Germany

ISBN Print 978-3-89879-814-3
ISBN E-Book (PDF) 978-3-86248-519-2
ISBN E-Book (EPUB, Mobi) 978-3-86248-520-8

Weitere Informationen zum Verlag finden Sie unter
www.finanzbuchverlag.de

INHALT

Einleitung		7
1.	Ziele erreichen	11
	1.1 Ausreden	11
	1.2 Erwartung und Wille	14
2.	Entscheidungen	31
	2.1 CSI Wallstreet oder warum ich keine Indikatoren brauche	31
	2.2 Dalli-Klick und Tape-Reading: Wie ich den Markt analysiere	56
	2.3 Lie to me oder wann ich meiner Intuition vertrauen darf	60
3.	Denken und Wahrnehmung	67
	3.1 Perzeption der Realität	67
	3.2 Aufmerksamkeit	79
4.	Mental Trading	89
	4.1 Mentale Stärke	89
	4.2 Gefühle verstehen	99
	4.2.1 Angst	113
	4.2.2 Vertrauen	127
	4.2.3 Selbstvertrauen	147
	4.2.4 Geduld	153
	4.2.5 Frustration	164
	4.3 Umgang mit Gefühlen	173
	4.3.1 Verluste	173
	4.3.2 Stufen zur Toleranz	184
	4.3.3 Stufen zur Akzeptanz	186
5.	Expertentipps	203
	5.1 In der Stunde der Wahrheit: Think outside the box	203
	5.2 Kümmere dich um deine Verluste, dann kümmern sich deine Gewinne um dich!	210

5.3 Never play not to lose – Trade niemals, um nicht zu verlieren 213
5.4 Das Ergebnis ist nicht das Spiel! 217

6. Schlusswort 223

Register 227

EINLEITUNG

Zunächst einmal eine Warnung: Dieses Buch ist ungewöhnlich, zumindest für ein Tradingbuch. Vielleicht erwarten Sie jede Menge Strategien oder geheime Muster, mit denen Sie erkennen können, wohin der Markt geht. Möglicherweise sind Sie aber auch eher der analytische Typ und hoffen, dass ich mit einigen Statistiken die Aussagekraft oder Trefferwahrscheinlichkeit diverser Markteinstiege belege.

Wenn das Ihre Erwartung ist, habe ich eine gute Nachricht für Sie: Sie können bereits hier aufhören zu lesen. Denn dieses Buch enthält keine Tradingstrategien. Nicht weil ich Ihnen etwas verheimlichen will, sondern weil es sinnlos ist, mit starren Tradingstrategien einen chaotischen Markt zu traden.

Stellen Sie sich vor, Sie kennen sich in einer Stadt nicht aus und haben ein Navigationsgerät im Auto. Dieses Navigationsgerät ist Ihre Strategie. Das Navi funktioniert so lange sehr gut, wie die Straßenführung mit der abgespeicherten Karte übereinstimmt. Leider findet in der Stadt eine große Baumaßnahme statt. Viele Straßen sind gesperrt, Durchfahrtsstraßen sind plötzlich Einbahnstraßen und eine Brücke ist sogar gänzlich abgerissen worden. Wenn Ihnen nun das Navi sagt, bitte rechts abbiegen und der Straße folgen, Sie aber vor einer abgesperrten Brücke stehen, würden Sie wahrscheinlich dieser Aufforderung nicht Folge leisten ...

.... wenn doch, sparen Sie es sich, dieses Buch zu lesen. Es wird Ihnen sicherlich nichts nützen!

Navigationsgeräte funktionieren, weil sie auf ein starres Streckennetz zurückgreifen. Gäbe es ein Navigationsgerät für den Markt, müssten ständig neue Straßenführungen eingelesen werden. Es müsste so flexibel sein, dass es während der Fahrt ständig die Routen aktualisiert. Selbst eine Straße, in die wir gerade eingebogen sind, kann plötzlich gesperrt werden, weil eine tiefe Baugrube sich auftut. Ein Navi, das ständig seine Route ändert, würde Sie wahrscheinlich verrückt machen.

Aber genauso ist der Markt. Er kann und wird ständig seine Richtung ändern. Egal wer Sie sind, egal welches System Sie benutzen, egal wie gut Sie vorbereitet sind. Ständig besteht die Möglichkeit, dass die komplette Routenführung in sich zusammenbricht, weil der Markt neue Straßen anlegt und alte umgehend sperrt.

Einfach ausgedrückt haben wir es beim Markt mit einem chaotischen System zu tun. Es gibt keine Naturgesetze wie in der Physik. Es gibt keinen starren Plan wie beim Bau eines Hauses. Sich in so einem System zu bewegen und erfolgreich zu sein setzt ganz besondere Eigenschaften und Vorgehensweisen voraus.

Sie wollen diese Eigenschaften lernen und suchen eine Anleitung in diesem Chaos? Dann könnte dieses Buch etwas für Sie sein.

Ich habe dieses Buch *Einfach Traden* genannt, weil ich »einfach« hier in einem doppeldeutigen Sinn gebrauche.

Zum einen möchte ich Ihnen zeigen, dass es nicht sehr schwer ist, sich in den Märkten zurechtzufinden. Im Vergleich zu vielen anderen Dingen im Leben ist es sogar sehr einfach – möglicherweise sogar einfacher, als Sie denken. Das bedeutet nicht, dass jeder sofort erfolgreich sein kann. Denn es gibt viele Dinge, die einfach sind, aber erst nach Jahren der Übung von Erfolg gekrönt werden.

Sicherlich finden Sie es einfach, sofern Sie keine Behinderung haben, zu laufen. Dennoch haben Sie 12 bis 18 Monate gebraucht, um diese Fähigkeit zu lernen.

Ein Golfschlag ist nicht gerade schwer, zumindest wenn wir die Koordination des Körpers mit einem dreifachen Auerbach vergleichen. Dennoch dauert es meist Jahre, bis wir auf einem hohen Niveau Golf spielen, und nur wenige verdienen damit ihr Geld.

Sie sehen hoffentlich ein: Dinge können einfach sein, was nicht bedeutet, dass jeder sie sofort umsetzen kann. Aber mit Geduld, Training und Zeit kann jeder Mensch diese einfachen Dinge lernen.

Einfach traden meine ich aber auch in einem tieferen Sinn. »Einfach« vergleichbar mit »pur« oder »rein«. Sich durch nichts ablenken lassen, einfach nur traden. Was soll einen schon groß ablenken, werden Sie vielleicht fragen.

Nun, z. B. die Aussicht auf Gewinn oder Verlust. Die Tatsache, dass Trading mit einem Ergebnis verknüpft ist, kann und wird in den meisten Fällen dazu führen, dass wir uns auf das Ergebnis konzentrieren. Das Ergebnis ist aber nicht das Spiel. Haben Sie schon mal versucht, im Fußball auf ein bestimmtes Ergebnis zu spielen? Meist enden diese Versuche desaströs, weil die Spieler zu konservativ oder zu aggressiv gespielt haben. Sportler, die voll im Spiel sind, ohne sich am Spielstand zu orientieren, bringen oft die besten Ergebnisse nach Hause, weil sie sehr flexibel agieren.

Möglicherweise klingt der Gedanke für Sie noch etwas ungewöhnlich – Traden, ohne auf das Ergebnis zu schauen –, aber ich bin mir sicher, dass Sie verstehen werden, warum das ein so wesentlicher Punkt ist, um erfolgreich zu sein, wenn Sie das Buch zu Ende gelesen haben.

»Einfach traden« bedeutet: Lassen Sie sich durch nichts beeindrucken. Weder durch Gewinne noch Verluste. Seien Sie frei von Angst, ohne Erwartungen und Hoffnungen. Wie Ihnen dies gelingt, will ich Ihnen zeigen.

Achtung, dieses Buch ist kein esoterisches Buch. Ich glaube weder an Bestellungen aus dem Universum noch daran, dass man einfach nur fest an Erfolg glauben muss, um ihn zu haben. Dieses Buch stützt sich vor allem auf eines: meine Erfahrung.

Ich trade seit über 20 Jahren. Jeden Tag schaue ich auf den Markt, egal ob ich im Urlaub bin, im Büro oder zu Hause. Ich habe vieles gesehen, 1987 den Crash am Aktienmarkt, den 11. September, zwei Irakkriege, die Asienkrise, die große Blase am neuen Markt 1999, das historische Zinstief 2003, die Immobilienkrise 2008 und die geldpolitische Strategie unendlicher Ankäufe der amerikanischen Notenbank – Quantitive Easing Infinity Bubble von 2009 bis 2014 (oder länger ... leider konnte ich das Ende der Blase nicht abwarten, weil mein Verleger auf das Buch wartete). Ich habe über eine Million Charts gesehen, dennoch bin ich mir sicher, der Markt kann mich jederzeit überraschen. Ich habe keine Angst davor, vielmehr freue ich mich darauf. Ich bin einfach gespannt. Ich liebe diese Spannung, zu sehen, was als Nächstes passiert, ohne es zu wissen.

Klar gibt es Dinge, die sich ständig wiederholen. Bewegungen, aus denen man lernen kann; Marktanomalien. Aber es gibt keine Sicherheit. Ständig ist alles möglich, es gibt keine Grenzen. In einer solchen Umgebung wird jedes komplexe Regelwerk versagen, weil es nicht flexibel genug sein kann. Die einfachen Dinge funktionieren, aber nur solange wir sie flexibel einsetzen und Anpassungen vornehmen, sobald wir auf Schwierigkeiten stoßen.

Es geht weniger um Regeln als um Prinzipien, die wir anwenden müssen, um in diesem ständig wechselnden Umfeld überleben zu können. Die wichtigsten davon habe ich in diesem Buch zusammengefasst. Es sind Prinzipien, die mir geholfen haben, mich in unterschiedlichsten Marktumgebungen zurechtzufinden. Prinzipien, die sich lernen lassen. Sie betreffen das eigene Verhalten und das Risiko, das wir eingehen. Diese Grundlagen sind nach meiner Erfahrung wichtig und helfen weiter.

Kann ich Ihnen versprechen, dass Sie erfolgreich traden werden, wenn es Ihnen gelingt, dieses Konzept umzusetzen? Oder ist dieses Versprechen übertrieben?

Sicher ist, auch ich habe nicht den Heiligen Gral gefunden. Was bei mir wirkt, muss Ihnen nicht unbedingt weiterhelfen. Doch ich denke, die Wahrscheinlichkeit ist groß, dass Sie beim Traden auf dieselben Probleme stoßen werden, auf die ich gestoßen bin. Zumindest in meinen Seminaren sehe ich, dass viele Trader genau mit den gleichen Schwierigkeiten zu kämpfen haben.

Ich habe es geschafft, diese Probleme zu lösen, und will Ihnen gerne behilflich sein mit meiner Erfahrung. Ich kann nur sagen: Als es mir gelang, sie zu überwinden, war ich ein erfolgreicher Trader. Und ich glaube, Sie können es auch sein. Viel Spaß beim Lesen,

Birger Schäfermeier

Im Herbst 2014

1.
ZIELE ERREICHEN

1.1 Ausreden

Trader nennen viele Gründe, warum sie nicht erfolgreich sind. In meinem ersten Buch stellte ich eine Regel für erfolgreiches Traden auf, in der ich behauptete, dass nur derjenige, der 100 Prozent Verantwortung für sein Handeln übernimmt, auch dauerhaft erfolgreich ist.

Viele Menschen suchen Ausreden für ihr Scheitern. Sicherlich kennt der eine oder andere auch Menschen, die ständig einen Grund anführen, warum sie dies oder das nicht gemacht oder erreicht haben. Manchmal haben wir Mitleid mit diesen Menschen, manchmal verstehen wir sie sogar. Oft schütteln wir aber innerlich den Kopf und denken: Was für ein Versager.

Doch wie ist es mit unseren eigenen Ausreden bestellt?

Ausreden wie:

- Ich trade nicht erfolgreich, weil mir die Zeit fehlt.

- Ich trade nicht erfolgreich, weil mir das Geld fehlt.

- Ich trade nicht erfolgreich, weil die großen Spieler am Markt mich ausnehmen.

- Ich trade nicht erfolgreich, weil mein Broker mir schlechte Kurse stellt.

- Ich trade nicht erfolgreich, weil ...

Ausreden sind eine gute Rechtfertigung für alles, weil man so glauben kann, man wäre besser, wenn man sich nur mehr Mühe gäbe, mehr Zeit oder Geld hätte, sich besser vorbereiten würde oder, oder, oder!

All diese Dinge liegen natürlich in unserer Kontrolle. Wir müssen uns ehrlich die Frage stellen, warum wir denn nicht die perfekten Voraussetzungen schaffen, um erfolgreich zu traden, wenn wir doch wissen, welche Zutaten uns noch fehlen. Oder warum wir schon mit Echtgeld handeln, wenn wir noch nicht so weit sind oder wir nicht genug Geld zum Handeln haben. Hinter jedem Tun steckt ein WARUM. Und oft ist das Warum die Antwort, warum wir scheitern.

Ausreden erhalten das Selbstbild

Meiner Einschätzung nach dient eine solche Ausrede der Erhaltung des Selbstbildes nach dem Motto »Ich müsste mir ja eingestehen, dass ich ein Versager bin, wenn ich nicht erfolgreich trade, obwohl ich alle perfekten Bedingungen dafür geschaffen habe. Also verzichte ich lieber auf die perfekten Bedingungen und halte mir so eine Hintertür offen.« Natürlich klingt das erst einmal kurios, denn wer verliert schon gerne freiwillig, weil er sich keine guten Ausgangsvoraussetzungen schafft. Aber seien wir mal ehrlich. Die Wahrheit ist doch immer das, was wir persönlich für uns als Wahrheit zulassen. Und eine Wahrheit, die behauptet, nur zu verlieren, weil wir uns nicht genug Mühe etc. gegeben haben, ist viel einfacher zu verkraften als die schmerzliche Feststellung, dass wir verlieren, weil wir es einfach (im Moment) nicht besser können.

Wie können wir dieser Falle, die unser kluges Unterbewusstsein – mit dem Ziel, uns zu schützen – so geschickt aufstellt, entkommen?

Eine Liste anlegen

Zuerst müssen wir in Form eines Brainstormings alle Punkte aufschreiben, von denen wir glauben, dass sie der Grund sein könnten, warum wir nicht erfolgreich handeln. Wir sollten dabei offen sein und auf Bewertungen jeder Art verzichten. Diese Liste könnten wir eine Woche auf unserem Schreibtisch liegen lassen und jedes Mal ergänzen, wenn wir noch einen Punkt finden, der vermeintlich mitverantwortlich ist für unser schlechtes Abschneiden.

Wenn wir ehrlich zu uns selbst sind – und das ist eine wesentliche Voraussetzung, um ein erfolgreicher Trader zu werden –, wird diese Liste lang. Selbst wenn wir bereits erfolgreich sind, gibt es immer noch Punkte, die wir als Gründe aufführen könnten, warum wir nicht auf einem noch besseren Level traden.

Wenn wir diese Liste fertig haben, schreiben wir oben drüber: MEINE AUSREDEN.

Warum Ausreden? Weil es schlicht Ausreden sind! Jeder kann erfolgreich sein. Vielleicht nicht gleich morgen, aber in fünf Jahren. Dieses Geschäft ist einmalig. Jeder darf mitmachen, es gibt keine Zulassungsbeschränkungen beim Traden. Und natürlich gibt es Hindernisse, aber Erfolg gibt es nicht gratis. Erfolg heißt, Schwierigkeiten zu überwinden. Solange wir ein Hindernis als Ausrede vorschieben, haben wir uns nicht intensiv genug damit beschäftigt. Wenn ein bestimmter Punkt auf der Liste tatsächlich dafür verantwortlich ist, dass wir nicht erfolgreich handeln, dann müssen wir Wege suchen, ihn zu beseitigen.

Für viele Probleme fällt uns nicht sofort eine Lösung ein, aber Kreativität ist die Mutter aller Erfolge. Also seien Sie kreativ, schauen Sie, wie Sie Ihre Ausreden aus dem Weg räumen können. Arbeiten Sie an sich und Ihren Entschuldigungen.

Die Ausreden aus dem Weg räumen

Jeder Punkt auf der Liste ist eine Herausforderung des Schicksals an Sie. Nehmen Sie die Herausforderung an. Bekämpfen Sie sie! Ich habe ein Motto, das heißt: Für jedes Problem gibt es mehr Lösungen, als du denkst. Nicht immer fällt uns die beste Lösung sofort ein, nicht immer finden wir eine richtige Lösung. Aber es ist besser, eine falsche Lösung zu finden, als im Status quo zu verharren und Opfer seiner Ausreden zu sein.

Trading ist einer der härtesten Wettbewerbe, die es gibt! Wer Herausforderungen nicht liebt, sollte sich lieber einen anderen Job suchen.

1.2 Erwartung und Wille

Erwartungen

Es gibt wohl niemanden, der sein Trading-Business ohne Erwartungen startet. Auch ich hatte eine ganz klare Vorstellung, was passieren würde. Ich würde am Aktienmarkt handeln, reich werden und alles würde gut werden. So oder ähnlich starten wohl die meisten Trader, wenn sie das erste Mal mit dem Aktienmarkt in Berührung kommen.

Was motiviert uns, nach einem Verlusttag wieder zu handeln? Natürlich die Erwartung auf Gewinne! Was treibt uns an, nach Gewinnen weiter zu handeln? Natürlich die Erwartung auf noch mehr Gewinne!

Erwartungen sind Antriebsfedern für unser Handeln

Damit wir freiwillig irgendeine Tätigkeit ausführen, ein neues Unterfangen beginnen oder aber die Mühe einer Arbeit auf uns nehmen, sind Erwartungen notwendig, denn sie motivieren uns! Egal ob wir etwas Gutes oder Schlechtes erwarten, es werden in uns Gefühle erzeugt, die uns zum Handeln veranlassen. Solange wir mit Erwartungen so umgehen, dass wir sie als Antreiber zum Handeln verstehen, helfen und unterstützen sie uns. Gefährlich wird es aber, wenn Erwartungen in uns emotionale Konflikte produzieren oder aber zu Aktivitäten antreiben, wo keine Aktivitäten gefordert sind, denn nicht immer sind Erwartungen hilfreich.

Erwartungen sind eine Vorschau auf mögliche Ereignisse

Erwartungen sind ein im Kopf vorweggenommener Status quo. An diesem Zustand messen wir die Realität, was ständige emotionale Konflikte produziert, weil es sehr wahrscheinlich ist, dass die zukünftige Realität nicht mit den Erwartungen übereinstimmt.

Wichtig ist, dass wir zwischen Wille und Erwartungen unterscheiden. Während Erwartungen und Wünsche eher schädlich sind und einen passiven Charakter haben, glaube ich, dass der Wille aktiv versucht, die Realität zu beeinflussen. Dieser aktive manipulative Einfluss des Willens ermöglicht es uns, Ziele zu erreichen. Im Gegensatz zu einer Erwartung wissen wir aber, dass Anstrengungen nötig sind, um unseren Willen durchzusetzen, und dass uns dies nicht immer gelingt.

Während Erwartungen Energie hauptsächlich binden, setzt unser Wille Energien frei. Der Wille ist ein nie endendes Engagement für eine Sache mit dem Ziel, sie durchzusetzen, sich zu behaupten. Es ist eine innere Kraft, die uns hilft, Schwierigkeiten zu meistern und Hindernisse zu überwinden. Wenn ich etwas will, kann ich zwar auch gleichzeitig etwas erwarten, aber ich weiß, dass dafür Anstrengungen notwendig sind und auch das Ergebnis nicht immer meinem Willen entspricht. Das ist anders bei Erwartungen. Dort hoffen oder fürchten wir ein Ergebnis.

Erwartung und Hoffnung

Unterscheiden wir nun Erwartung von Hoffnung. Sie können ein bestimmtes Ergebnis erwarten oder Sie können hoffen, es zu erreichen. Worin liegt der Unterschied? Stellen Sie sich folgende drei Dinge vor: Sie erwarten am Ende des Jahres einen Bonus von Ihrem Chef, Sie erwarten, dass Ihr Kind pünktlich nach Hause kommt, Sie erwarten einen Monatsgewinn. Nun tauschen Sie das Wort »erwarten« aus und »hoffen« auf einen Bonus am Ende des Jahres, hoffen, dass Ihr Kind pünktlich zurück ist, und hoffen auf einen Monatsgewinn. Stellen Sie sich diese Situationen vor. Merken Sie den Unterschied? Wenn Sie etwas erwarten, ist es so gut wie sicher, wenn Sie hoffen, bestehen (berechtigte) Zweifel. Aber es kommt noch etwas hinzu. Wenn wir etwas erwarten, sind wir direkt involviert. Ich meine damit: stärker an das Ergebnis gebunden, interessierter an dem Resultat. Erwartung weckt Aktivität, Hoffen bleibt auf rein passives Abwarten beschränkt. Während Erwartung immer nur EIN Ergebnis in unserer Vorstellungswelt zulässt, werden bei Hoffnung sowohl das positive wie auch das negative Ereignis in unsere Vorstellungswelt aufgenommen.

Erwartungen lassen nur ein Ergebnis in unserer Vorstellungswelt zu

Diese Eindimensionalität der Erwartungen macht sie so schwierig. Wenn wir erwarten, bringen wir uns automatisch um die Möglichkeit, flexibel zu reagieren. Erwartungen spiegeln die Vorwegnahme eines sicheren Ereignisses wider. Diese Emotion lenkt unsere Aufmerksamkeit darauf, uns auf diese sichere Zukunft, und nur diese eine, vorzubereiten.

Es besteht keine Notwendigkeit, flexibel zu reagieren, wenn wir nur ein Ergebnis in unserer Vorstellung repräsentieren. Beziehen wir hingegen auch die Möglichkeit anderer Ergebnisse ein, müssen wir uns automatisch Gedanken machen, welche nächsten Schritte wir unternehmen, falls das gewünschte Ergebnis nicht eintritt oder wir ein Feedback erhalten, das den Erwartungen nicht entspricht.

Erwartungen schränken die Flexibilität ein

Sobald wir uns während des Tradingprozesses vom erwarteten Ergebnis wegbewegen, werden unsere Gefühle uns Signale übermitteln. Signale, die uns zeigen, dass Änderungen möglicherweise notwendig sind. Gefühle wie Frustration, Ärger, Schuldgefühle. Ich schreibe deshalb »möglicherweise«, weil ein einzelnes Feedback nicht immer Änderungen in unserem Verhalten erfordert. So kann es durchaus richtig sein, mit Verlust ausgestoppt zu werden, nur um zu sehen, dass der Markt wieder in unsere Richtung dreht. Viele Trader sind dann frustriert, wollen dieses Gefühl in Zukunft vermeiden und verzichten deshalb auf Stopps. Doch was auf den ersten Blick wie ein Fehler aussieht (ich meine hier, den Stopp zu setzen), ist langfristig richtig. Vielmehr müssen wir uns fragen: Wenn wir hundert Mal so handeln würden, wäre das profitabel oder nicht? Als Trader sollten wir uns nicht zu sehr an einer Situation aufreiben, sondern wir müssen unser Verhalten daraufhin überprüfen, ob es statistisch sinnvoll ist, so zu handeln. Fragen Sie sich also immer: Wenn ich hundert Mal das oder dies tue, mache ich dann einen Gewinn oder verliere ich Geld? Das unterscheidet Trading von vielen anderen Dingen, bei denen ein einzelnes Feedback uns eventuell bereits veranlassen sollte, unsere Meinung oder Richtung zu ändern.

Oft sind Gefühle wie Ärger oder Frustration mit im Spiel, wenn wir beim Traden Erwartungen hegen. Besonders dann, wenn wir etwas erwarten und nicht bekommen. Solange wir nichts tun und einfach nur weiter im Zustand des Erwartens verharren, können und werden diese Gefühle nicht nachlassen, es sei denn, wir bewegen uns zufällig wieder hin zu unserem Ziel. Doch die Wahrscheinlichkeit sinkt, dass wir uns zu unserem Ziel »Gewinne« hinbewegen, weil Emotionen uns in unserer Haltung verkrampfen lassen. Selbst wenn Erwartungen übertroffen werden, führen die überaus positiven Emotionen dazu, dass wir hingehen und unsere Erwartungen hochschrauben ... und schon sind wir kurz davor, enttäuscht zu werden.

Abbildung 1: Achterbahn der Emotionen

Hohe und niedrige Erwartungen

Um dieser Falle zu entgehen, schrauben viele Menschen von vornherein ihre Erwartungen runter. Dieser Selbstbetrug ist aber genauso schädlich wie zu große Erwartungen, denn aus niedrigen Erwartungen entstehen oft auch nur mittelmäßige oder sogar schlechte Ergebnisse. Wer zu wenig erwartet, dem fehlt die Motivation – er verhält sich zu passiv, um seine Ziele zu erreichen. Wer zu viel erwartet, agiert oft zu aggressiv. Wie finden wir das richtige Maß? Und müssen wir überhaupt Erwartungen hegen?

Erwartungen sind wichtig und nützlich, weil sie aktives Handeln freisetzen. Wir bereiten uns auf einen bestimmten Zustand vor. Jemand, der hofft, wird weitaus weniger Energie aufbringen, möglicherweise gar keine, weil sein passives Hoffen die Möglichkeit einschließt, das vorgestellte Ergebnis nicht zu erreichen. Somit sind Erwartungen an sich nicht schädlich, wir müssen uns nur genau überlegen, was wir denn erwarten.

Besser keine Gewinne »erwarten«

Wenn wir Gewinne erwarten, stellen wir uns auf eine bestimmte Zukunft ein. Das bringt uns zwar in den Zustand der Zufriedenheit, aber die Erwartung führt dazu, dass wir nicht vorsichtig, geduldig genug agieren. Deshalb würde ich nicht dazu raten, Gewinne zu erwarten. Immer wenn ich Gewinne erwartet habe, wurde ich böse überrascht und war nicht vorbereitet, auf andere Situationen zu reagieren. Es gibt beim Traden nichts Misslicheres, als unvorbereitet in eine Situation zu geraten. Deshalb hege ich gar keine Erwartungen bezüglich Tagesgewinn oder Wochengewinn. Der Markt ist zu zufällig, als dass ich ein sicheres Ergebnis am Ende einer so kurzen Zeiteinheit wie Tag oder Woche erwarten kann.

Wer jeden Tag Gewinne beim Trading erwartet, verhält sich unrealistisch. Trading funktioniert eher wie eine Eisdiele. Es gibt nun mal Tage, da läuft das Geschäft schlecht, weil einfach nicht das richtige Wetter ist, um Eis zu verkaufen. An anderen Tagen rennen hingegen die Kunden dem Eisdielenbesitzer die Bude ein, weil es warm und sonnig ist. Der Eismann hat auch keinen Einfluss auf das Wetter, aber er weiß: Wenn das Wetter gut ist, muss er so viel Eis verkaufen, wie es geht, und bei schlechtem Wetter wartet er geduldig auf die guten Tage. Ähnlich verhält es sich bei meinem Trading. Es gibt Marktbedingungen, da wird es schwierig, den Tag oder die Woche mit Gewinn abzuschließen. An anderen Tagen oder Wochen habe ich aber dann plötzlich Marktbedingungen, die so fantastisch sind, dass ich die Verlusttage schnell vergessen kann.

Gewinne sind einfach nicht sicher genug, als dass man sie erwarten kann.

Marktbewegungen und Erwartungen

Was ist mit Marktbewegungen? Darf ich hier Erwartungen hegen? Wir müssen uns natürlich eine Vorstellung von der zukünftigen Marktrichtung machen. Ohne diese Vorstellung können wir keine Entscheidung über long oder short fällen. Wir haben Erwartungen als einen im Kopf vorweggenommenen Status quo definiert.

Wenn die Realität nicht mit den Erwartungen übereinstimmt, erhalten wir ein Feedback. Eine Marktbewegung ist etwas Neutrales. Nur wenn wir in unserer Vorstellung diese Marktbewegung mit einem Gewinn oder Verlust verknüpfen, bekommt die Erwartung eine Dimension, die schädlich ist. Ich habe natürlich ständig eine Vorstellung von der Marktbewegung. Wenn der Markt sich nicht mit der Vorstellung deckt, betrachte ich dies als ein Feedback. Die Kunst ist, herauszufinden, wann die richtigen Marktbedingungen für den eigenen Tradingstil gekommen sind. Dazu gehört zwar auch, Bewegungen zu erahnen, aber sie nicht mit bestimmten Gewinnerwartungen zu verknüpfen.

Marktbedingungen und Erwartungen

Außer bestimmten Marktbewegungen (der Markt geht rauf, runter, seitwärts) können wir auch Marktbedingungen erwarten. Hier geht es nicht um die Richtung, sondern um die Art und Weise, wie der Markt sich bewegt. Macht er große und kräftige Sprünge oder geht er zwar stetig rauf, aber ohne viel Momentum? Schiebt er sich langsam seitwärts oder schwankt er eher hektisch in einer Range? Ist der Markt treu, was so viel heißt, dass Breakouts über neue Hochs oder unter neue Tiefs tatsächlich in eine signifikante Marktbewegung in Richtung des Breakouts münden? Oder gibt es ungewöhnlich viele Breakouts? Meiner Meinung nach muss ein Trader Erwartungen hinsichtlich der Marktbedingungen bilden, um seinen Handelsstil darauf einzustellen.

Ich steuere mein Trading so, dass ich sehr aggressiv trade, wenn die Marktbedingungen für mich gut sind. Wenn die Marktbedingungen hingegen nicht meinem Handelsstil entsprechen, fahre ich meine Positionsgröße und die Tradefrequenz runter. Trader müssen lernen, die Marktbedingungen zu erkennen, in denen sie gut sind. Das hängt vom Tradingstil ab. Ich verdiene das meiste Geld, wenn der Markt volatil ist und stark trendet. Ein Scalper wünscht sich hingegen mehr einen Rangemarkt. Wie auch immer die Marktbedingungen sind, nur manchmal sind sie ideal für den eigenen Tradingstil. Dann ist es Zeit, aufzudrehen und viel und groß zu traden. Ansonsten halte ich mich eher zurück!

Risk Manager identifiziert passende Marktbedingungen

Auf meiner Website www.tradac.de, meinem YouTube-Kanal und meinen Seminaren stelle ich eine Software vor, die genau diese Funktion aufweist: den tradAc Risk Manager.

Bei diesem Risk Manager stelle ich mir selbst die Frage, ob die Marktbedingungen *choppy* oder *trending* sind und ob mein Tradingstil gut oder schlecht zu den Marktbedingungen passt. Natürlich kann man hier auch andere Kriterien für sich selbst festlegen, aber für mich sind das zwei ganz entscheidende Punkte.

Je nachdem, ob mein Tradingstil zu den Marktbedingungen passt oder nicht, ist meine Positionsgröße dann größer oder kleiner.

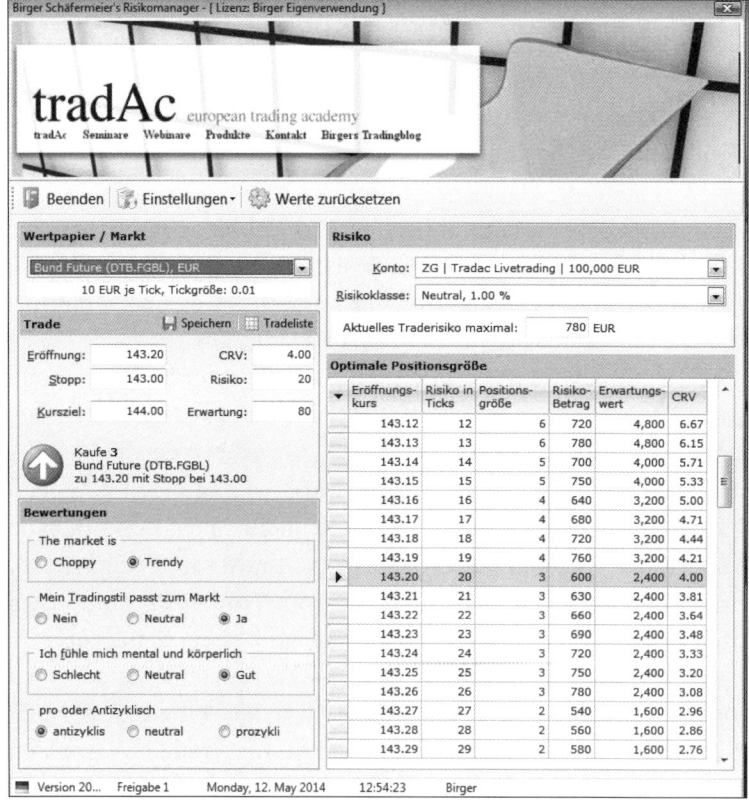

Abbildung 2: Screenshot Risk Manager

Erwartungen führen zu Enttäuschungen

Erwartungen werden erst dann zum Problem, wenn sie mit einem Ergebnis verknüpft werden. Ich kann schönes Wetter erwarten oder günstige Marktbedingungen. Was ich nicht erwarten kann, ist, dass ich morgen als Eisverkäufer viel Eis verkaufe oder als Trader viel Geld verdiene. Das hängt von zu vielen Dingen ab, die ich nicht beeinflussen kann.

Anstatt unser Bewusstsein mit Erwartungen zu belasten und vollzustopfen, sollten wir lernen, unsere Aufmerksamkeit auf etwas anderes zu fokussieren. Während Erwartungen final sind, also auf ein Ergebnis gerichtet, sollte die Aufmerksamkeit eher auf den Prozess konzentriert werden. Die Frage ist: »Wie mache ich etwas?« und nicht »Mit welchem Ergebnis?«. Wie reagiere ich angemessen auf die Dinge, die mir widerfahren? Das schafft die notwendige Flexibilität, weil es Optionen offenlässt. »Wie reagiere ich, wenn der Markt fällt?« ist eine vollkommen andere Fragestellung als »Wie viel verdiene ich, wenn der Markt fällt?«. Mich zu fragen, wie ich mich verhalte, wenn ich verliere oder gewinne, ist etwas anderes, als wenn ich erwarte, zu verlieren oder zu gewinnen.

Die Aufmerksamkeit auf den Prozess fokussieren

Wenn ich morgens erwarte, dass der Markt fällt und ich mit einem Short 1000 Euro verdienen kann, führt dies automatisch dazu, dass selbst dann, wenn meine Erwartungen eintreten, die Wahrscheinlichkeit sehr gering ist, dass sie übertroffen werden. Denn sobald ich 1000 Euro im Gewinn bin, möchte ich aufgrund meiner Erwartungen sicherstellen, dass ich das auch bleibe. Es verbleiben dann nicht viele Möglichkeiten, auf die Marktbewegung zu reagieren. Wir werden wahrscheinlich die Position mit 1000 Euro Gewinn schließen, obwohl wir 10 000 hätten verdienen können. Zwangsläufig verstärken sich Angstgefühle, Geld zu verlieren, sobald wir unser Ziel, 1000 Euro Gewinn, erreicht haben.

Ich beginne also den Tag nicht damit, zu erwarten, dass der Markt fällt und ich mit dem Short xy verdiene, sondern ich konzentriere meine Aufmerksamkeit darauf, dass der Markt mich führen wird und ich fähig bin, den Hinweisen des Marktes zu folgen. Hier richtet sich meine Aufmerksamkeit nicht nach außen auf ein Ergebnis, sondern nach innen, auf mich und meine Fähigkeiten.

Vertrauen in die eigenen Fähigkeiten

Das ist eine Form des Vertrauens. Dieses Vertrauen ist notwendig, um eine Spitzenleistung zu vollbringen. Ich konzentriere also meine Aufmerksamkeit darauf, dass ich genug Erfahrung habe, den Hinweisen des Marktes zu folgen. Ich habe kein konkretes Ergebnis vor Augen, sondern nur den Prozess, was ich gerade tue. Wichtig ist, dass Ergebnisse keine Rolle spielen, weil ich weiß, dass ich fähig bin, angemessen zu reagieren.

Und was ist, wenn wir dieses Vertrauen nicht aufbringen? Wenn wir Angst vor Fehlern haben? Angst vor Fehlern ist schon wieder die Erwartung eines Resultates. Das ist schon wieder auf ein Ergebnis fixiert. Wir müssen uns klarmachen, dass in den seltensten Fällen alles glatt, wie vorgestellt, läuft. Aber wenn wir angemessen reagieren, auch Fehler verkraften können, wenn wir uns stets so am Markt bewegen, dass uns auch Verluste nicht aus dem Spiel drängen können, dann bewahren wir uns die Chance auf den Moment, in dem sich die Möglichkeit eröffnet, zu gewinnen – möglicherweise groß zu gewinnen. Wir wissen nicht, wann das sein wird, wir können aber darauf vertrauen, dass sich früher oder später so eine Situation auftut.

Die Dichotomie von Erwartungen

In dem Maße, in dem ich bereit bin, auf Gewissheiten zu verzichten, befreie ich mich von den Auswirkungen der Erwartung.

Erwartungen können gefährlich werden. Um eine Zukunft zu erleben, die meinen Erwartungen entspricht, muss ich nur meine Vorhersagen für die Zukunft runterschrauben. Ich kann also das Erwartungsspiel gewinnen, indem ich keine oder negative Erwartungen habe. Man muss eben nur verlieren oder bescheiden gewinnen. So führt man ein Leben/Traden in Mittelmäßigkeit.

Erwartungen halten wir in einem »realistischen« Rahmen und verhindern somit überragende Leistungen. Aber dafür haben wir eine Gewissheit für die Zukunft erlangt.

Erhöhe ich die Erwartungen über den »realistischen« Rahmen hinaus, baue ich Druck auf, der oft zu unbefriedigenden Gefühlen führt. Diese Emotionen steuern mein Handeln, sodass ich zurückfalle in den Rahmen der Erwartung.

Zwanghaftes positives Denken funktioniert nicht

Erwartungen führen zu sich selbst erfüllenden Prophezeiungen. Negative Erwartungen durch positive zu ersetzen ist versuchter Trickbetrug, den unser Unterbewusstsein durchschaut. Denn wir brauchen die positive Erwartung ja deshalb, weil wir die negative Konsequenz fürchten. Wir wissen, dass da ein Mangel ist, etwas fehlt, sonst bräuchten wir nicht die positive Erwartung.

»Ich erwarte, heute zu gewinnen«, resultiert aus der unbewusst gedachten Erwartung »Hoffentlich verliere ich heute nicht«.

Doch wie löse ich die unbewusste Identifikation: »Ich bin ein Verlierer, ich bin ein Zocker, ich bin ein Pechvogel, ich werde heute verlieren, dieser Trade läuft wieder schief«? Einfach eine positive Erwartung dagegensetzen, also einfach zu denken: »Ich bin ein Gewinner, ich bin rational, ich bin ein Glückspilz, ich werde heute gewinnen, dieser Trade gelingt«, führt zu nichts. Es gibt Polaritäten: haben – nicht haben, gewinnen – verlieren, Glück – Pech. Indem wir uns zu einem positiven Gedanken zwingen, wird uns unbewusst sofort dessen Gegenteil klar und wir erkennen den Mangel, den Defekt. Polarität ist typisch für den Zustand des Habenwollens. Wir sind uns eines Mangels bewusst und wünschen uns deshalb, dass der Mangel beseitigt ist.

Das zwanghafte positive Denken führt uns immer wieder diesen Mangel vor Augen. Anstatt uns auf andere Dinge zu fokussieren, wandert unsere Konzentration immer wieder genau auf den Mangel.

Wie lenke ich den Fokus von den Erwartungen weg?

Dieses Problem können wir nur lösen, wenn wir unsere Aufmerksamkeit auf etwas vollkommen anderes richten. Ziel ist also, unseren Fokus umzulenken.

Methode 1: Machen Sie einen Aufmerksamkeits-Shift

Was wäre, wenn Sie die Gedanken von Martin Schwarz, Birger Schäfermeier, Ed Seykota, Larry Williams, Michael Marcus kopieren könnten, wie würden Sie dann traden? Welche Attribute würden Ihr Trading beschreiben? Was wäre, wenn Sie wie xy handeln würden?

Richten Sie die Aufmerksamkeit auf diese Attribute. Heute versuchen wir zu traden wie xy, heute denke ich wie xy, heute verhalte ich mich wie xy, wenn er gewinnt, verliert, analysiert, pyramidisiert.

Indem wir unseren Fokus nicht mehr auf das Ergebnis legen, sondern auf den Prozess, schalten wir die negativen Wirkungen von Erwartungen ab. Der Prozess ist nicht an ein spezifisches Ergebnis gekoppelt. Wir sehen aber so, ob wir Fehler machen, ob wir auf dem richtigen Weg sind, und erkennen, welche Schritte nötig sind.

Methode 2: Akzeptieren Sie Unsicherheit

Dieser Ratschlag ist sehr leicht gegeben, aber nur schwer umzusetzen. Chaos ist ein natürlicher Zustand, der unser rationales Bewusstsein immer auf die Probe stellen wird! Rationalität begründet sich in einer gewissen Ordnung. Wenn x, dann y. Erst dies, dann das! Unser Bewusstsein ist so trainiert, dass es versucht, in jedem Chaos eine Ordnung zu finden oder es zu erklären, um mit dem Chaos besser umgehen zu können. Dieser Prozess ist natürlich und wichtig. Stellen Sie sich ein kleines Kind vor, das sprechen lernt. Zuerst sind all die Laute nur wirres Chaos, doch dann erkennt das Gehirn eine gewisse Struktur darin und es lernt ohne Vokabelheft seine Muttersprache. Dadurch, dass unser Bewusstsein versucht, unsere Umwelt zu strukturieren, hilft es uns, sich darin besser zu orientieren.

Der Markt ist ein chaotisches System

Der Markt ist allerdings ein chaotisches System und der Versuch, Ordnung in dieses Chaos zu bringen, hat schon viele Trader ruiniert. In einem chaotischen System gibt es keine Sicherheiten, sondern nur Wahrscheinlichkeiten.

Ich habe Jahre gebraucht, um zu akzeptieren, dass das Ergebnis eines einzelnen Trades, ja selbst das eines ganzen Tradingtages oder -monats zufällig sein kann. In einem chaotischen System können Zufälle einen entscheidenden Einfluss haben. Als gutes Beispiel dafür dient in der Chaostheorie das Bild, dass ein Flügelschlag eines Schmetterlings woanders einen Tornado auslösen kann. Obwohl es sich hier wohl eher um ein Bild als um eine Theorie handelt, geht es darum, dass in komplexen, nicht linearen dynamischen

Systemen ein kleiner Effekt großen Einfluss auf das Ergebnis haben kann. Anders formuliert: Wenn die Ausgangsbedingungen sich nur marginal ändern, ist das Ergebnis nicht mehr vorhersagbar.

Genau mit so einem System haben wir es beim Markt zu tun. Es gibt keine Linearität. Wie sollte es sie auch geben? Wenn x immer gleich y bedeutete, würde jeder darauf wetten. Aber wie bei jeder Wette braucht man ein Gegenüber, das die Gegenposition einnimmt. Ich stelle mich immer bei meinen Vorträgen vor das Publikum und halte einen Stift in die Luft. Dann fordere ich das Publikum auf, zu wetten, was wohl passiert, wenn ich den Stift loslasse. Fällt er zu Boden oder klebt er an der Decke? Natürlich wettet niemand, dass der Stift an der Decke klebt. Jeder hat, selbst wenn er in Physik nicht aufgepasst hat, genug Erfahrung mit Newtons Gravitationsgesetz gemacht, um zu wissen, dass Gegenstände zu Boden fallen.

Am Markt gibt es keine Sicherheiten, nur Wahrscheinlichkeiten

Im Markt gibt es solche Gesetze nicht. Und wenn, könnte man sie nicht profitabel nutzen.

Je früher Sie lernen, zu akzeptieren, dass der Markt und die Ergebnisse von einzelnen Trades unsicher sind, desto erfolgreicher werden Sie sein. Ein kleiner Hinweis an dieser Stelle zum Verständnis noch: Unsicherheit im einzelnen Ergebnis bedeutet nicht unsichere Gesamtergebnisse. Wie im Casino kann es einen Vorteil geben. Zwar ist unsicher, ob Schwarz oder Rot fällt, aber da es die Null gibt (Grün), verdient das Casino auf lange Sicht. Es braucht sich keine Gedanken zu machen, dass das einzelne Ergebnis unsicher ist, da es wegen dieses Vorteils ein sicheres Gesamtergebnis hat. Genauso läuft es beim Traden. Wenn der Trader einen Vorteil hat, bleibt das Einzelergebnis unsicher, das Gesamtergebnis wird dennoch profitabel sein!

Methode 3: Qualitäten freisetzen

Lange Zeit habe ich mich damit beschäftigt, was mich hindert, beim Traden erfolgreich zu sein:

Ich war zu ungeduldig, zu undiszipliniert …

Natürlich brachte ich auch Qualitäten mit, aber über die und wie ich sie am besten einsetzen konnte, war ich mir nicht bewusst.

So hatte ich: Selbstvertrauen, Ernsthaftigkeit, Spaß, Neugier und war ausgeglichen.

Wie muss ein Trader sein? Wenn wir hundert erfolgreiche Trader fragen, werden wir eine ganze Liste an Qualitäten finden. Ist das nicht komisch, dass der perfekte Trader immer andere Qualitäten hat? Akzeptieren wir doch einfach mal, dass es unterschiedliche Qualitäten gibt, die – sofern richtig eingesetzt – einen Menschen zum Mastertrader machen. Als ich 20 war, gab es Phasen, da tradete ich bereits sehr erfolgreich. Warum? Weil ich Spaß hatte. Als ich 30 war, tradete ich erfolgreich, weil ich diszipliniert war, seitdem ich 40 bin, trade ich erfolgreich, weil und wenn ich ausgeglichen bin.

Ich habe viele Jahre damit verbracht, etwas anderes zu werden, als ich bin, weil ich mich nicht auf meine Qualitäten konzentriert, sondern versucht habe, »Mängel« zu beseitigen. Doch welche Qualitäten sind in mir? Ist es nicht einfacher, diese freizulegen, als sich »neue« Qualitäten anzueignen? Wichtiger als neue Fertigkeiten zu lernen, ist es, Qualitäten, über die wir bereits verfügen, gezielt einzusetzen. Jeder Mensch hat Qualitäten.

Methode 4: Fokus

Worauf liegt unser Fokus? Mein Fokus war lange Zeit die Frage, was mich blockiert. Ich habe ihn auf meine Schwächen konzentriert und natürlich jedes Mal verloren, wenn ich mich darauf konzentrierte, was ich nicht oder schlecht konnte.

Wenn ich ständig denke, ich muss geduldiger sein, ich muss geduldiger sein, liegt mein Fokus auf meiner Schwäche. Das hilft zwar, Risiken zu vermeiden, die wegen dieser Schwäche auf mich lauern, hilft mir aber nicht, selbstbewusst und frei zu agieren.

Merke dir: Dein Fokus sollte immer auf dem Guten liegen (siehe auch die Expertentipps am Ende des Buches).

Der Fokus sollte auf den eigenen Stärken liegen

Wir streben nach Perfektion. Doch wer ist schon ohne Fehler? Richtig ist es, das Ziel zu haben, sich ständig zu verbessern, aber verbessern heißt lernen und NICHT, keine Fehler zu begehen. Der perfekte Trader ist frei; frei von dem Gedanken, perfekt sein zu wollen oder keine Fehler zu machen. Natürlich ist es richtig, sich von Zeit zu Zeit mit seinen Schwächen auseinanderzusetzen, aber noch wichtiger ist es, die eigenen Stärken zu beleuchten und in den Vordergrund zu stellen.

Fokussieren Sie sich immer auf Ihre Stärken und agieren Sie taktisch so, dass Ihre Schwächen Ihnen nicht schaden können. Sie sollten sie nicht ignorieren, aber auch nicht überbewerten.

Jemanden zu etwas anderem zu machen, als er ist, ist eine schwierige, langwierige und oft hoffnungslose Aufgabe. Stellen Sie sich eine Firma vor. Sie sind der Boss, nun haben Sie die Möglichkeit, entweder Ihre Mitarbeiter so weit zu verändern, dass sie die gewünschten Qualitäten aufweisen, oder aber Sie können einfach Mitarbeiter einstellen, die diese Qualitäten haben. Was ist einfacher, was ist dauerhafter?

Die eigenen Fähigkeiten richtig einsetzen

Wenn Sie sich auf Ihre Qualitäten besinnen, können Sie sicher sein, dass diese immer für Sie arbeiten. Es gibt da nichts Künstliches, stattdessen sind die Qualitäten tief verwurzelt. Es gibt keinen Rückfall in alte Gewohnheiten, weil Ihre Gewohnheit Ihre Qualität ist. Wäre das nicht fantastisch?

Dies ist der Zustand des Seins. In dieser Verfassung bin ich zufrieden mit dem, was ich bin. Nicht das Resultat – Gewinn oder Verlust – vermittelt mir ein Gefühl, sondern ich kann mich darüber freuen, dass ich meine Qualitäten in dieses Spiel der Spiele klug einbringe. Nicht das Spiel spielt mich, ich spiele das Spiel mit meinen Qualitäten. Dafür brauche ich nichts Externes, ich muss nur das, was ich habe, richtig einsetzen. Gelingt mir das, ist das ein Erfolg, der größer ist als alle Resultate, die ich mit diesem Erfolg erziele. Denn dann bin ich bei mir, es gibt keinen Mangel, weil ich alles habe, was ich brauche.

> Wir besitzen bereits alles in uns, was für Exzellenz notwendig ist!

Ein Leben lang haben wir gesucht, weil wir dachten, es fehlt etwas. Wir dachten, wir kommen auf die Welt und brauchen etwas. Dass wir alles haben, ist dabei in Vergessenheit geraten. Was für ein Genuss dieser Zustand des Seins ist.

Also: Wie finde ich meine Qualitäten, wie pflege ich sie und wie setze ich sie geschickt für mein Trading ein? Wie eine Medaille hat auch jede Eigenschaft zwei Seiten!

Ich bin ungeduldig. = Ich kann schnell Entscheidungen treffen.

Ich bin vorsichtig. = Ich handle überlegt.

Ich bin ängstlich. = Ich bereite mich eben gerne auf alles vor, um keine bösen Überraschungen zu erleben.

Ich bin undiszipliniert. = Ich bin leidenschaftlich.

Wenn wir uns auf unsere Schwächen konzentrieren, wird sich unser Selbst wehren. Wir haben ein Selbstbild von uns, das uns hilft, in dieser Welt zu existieren. Wenn wir uns nun auf unsere Schwächen konzentrieren, wird es in uns etwas geben, das diese Schwächen verteidigt. Wir befinden uns dann in einem ständigen Kampf. Wenn wir aber Qualitäten intensivieren, erfahren wir Unterstützung durch unser Bewusstsein.

Methode 5: Bewusst Aufmerksamkeit üben

Da Erwartungen immer auf eine Zukunft gerichtet sind, hilft es im Umgang mit ihnen, sich auf die Gegenwart zu konzentrieren. Lenken Sie Ihre Aufmerksamkeit bewusst auf das Aktuelle. Träumen Sie nicht von Gewinnen, fürchten Sie keine Verluste, sondern schauen Sie auf das, was gerade passiert, ohne gleich das aktuelle Geschehen in die Zukunft hochzurechnen.

Dieses Hochrechnen ist erneut ein automatischer, natürlicher Prozess unseres Gehirns. Wir sind aber nicht gezwungen, diesem Impuls zu folgen. Wenn wir lernen, bewusst Aufmerksamkeit zu üben, können wir alles, was geschieht, einfach als Feedback auffassen.

Wir können möglicherweise die automatische Hochrechnung nicht vermeiden, aber uns bewusst machen, dass dies nur eines von vielen möglichen Ergebnissen ist. Es gibt immer mehr Möglichkeiten, als wir denken. Das ist ein Credo von mir, das an verschiedenen Stellen des Buches aufgegriffen wird.

Sobald ich also bemerke, dass ich automatisch Ergebnisse hochrechne, rufe ich mir ins Gedächtnis:

»Birger, es gibt mehr Möglichkeiten, als du denkst. Also handle dementsprechend. Was in der Zukunft passiert, kannst du jetzt noch beeinflussen, dazu musst du aber deine Aufmerksamkeit auf das Jetzt lenken.«

2.
ENTSCHEIDUNGEN

2.1 CSI Wallstreet oder warum ich keine Indikatoren brauche

Sicherlich haben Sie auch schon mal einen der vielen Gerichtsmediziner-Filme gesehen. Auf der Suche nach Spuren werden die Räume oft mit einer speziellen Lampe, sogenanntem UV-Licht, abgeleuchtet. Blutspritzer oder Spermaspuren, die vorher nicht zu erkennen waren, werden unter dieser Lampe plötzlich deutlich sichtbar und sind leichter zu finden.

Das UV-Licht hilft bei der Suche, aber es löst den Fall nicht. Die richtigen Schlüsse aus den gefundenen Spuren müssen die Gerichtsmediziner ziehen und es wäre fahrlässig, die Spuren unabhängig von Tatort und Geschehen zu interpretieren. Manchmal haben die gefundenen Spuren mit dem Fall gar nichts zu tun, ein anderes Mal sind sie Teil der Lösung.

Die Spuren beschreiben die Vergangenheit. Sie sind nicht Teil der Zukunft. Sie erklären, was passiert ist, sagen aber nicht, was demnächst passieren wird.

Ähnlich verhält es sich mit Indikatoren. Sie beleuchten den Markt ebenfalls in einem ganz bestimmten Licht und heben »Spuren« hervor. Glauben Sie aber nicht, dass deshalb der Fall schon gelöst ist. Wahrscheinlich haben die Spuren mit dem Fall nichts zu tun, und wenn doch, erklären sie nur, was bereits passiert ist. Ist der Stochastikwert zum Beispiel ganz oben, heißt das lediglich, dass wir uns in der Nähe des Hochs der eingestellten Periode befinden.

Was sagt uns das? Nichts, wenn wir den Tatort nicht weiter untersucht haben. Befindet sich der Markt in einer starken Aufwärtsbewegung, sollte uns das nicht weiter verwundern. Es ist normal, genauso wie wir erwarten, an der

Arbeitshose eines Schlachters Blutspuren zu finden. (Komisch wäre schon eher das Gegenteil!) Die Spur ist wahrscheinlich wertlos.

Indikatoren erklären nur die Vergangenheit

In einer Seitwärtsphase des Marktes kann ein hoher Stochastikwert ein Hinweis darauf sein, dass wir das obere Ende der Range erreicht haben. Er ist aber nur ein Indiz, beschreibt nur das, was schon passiert ist. Ob die Kurse noch weiter steigen, vermag die Stochastik nicht zu sagen. Genauso wie die Blutspur an der Kleidung des Täters zwar ein Hinweis darauf ist, dass der Täter etwas mit dem Verbrechen zu tun hat, aber keine Aussage darüber macht, ob der mögliche Täter ein weiteres Verbrechen begeht.

Akzeptieren Sie das. Ein Indikator erklärt nur die Vergangenheit, wie Spuren nur ein Teil eines längst geschehenen Verbrechens sind. Sie beleuchten den Markt in einem bestimmten Licht. Das kann es leichter machen, Vergangenes zu rekonstruieren. Dennoch käme wohl kein Gerichtsmediziner der Welt auf die Idee, den Tatort ausschließlich mit UV-Licht zu besichtigen. Denn obwohl dieses spezielle Licht hilft, bestimmte Stoffe leichter zu sehen, können wir andere Dinge darunter schlechter erkennen. (Sicher haben Sie schon von Kaufhäusern gehört, die auf ihren Toiletten UV-Licht einsetzen, damit Drogensüchtige bei dieser Beleuchtung ihre Adern schlechter finden können und sich somit ihren Schuss woanders als auf der Kaufhaustoilette setzen.)

Bedenken Sie, dass Sie ein bestimmtes Licht eingeschaltet haben, sobald Sie den Markt mithilfe eines Indikators betrachten, einen Filter, der helfen kann, einige Dinge besser zu sehen, dafür aber andere unsichtbar macht. Spuren, die Sie finden, sind nur ein Teil der Geschichte, sie müssen in Zusammenhang mit der Gesamtsituation gebracht werden. Und selbst wenn Ihnen das gelingt, erzählen die Funde nur eine Geschichte, die bereits geschehen ist. Manchmal lenken sie unsere Aufmerksamkeit nicht in die richtige Richtung und wir ermitteln den falschen Täter. Das kann dann sehr unangenehm werden. Machen Sie nicht den Fehler eines unerfahrenen Ermittlers und betrachten Sie nicht die Spur außerhalb ihres Zusammenhangs. Blicken Sie auf das ganze Geschehen. Das bedeutet für einen Trader: Widmen Sie Ihr Augenmerk dem gesamten Kursverlauf, unbereinigt und unverzerrt durch irgendwelche Indikatoren. Jeder Indikator kann nur aus dem bisherigen Kursverlauf errechnet werden. Er glättet, vereinfacht oder verzerrt diesen, um bestimmte Charakteristika hervorzuheben.

Indikatoren glätten, vereinfachen, verzerren

Aus diesem Grunde benutze ich selber keine Indikatoren. Als Trader ist meine Fragestellung nicht »Was ist geschehen?« (wie bei einem Verbrechen), sondern »Was passiert gerade?«. Ein Indikator sollte besser »Reflektator« heißen, denn er reflektiert, statt zu prognostizieren!

Vielleicht halten Sie mich für fahrlässig, auf diese Analysemöglichkeiten zu verzichten. Warum nicht einfach die Hilfestellung durch Indikatoren annehmen? Ich gebe zu, theoretisch spricht nichts dagegen. Ich habe aber im Laufe der Zeit gelernt, den Markt ohne Indikatoren zu lesen, und diese Fähigkeit entwickelt sich nur dann, wenn Sie auf Indikatoren verzichten.

Früher, als es noch keine Navigationssysteme in den Autos gab, orientierte ich mich vor der Fahrt anhand einer Karte und prägte mir wichtige Punkte ein. Eine Strecke, die ich einmal gefahren war, konnte ich mühelos auch noch Monate, sogar Jahre später wieder fahren, ohne erneut in die Karte sehen zu müssen. Indem ich bei der ersten Fahrt die Strecke bewusst wahrnahm, lernte ich den Weg. Heute ist das anders. Ich programmiere das Ziel in das Navigationsgerät und los geht es. Will ich kurze Zeit später dieselbe Strecke fahren, weiß ich immer noch nicht, wie ich fahren muss. Ich bin gezwungen, die Strecke erneut mithilfe des Gerätes zu fahren.

Das Navigationsgerät hilft mir zwar, einen Weg leichter zu finden, aber ich habe verlernt, mich selber zu orientieren. Fällt das Navi aus oder ist der vorgeschriebene Weg nicht befahrbar, bin ich aufgeschmissen.

Damit es Ihnen am Markt nicht so geht, sollten Sie lernen, sich anhand der Kurse zu orientieren.

Den Markt als Ganzes betrachten

Indikatoren sind wie eine Krücke oder Gehhilfe. Sie helfen dem Anfänger möglicherweise beim Laufenlernen. Aber haben Sie je einen Sprinter einen

Wettbewerb mit einer Krücke gewinnen sehen? Wer schnell und sicher laufen will, der muss lernen, ohne die Krücke auszukommen.

Die größte Gefahr bei den Indikatoren sehe ich darin, dass sie viele Trader dazu verleiten, ihr eigenes Denken zu vergessen. Heutzutage rechnet Ihnen jedes Softwareprogramm den Verlauf der bekanntesten Indikatoren im Handumdrehen aus. Viele Trader wissen gar nicht, was das Programm da gerade gerechnet hat. Sie kennen nur die Interpretationen aus irgendwelchen Büchern für diese Indikatoren.

Indikatoren sind verführerisch, da es keinen Interpretationsspielraum gibt. Ein Signal ist ein Signal, entweder ist der Indikator bullish oder nicht. Diese scheinbare Einfachheit macht die Indikatoren so beliebt. Es gibt nur Schwarz oder Weiß. Die Indizien scheinen eindeutig. Der Verdächtige wird verurteilt anhand einer Indizienkette. Geständnisse gibt es nicht!

Komplizierte Sachverhalte werden mit einem Indikator vereinfacht und somit verständlich.

Doch wie sollen wir uns dem Markt nähern, wenn nicht mit Hilfsmitteln? Wir können doch nicht einfach so aus der Hüfte schießen und hoffen, dass der Trade funktioniert. Welche Methoden und Konzepte haben Wert?

Wie wir gute Entscheidungen treffen

Unser Verstand schafft es, genau 50 Bits pro Sekunde zu verarbeiten. Das sind relativ wenige Informationen, die wir bewusst in eine Entscheidung miteinbeziehen können. Es sei denn, wir haben sehr lange Zeit für eine Entscheidung. Wenn Sie ein Auto kaufen wollen oder ein Haus, dann können Sie Ihre Entscheidung wochen-, ja monatelang hinauszögern. Beim Trading sind wir nicht in einer so komfortablen Situation. Hier müssen wir manchmal innerhalb von Sekunden entscheiden, ob wir in den Markt reingehen oder es lieber bleiben lassen.

Von daher wäre ein Schwarz-Weiß-Entscheidungskriterium wie ein Indikator eigentlich keine schlechte Sache. Leider würde sich aber jedes gute Signal eines Indikators über die Zeit selbst aufheben, da immer mehr Leute versuchen würden, das Signal zu antizipieren, und dadurch den Markt beeinflussen.

Die diskretionäre Entscheidung

Die Idee, ein Tradingsystem auf der Grundlage »Keep it small and simple« (kurz KISS) zu entwickeln, ist nicht neu. Natürlich versuche auch ich, möglichst wenige Parameter bei der Entscheidungsfindung zu berücksichtigen. Der wesentliche Unterschied aber zu einem systematischen automatisierten Handelssystem ist die Freiheit, jederzeit bestimmte Faktoren in meinen Entscheidungen stärker zu gewichten als andere. Mal ist der Trend für mich ausschlaggebendes Kriterium, mal eine Nachricht, mal eine Formation, ein anderes Mal eine Marktanomalie oder ein Muster.

Diese Wahlfreiheit ist für Anfänger verwirrend und erweckt bei vielen den Eindruck, dass man sein »wahres Geheimnis« nicht verraten will. Aber so ist es nicht.

Um gute Marktentscheidungen treffen zu können, müssen wir uns nicht nur unseres rationalen Verstandes bedienen, sondern auch unseres Unterbewusstseins. Dessen Verarbeitungskapazität übersteigt die des rationalen Bewusstseins um ein Vielfaches. Die große Schwäche des Unterbewusstseins ist: Es verrät uns nicht, wie es zu der Entscheidung gekommen ist, und es prüft seine Entscheidungen nicht mit rationalen Kriterien.

Die Kraft des Unterbewusstseins nutzen

Unser Unterbewusstsein ist im Laufe unseres Lebens konditioniert worden, sodass seine Entscheidungen durchaus anders sein können, als wir es uns rational wünschen.

Diese verdeckte Entscheidung macht es für uns so schwierig, uns auf Intuitionen zu verlassen. Damit das Unterbewusstsein gut arbeiten kann, muss es erst mit Informationen gefüttert werden. Es muss also eine Trainingsphase durchlaufen. Es braucht möglichst viel Input. Dieser Input entsteht durch jahrelanges Traden, aber auch durch jahrelanges Beobachten und Verfolgen der Märkte.

Was meinen Sie, wie viel Tausende von Charts ich schon gesehen habe? Ich trade seit über 20 Jahren. Jeden Tag sehe ich mir mindestens vier Märkte an, beobachte die Kursveränderungen und versuche, meinen Profit aus den

Bewegungen zu schlagen. Ich schaue mir die Charts auf 1-Minuten-, 5-Minuten-, Stunden-, Tages-, und Wochenbasis an. Das alles kann ich mir nicht bewusst merken, aber mein Unterbewusstsein schreibt fleißig mit und liefert mir die Informationen, wenn ich sie brauche. Nicht in der Form »Birger, pass auf, so eine Situation gab es am 3. Dezember 1994 schon mal«, sondern es präsentiert mir nur ein Ergebnis. Da das Unterbewusstsein sich nicht in Sprache ausdrückt, empfange ich auch nicht den Gedanken »Birger, steig jetzt ein, das ist eine gute Formation«, sondern es spricht in Bildern und Gefühlen zu mir. Man könnte auch sagen, es denkt mit dem Bauch und kommuniziert über Gefühle. Diese Sprache »Gefühl« ist nicht sehr präzise, deshalb haben wir Schwierigkeiten, sie zu lernen. Hinzu kommt oft noch ein Widerwillen, eine so wichtige Entscheidung wie einen Trade auf der Basis unklarer Kriterien zu fällen.

Es geht um die Frage: Wie kann ich lernen, meinen Gefühlen zu vertrauen? Wie kann ich diese machtvolle Waffe beim Traden einsetzen? Denn wenn uns das gelingt, denken wir nicht nur mit unserem begrenzten rationalen Verstand, der sehr zielorientiert arbeiten kann, aber sehr langsam ist, sondern haben auch noch einen Superrechner zur Verfügung. Je mehr Daten Sie bereits durch Erfahrung und Übung in diesen Superrechner eingelesen haben, umso besser werden Ihre Entscheidungen.

Rationalität und Intuition jeweils an der richtigen Stelle einsetzen

Leider haben wir in der Schule und in der Gesellschaft nicht gelernt, wie wir diesen Supercomputer, unser Unterbewusstsein, anzapfen können, weil es in unserer zivilisierten und vernunftbetonten Gesellschaft nur ein richtiges Kriterium für Entscheidungen gab –, und das war und ist Rationalität. Rationalität bedeutet, wir können begründen, warum etwas richtig ist. Dieses Vorgehen hat uns Menschen großen Fortschritt ermöglicht und ist in vielen Bereichen sehr hilfreich. Aber wenn es um einen chaotischen Markt geht, wird uns diese Rationalität zum Verhängnis. Weil am Markt nicht immer x = y ist. Es gibt dort keinen klaren Ursache-Wirkung-Zusammenhang wie in vielen Naturwissenschaften. Natürlich können wir nicht auf unsere Vernunft verzichten, wir müssen sie unbedingt einsetzen, nur nicht bei der Entscheidung, ob wir long oder short gehen sollten. Da hilft sie nicht weiter. Gute Einsatzgebiete für unsere Vernunft sind das Risikomanagement und teilweise auch der Einsatz rationaler Strategien beim Ausstieg, weil unser Unterbewusstsein leider risikoscheu auf Gewinne und risikofreudig bei Verlusten reagiert. Es ist sozusagen nicht auf Trading programmiert worden.

Beim Einstieg hingegen geht es darum, herauszufinden, wohin der Markt geht. Diese Frage ist, falls überhaupt lösbar (was man wegen des Chaos am Markt durchaus bezweifeln kann), nur mithilfe des Unterbewusstseins zu beantworten. Oft genug gibt es eben doch Situationen, die ähnlich sind oder nach bestimmten groben Mustern verlaufen.

Das Expertensystem

Wie können wir lernen, unter Berücksichtigung von Gefühlen zu entscheiden, ohne uns dabei von Stimmungen wie Gier und Angst leiten zu lassen? Mein Ziel ist es, auf den nächsten Seiten ein Entscheidungssystem vorzustellen, das wir auch als Expertensystem bezeichnen können. Dieses Expertensystem greift unmittelbar auf unbewusstes Wissen (auch Erfahrung genannt) zurück, kann aber im Moment der Entscheidung nicht unbedingt erklären, warum wir zu dieser oder jener Entscheidung kommen.

Gary Klein hat sich in seinem Buch *Entscheidungen – die natürliche Quelle der Macht* ausführlich mit diesem Thema beschäftigt und Menschen untersucht, die Entscheidungen unter Druck treffen mussten. Seine Untersuchungen umfassten Feuerwehrleute in schweren Einsätzen, Hubschrauberpiloten oder Fahrer von Panzern. Seine Ergebnisse dienen mir als Vorlage, meinen Entscheidungsprozess für den Einstieg im Folgenden zu erläutern und Ihnen ein System zu vermitteln, wie Sie selbst bessere Entscheidungen treffen können.

Bevor wir uns allerdings mit dem Entscheidungssystem von Experten beschäftigen, möchte ich erklären, warum klassische Entscheidungssysteme beim Traden nicht funktionieren.

Die richtige Entscheidung

Als Trader müssen wir unzählige Entscheidungen treffen. Viele davon sind durch unser System festgelegt (oder sollten es zumindest sein), andere ergeben sich spontan aus der Situation.

Nicht immer stehen uns alle notwendigen Informationen zur Verfügung, um perfekte Entscheidungen treffen zu können. Selten haben wir die Zeit, in Ruhe zu überlegen. Ab und zu stehen wir zudem noch unter gewaltigem Druck, sei es durch selbst gemachten Performancedruck oder aber weil wir am Ende des Monats unsere Rechnungen bezahlen müssen.

Entscheidungen unter Druck, mit nur wenigen Informationen und in kurzer Zeit zu treffen ist eine Herausforderung, an der sich die Qualität des Traders erkennen lässt. Das sind typische Entscheidungssituationen beim Trading! Nicht jeder ist in der Lage, unter solchen Umständen zu agieren.

Für die meisten Entscheidungen gibt es Routinen

Wir treffen im Laufe eines Tradingtages Hunderte von Entscheidungen. Wo sollen wir einsteigen, wie groß sind unsere Positionen, sollen wir der Nachricht oder der Kerze Aufmerksamkeit schenken, haben wir genug Gewinn/Verlust für den Tag realisiert? Sollen wir noch weitertraden, ist das normal, was passiert, wie kann ich mich verbessern? All das ist nur eine Auswahl von Hunderten notwendigen Entscheidungen. Da unsere mentalen Ressourcen nicht unendlich sind, haben wir für die meisten Entscheidungen Routinen entwickelt. So können viele Fragen im Hintergrund geklärt werden, ohne dass wir unsere Aufmerksamkeit darauf richten müssen.

Liest man Bücher über Entscheidungsprozesse oder sucht Rat in Seminaren, scheint es oft so, als seien Entscheidungen nur eine Frage von Routinen. Für jedes Problem gibt es klare Entscheidungswege, die zur besten Lösung führen.

Zu gerne würde ich mich einreihen in die Liste der Bücher mit einfachen Lösungen, die dem Trader Entscheidungen abnehmen. Es scheint so, als müsse man nur nach dem richtigen Rezept suchen, und schon gelingt einem alles. Gibt es einen Unterschied in der Frage, wie backe ich einen Marmorkuchen oder wie mache ich Gewinn? Wenn nicht, reicht eine Suche im Internet-, und morgen sind wir alle Millionäre.

Im Zeitalter von Google und anderen Suchmaschinen sollte es kein Problem sein, die richtige Lösung zu finden! Leider sind die meisten (nicht alle)

Tradingentscheidungen keine Kuchenrezepte, auch wenn viele Seminar- und Buchanbieter dies so verkaufen wollen.

Auch ich versuche mit meinem Buch, Hilfe bei Entscheidungsprozessen anzubieten, aber wenn wir ehrlich sind, eignen sich Routinen nur bedingt, um erfolgreich zu traden. Was nicht heißen soll, dass ich in bestimmten Situationen oder für bestimmte Aufgaben nicht auch Routinen verwende. Aber nicht bei der Klärung, ob ich long oder short gehen sollte oder wo ich einsteigen werde.

Klassische Entscheidungssysteme

Klassische Entscheidungssysteme sehen einen mehrstufigen Entscheidungsprozess vor. Zuerst definiert der Fragende das Ziel oder Problem, dann sammelt er Informationen, vergleicht die ihm zur Verfügung stehenden Alternativen und wählt die nutzbringendste Möglichkeit aus. Soweit die Theorie.

Eine solche Entscheidungsfindung empfiehlt sich aber nur dann, wenn:

1. Das Ziel klar definiert ist

2. Das Problem bekannt und klar ist

3. Keine Anomalien auftreten oder zu erwarten sind

4. Sogenannte Hebelpunkte und Chokepoints bekannt sind

Wenn all diese Voraussetzungen gegeben sind, können wir mit klassischen Routinen schnelle und einfache Entscheidungen treffen.

Aber ist bei jeder Tradingentscheidung, die wir treffen, das Ziel wirklich bekannt? Denn das wäre eine notwendige Voraussetzung, um klassische entscheidungstheoretische Lösungsansätze zu nutzen.

Ziele und Zielkonflikte

Augenscheinlich ist auch beim Trading unser Ziel bekannt. Wir wollen Geld verdienen. Aber nicht immer ist es so einfach, weil wir uns einer Vielzahl von

Zielkonflikten stellen müssen. Die korrekte Entscheidung hängt davon ab, ob wir das korrekte Ziel anvisieren. Und dies ist leider nicht immer die Gewinnmaximierung. In einer Situation, in der unser Trade ins Minus läuft, sollten wir zum Beispiel davon absehen, Gewinne maximieren zu wollen. Stattdessen sollten wir dazu übergehen, Risiken zu minimieren. Gewinnmaximierung und Risikominimierung sind aber zwei unterschiedliche Zielsetzungen mit unterschiedlichen Lösungsstrategien. Das Ändern von Zielen in bestimmten Situationen gehört zu den Talenten von guten Entscheidern. Sobald wir erkennen, dass ein bestimmtes Ziel nicht mehr realistisch oder nur noch schwer zu erreichen ist, sollten wir eine Zieländerung vornehmen. Oft kommt noch hinzu, dass die Ziele von Tradern nicht klar definiert sind. Was ist aber, wenn der erste Schritt, ein Ziel klar zu definieren, schon nicht erfolgt ist – wie sollen wir dann eine gute Lösung erwarten?

Zwar sollte Geldverdienen im Vordergrund stehen, aber oft verfolgt der Trader noch ganz andere, *unbewusste* Ziele:

▶ Er will die Bewegung erwischen.

▶ Er will keine Fehltrades machen.

▶ Er will Verluste vermeiden.

▶ Er will recht haben.

▶ Er will Unterhaltung und Ablenkung.

...

Auch unbewusste Ziele beeinflussen Entscheidungen

Die Liste der Ziele lässt sich unendlich lang fortführen. Es geht zwar nur um eine Sache, nämlich Geldverdienen, dennoch können wir unbewusste weitere Ziele nicht ausschließen. Unsere Entscheidungen werden oft von ihnen beeinflusst und damit verwässert. Gute Entscheider streben ein klares Ziel an und sind sich über Zielkonflikte bewusst. Nur so können sie Lösungen für Zielkonflikte anstreben.

Es macht einen großen Unterschied aus, ob der Trader mit dem aktuellen Trade Geld verdienen will oder generell mit seinem Tradinggeschäft. Natürlich würden wir keinen Trade eingehen, bei dem wir wissen, dass wir Geld verlieren. Aber wenn es unser Ziel ist, mit dem aktuellen Trade Geld zu verdienen, verhalten wir uns oft anders, als wenn wir das Ziel haben, mit 100 Trades Geld zu verdienen. In einer Entscheidungssituation, bei der wir 50 Mal 150 Euro gewinnen und 50 Mal 120 Euro verlieren, würden wir über 100 Trades Geld verdienen. Wenn wir in einer solchen Situation allerdings unsere Zielsetzung ändern und z. B. bei 30 Trades unsere Gewinne auf 100 Euro begrenzen, indem wir schon mit einem Euro Gewinn zufrieden sind und den Trade glattstellen, führt das dazu, dass wir nach 100 Trades kein Geld mehr verdienen. Unser Ziel, Geld auf mehr Trades zu verdienen, haben wir zwar erreicht, aber nicht das Ziel, Geld mit Trading zu verdienen.

30 Trades x 100 = 3000

20 Trades x 150 = 3000

50 Trades x 120 = (-6000)
Der Erwartungswert ist die Summe der einzelnen Trades

Erwartungswert : = + 3000 + 3000 - 6000 = 0

Um gute Entscheidungen zu treffen, müssen wir uns also über unsere Ziele klar sein. Aber manchmal ist es auch wichtig, seine Ziele während des Tradings zu ändern.

Manchmal müssen Ziele geändert werden

Experten wissen, wann dafür der Zeitpunkt gekommen ist. Natürlich ist es mein Ziel, Geld zu verdienen, doch als sich im August 2008 die US-Hypothekenkrise zuspitzte und der Markt 500 Punkte am Tag schwankte, wurde die Situation so unübersichtlich, dass ich mich entschloss, mein Ziel zu ändern. In einer solchen Situation geht es nicht mehr darum, Geld zu verdienen, sondern Kapital zu erhalten.

Viele Anfänger denken, dass so ein Markt doch ein Traum für einen Trader sein müsste, da die Volatilität so extrem war. Auch ich liebe Vola, aber es ist so wie beim Surfen: Ohne Wind kann man nicht surfen, genauso wie man ohne Volatilität nicht traden kann. Ein wenig Wind ist für den Anfänger gut zum Lernen, für den Profi allerdings langweilig. Der Profi will viel Wind, genauso wie der Trader sich hohe Vola wünscht. Problematisch ist es allerdings, wenn ein Hurrikan aufzieht. Das ist auch für den Profi zu viel und er bleibt am sicheren Ufer. Wenn die Märkte wie ein Hurrikan toben, ist es sinnvoll, sich zwei oder drei Tage fernzuhalten, bevor man wieder ins Geschäft einsteigt.

Ziele neu definieren

Die klassische Entscheidungstheorie geht davon aus, dass das Problem immer bekannt ist. Nur in diesem Fall kann der Entscheider optimale Lösungen finden. Im klassischen Modell vergleichen wir Alternativen, bewerten die einzelnen Optionen, die zur Verfügung stehen, und wählen die Möglichkeit mit dem höchsten Nutzen oder dem größten Erwartungswert.

Auch ich führe immer den Erwartungswert als Grundlage für gute Entscheidungen an. Aber es handelt sich hierbei eher um eine grundsätzliche Überlegung als um eine klare Handlungsanweisung.

Entscheidungstheoretiker haben herausgefunden, dass Menschen risikofreudig in Bezug auf Verluste und risikoscheu bei Gewinnen sind.

Wenn Sie zwischen zwei Wetten wählen müssten, welche würden Sie nehmen?

- ▶ Wette 1: ein Gewinn von 1 Million mit einer 80-prozentigen Wahrscheinlichkeit und einer 20-prozentigen Wahrscheinlichkeit, nichts zu verdienen

- ▶ Wette 2: ein Gewinn von 5 Millionen mit einer 20-prozentigen Wahrscheinlichkeit und einer 80-prozentigen Wahrscheinlichkeit, nichts zu verdienen

Die Theorie lehrt uns, dass es besser wäre, sich für die zweite Wette zu entscheiden, weil der Erwartungswert höher ist. Doch ganz ehrlich – wer würde das tun, insbesondere wenn wir nur einmal die Gelegenheit zum Wetten haben?

$0{,}8 \times 1$ Million $= 800\,000$

$0{,}2 \times 5$ Millionen $= 1.000.000$

Der Erwartungswert der zweiten Wette ist um 200000 Euro höher. Doch wer von uns nimmt das 80-prozentige Risiko in Kauf, nichts zu verdienen, wenn er mit einer 80-prozentigen Wahrscheinlichkeit immerhin 800000 Euro verdient?

Könnten wir die Wette unendlich lange wiederholen, macht es Sinn, uns für die zweite Wette zu entscheiden, aber haben wir nur einmal die Gelegenheit, ist den meisten von uns der Erwartungswert ziemlich egal.

Doch hier ist unser wirkliches Problem gar nicht »Wie erziele ich den höchsten Erwartungswert?«, sondern »Wie vermeide ich den Schmerz, eine Gelegenheit zu vermasseln, bei der ich mit 80-prozentiger Wahrscheinlichkeit 800000 Euro einstreichen kann?«.

Es wird schnell klar, dass wir beim Formulieren von Problemen Ziele auch neu definieren! War es unser Ziel, Geld zu verdienen? Ja, aber nun ist es, Schmerz zu vermeiden. Ist die Lösung 1 dennoch akzeptabel für uns? Garantiert.

Genauso verhalten wir uns oft beim Traden, nur dass das Ziel »Schmerz vermeiden« häufig keine guten Tradingergebnisse produziert. Ich habe gar kein Problem damit, dass wir uns in bestimmten Situationen für das Ziel »Schmerz vermeiden« entscheiden, nur in den meisten Tradingsituationen bringt es uns zu wenig Geld.

Sich alle Ziele bewusst machen

Wer sich allerdings nicht über seine Ziele (besonders die unbewussten Ziele, wie z. B. Schmerz vermeiden) klar ist, wird auch keine Lösungen für diesen Zielkonflikt entwickeln und ewig versuchen, Schmerz zu vermeiden und gleichzeitig Geld zu verdienen. Ich sage diesen Leuten immer: Hey, Trading ist kein Wellness, es geht nicht darum, sich wohlzufühlen, es geht darum, Geld zu verdienen. Und das geht manchmal nur mit Schmerzen. Wer immer den Schmerz vermeiden will, wieder etwas von seinen Gewinnen abzugeben, der wird nie Gewinne laufen lassen können.

Ein typisches Beispiel sind die Trader, die drei Kontrakte bei einem Preis von, sagen wir, 100 kaufen und den Stopp bei 90 haben. Wenn der Markt nun auf die 105 steigt, verkaufen sie schnell zwei Kontrakte und haben so das Risiko für den restlichen Kontrakt verdient. So toll sich diese Idee anhört und so gut es sich anfühlt, kein Risiko mehr auf einem Trade zu haben, so unsinnig ist dieses Konzept (siehe Rechnung Kasten).

Risiko für drei Kontrakte = 30 Ticks	Ursprüngliches Chance Risiko Verhältnis 2:1	Tatsächliches Chance Risiko 25/30 oder 0,83 zu 1
Kauf 100	Gewinn bei der Strategie	
Stopp 90	Verkauf zwei Kontrakte mit 5 Ticks Profit = 10 Ticks	
Kursziel 120	Verkauf ein Kontrakt am Ziel = 20 Ticks	
	Gesamtprofit 25 Ticks	

Beim Trading haben wir ständig solche Entscheidungssituationen. Soll ich mich für eine Strategie mit höherem Erwartungswert entscheiden oder aber für eine, die hilft, meine Equitykurve zu stabilisieren? Was nützt mir ein hoher Erwartungswert, wenn ich ihn mangels Kapital nicht realisieren kann?

Die optimale Entscheidung hängt also vom Problem ab. Und viele Trader erkennen noch nicht mal das Problem. Es gibt Situationen, in denen das Problem nicht darin besteht, möglichst viel Geld zu verdienen, sondern das Kapital zu erhalten oder die Equitykurve zu stabilisieren. Dann wieder muss ganz schnell umgeschaltet werden auf möglichst viel Geld verdienen.

Unklare Entscheidungssituationen

Typisch für Entscheidungssituationen, bei denen das Problem nicht bekannt ist, sind viele Drawdowns. Einfach formuliert ist das Problem: Der Trader verdient kein Geld und deshalb sackt seine Equitykurve ab. Er muss nun feststellen, welches das Problem ist. Warum verliert er Geld?

Warum ist das System im Drawdown?

Ein System kann aus verschiedenen Gründen im Drawdown sein:

1. Das System hat keinen Vorteil.

2. Das System wird falsch umgesetzt.

3. Das System trifft auf ungünstige Marktbedingungen.

4. Das System hat einen zufälligen Drawdown.

5. Das System hat keinen Vorteil

zu 1: Das System hat keinen Vorteil.

a) Hat das System keinen Vorteil, bedeutet das: Dieses System kann einfach nie erfolgreich sein und der Trader sollte sich schnell davon trennen. Typisch für nicht erfolgreiche Systeme sind Strategien, bei denen der Trader kleine Gewinne mitnimmt, dafür aber große Verluste akzeptieren muss. Nehmen wir mal an, jemand will immer 5 Pips im Euro/USD mitnehmen, ist aber bei Verlusten nicht in der Lage, seine Verlusttrades auf 15 Pips zu begrenzen. Wie hoch muss seine Trefferquote sein, damit er erfolgreich ist?

b) Hier hilft die Formel des Erwartungswertes (siehe auch mein erstes Buch *Die Kunst des erfolgreichen Tradens*). Da der Trader eine Win-Loss-Ratio von 1 : 3 hat, muss seine Trefferquote 3 : 4 sein, also 75 Prozent. Wenn er von vier Trades drei gewinnt, macht er insgesamt 15 Pips Gewinn und verliert diese wieder bei seinem einen Verlust von vier Trades.

c) Mit einem einfachen Trick kann man immer ausrechnen, wie hoch die Trefferquote sein muss bei gegebenem Risk Reward, um break-even zu traden.

d) Bilden Sie einfach das Risk-Reward-Verhältnis (1 : 3), zählen Sie dann die Zahl im Zähler und die im Nenner zusammen (also 1 + 3 = 4) und setzen Sie den Nenner ins Verhältnis zu dieser Zahl (3/4). So erhalten Sie immer die notwendige Trefferquote, um break-even zu sein.

e) Beispiel : 2 Pips Gewinn und 10 Pips Verlust

Gewinn : Verlust = 2 : 10

Summe: 12

10/12 ist die notwendige Trefferquote, was 83 Prozent entspricht!

Wer also ein System wie in Beispiel 1 mit nur 70 Prozent Trefferquote handelt, wird Geld verlieren und der Drawdown wird niemals enden!

zu 2: Das System wird falsch umgesetzt

a) Oft wird aber auch nur ein System falsch umgesetzt. In diesem Fall liegt das Problem natürlich nicht im System, sondern beim Trader. Und ganz andere Lösungsansätze sind erforderlich.

b) Ein Beispiel dafür ist ein verfrühter Ausstieg aus Gewinnpositionen.

zu 3: Das System trifft auf ungünstige Marktbedingungen

a) Auch kann es sein, dass ein an sich erfolgreiches System auf ungünstige Marktbedingungen trifft. Ein sehr gutes Beispiel dafür sind Seitwärtsmärkte. Als Trendfolger versuche ich natürlich, Seitwärtsmärkte zu meiden. Denn das Gewinnpotenzial ist begrenzt, der Vorteil für meinen Trade gering und mir fehlen einfach oft die zwei bis drei großen Gewinntrades, die meine vielen kleinen Verluste ausgleichen, um erfolgreich zu sein. Dennoch kann ich es nicht ausschließen, in einem Seitwärtsmarkt zu handeln, weil das natürlich am Anfang eines Seitwärtsmarktes noch gar nicht erkennbar ist. Je länger der Seitwärtsmarkt dauert, desto kleiner wird meine Positionsgröße bis hin zu dem Punkt, an dem ich den Markt ganz meide.

b) Da niemand weiß, an welchem Markt demnächst die größte Bewegung stattfindet, muss ich mich als Trader für ein paar Märkte entscheiden, von denen ich glaube, dass sie mir auch langfristig genug Volatilität für meine Tradinggeschäfte bieten, und mich auf diese Märkte spezialisieren. Ich halte nichts davon, ständig Dutzende von Märkten zu screenen, nur um immer der großen Bewegung hinterherzulaufen.

c) Sobald ich aber erkenne, dass der Markt seitwärts tendiert, muss ich meine Ziele neu definieren. Mein Ziel ist dann nicht mehr, möglichst viel Geld zu verdienen, sondern mein Kapital zu erhalten und bereitzuhalten für den Moment, in dem der Markt wieder trendet!

zu 4: Das System hat einen zufälligen Drawdown

a) Zuletzt kann ein Drawdown auch dadurch entstehen, dass zufällig ein paar Verlusttrades hintereinander folgen, die weder mit den Marktbedingungen noch mit dem Trader zu tun haben. Wie groß solche Verlustphasen sein können, findet man am besten heraus, indem man eine Monte-Carlo-Simulation für sein Tradingsystem macht. Eine Anleitung dazu biete ich in meinem Webinar »Das Tradingtagebuch« unter www.tradac.de.

b) Wir erkennen am Beispiel eines Drawdowns, dass das Problem nicht immer bekannt ist und es Zeit kostet, nach den Ursachen zu forschen. Nicht jeder Rückgang in der Equity erfordert, dass wir etwas am Tradingstil ändern. Bis das Problem bekannt ist, vergeht oft Zeit, in der wir Geld verlieren. Einen natürlichen Drawdown von systematischen Fehlern zu unterscheiden erfordert Expertenwissen!

c) Nur wenn Hebelpunkte bekannt sind, kann ein Trader mit einfachen Handlungsanweisungen und Entscheidungsroutinen arbeiten.

Hebelpunkte erkennen

Was ist ein Hebelpunkt?

Ein Hebelpunkt ist ein kleiner Unterschied, der aber eine Menge bewirken kann. Es sind kleine Veränderungen, die dazu führen, dass wir eine Situation vollkommen anders bewerten müssen. Das Besondere an dem kleinen Unterschied ist, dass er eine hohe Auswirkung auf das Ergebnis haben kann. Jemand, der in der Lage ist, diesen Unterschied durch seine Erfahrung zu erkennen, wird ein vollkommen anderes Ergebnis erzielen als ein Anfänger, der in der gleichen Situation nur nach Schema F handelt. Diese Punkte heißen Hebelpunkte, weil mit relativ wenig Aufwand eine große Wirkung erzielt werden kann.

Hier ein typisches Beispiel dafür:

Ich trade gerne eine Strategie, die sich »Return to the Open« nennt. Dabei kaufe ich kurz nach der Eröffnung den Markt, wenn er einmal die 30 Minuten ATR vom Open gefallen ist. Diese Strategie ist eine Standardstrategie, die ich auch Anfängern auf Seminaren beibringe. Jeden Morgen, nein, fast jeden Morgen benutze ich diese Strategie.

Beispiel: Montag 8. März 2014. Der Dax war am Freitag schon extrem schwach gegenüber dem S&P. Hintergrund war, dass der deutsche Markt unter einer Zuspitzung der Krimkrise stärker leiden würde als der amerikanische. Während der S&P am Freitag ein All Time High erreichte, notierte der Dax bereits fast 500 Punkte unter seinem All Time High. In der Asien-Session notierte der S&P ungewöhnlich schwach für die Nachrichtenlage und der Dax eröffnete zwar in der Vortagesrange, aber direkt 40 Punkte unter seinem Schlusskurs. In der ersten Minute fiel er weitere 20 Punkte. Bei solch einer volatilen Eröffnung in Richtung des Trends auf dem 60-Minuten-Chart habe ich von meiner Return-to-Open-Strategie abgesehen – zu Recht. Wie sich herausstellte, fiel der Markt fast 90 Punkte vom Open, bevor er sich erholte. Was war entscheidend?

Vor allem die hohe Vola und die Geschwindigkeit, mit der der Markt fiel, deuteten auf eine starke Bewegung weg vom Open hin. Die Geschwindigkeit ist aber für einen Anfänger schwer zu erfassen. Er sieht zwar, wie der Markt weggeht vom Open, hat aber kein Gefühl für die Geschwindigkeit! Es ist wie mit einem Kind, das über eine grüne Ampel gehen will und noch keine Erfahrung mit der Geschwindigkeit von Autos gemacht hat. Als erfahrener Fußgänger merken wir sofort, wenn ein Auto seine Geschwindigkeit nicht reduziert, und vermuten, der Fahrer hat das Rotlicht nicht wahrgenommen. Wir würden instinktiv stoppen und nicht bei Grün über die Straße gehen. Unerfahrene Verkehrsteilnehmer erkennen dies aber möglicherweise nicht und achten nur auf das Grünsignal, was in diesem Fall fatal ist. Ein Hebelpunkt in dieser Situation ist die Geschwindigkeit des Autos, das sich der Kreuzung nähert. Am Markt ist es die Geschwindigkeit des Marktes.

Hebelpunkte sind für Anfänger nicht zu erkennen

Es gibt Tage, da erkenne ich, dass etwas anders ist und ich nicht nur meine Strategie nicht handeln sollte, sondern genau das Gegenteil machen muss. Für einen Neuling ist das vollkommen verwirrend und oft höre ich dann, das sei nicht konsequent. Traden ist aber eben nicht Backen. Wir müssen manchmal vom Rezept abweichen, weil wir erkennen, dass Korrekturen notwendig sind.

Sollte man dann nicht einfach sein Tradingsystem um eine Regel erweitern, wenn man diesen Hebelpunkt erkennt? Das Besondere an Hebelpunkten ist, dass sie nicht regelmäßig auftreten und zu selten sind, als dass wir sie mit in das Standardregelwerk aufnehmen können. Der Nutzen würde sinken, weil es Entscheidungen verkompliziert, zumal neue Hebelpunkte auftreten können.

Regeln und Ausnahmen

Natürlich dürfen wir nicht willkürlich vom Rezept abweichen, sollten es aber immer dann tun, wenn wir einen Hebelpunkt erkennen. Ein weiteres Bespiel dafür ist wohl der große Schachwettbewerb im Jahr 1996 zwischen Garry Kasparow und Deep Blue, einem Computer von IBM. Während Kasparow sich manchmal für eine spekulative Strategie entschied, passte Deep Blue seine Spielweise nie an. Er suchte immer nach dem bestmöglichen Zug, selbst wenn er im Nachteil war – genau wie ein »dummer Trader«, der sich an seinem System festklammert. Kasparow gewann damals gegen Deep Blue, der Mensch siegte über die Maschine. Kreativität bezwang Systematik. Kurze Zeit später verlor er allerdings in einem weiteren Match. Es ist nie geklärt worden, inwieweit das Programmiererteam Deep Blue half, denn es durfte die Codes von Deep Blue auch während des Wettkampfes ändern. Eine erneute Revanche verweigerte IBM Kasparow und zerlegte Deep Blue in seine Einzelteile.

Ich weiß, wie schmal der Grat zwischen willkürlichem Handeln und dem Erkennen von Hebelpunkten ist. Die Gefahr ist groß, dass wir Entschuldigungen suchen für unser undiszipliniertes Verhalten. Von daher können auch nur EXPERTEN Hebelpunkte erkennen. Ein Anfänger ist immer besser beraten, sein System stringent durchzutraden. Aber mit der Zeit wird er Erfahrung sammeln und er wäre dumm, wenn er diese nicht zu seinem Vorteil nutzen würde.

Experten können Hebelpunkte nutzen

Wenn Anfänger versuchen, Ausnahmen zu machen, führt das dazu, dass sie nicht in der Lage sind, die notwendigen Erfahrungen zu sammeln. Sie müssen ihre Aufmerksamkeit auf zu viele Sondersituationen lenken, sodass die Lernerfahrung darunter leidet. Ein einigermaßen vernünftiges System wird vielleicht für den Anfänger keinen großen Gewinn bringen, aber auch nicht im Desaster enden. Wenn er eine erlernte Strategie ein, zwei Jahre breakeven oder mit leichten Verlusten handelt, ist das kein Weltuntergang. Vielmehr erwirbt er so die Erfahrung, Sondersituationen zu erkennen und diese dann später auch zu kapitalisieren.

Ich habe die Erfahrung gemacht, dass es bei einer Neigung des Marktes zu bestimmten Mustern wie der Rückkehr zur Eröffnung oder bei typischen Reaktionen auf News sehr profitabel sein kann, wenn plötzlich eine nicht zu erwartende Reaktion auf sogenannte Standardsituationen erfolgt. In gewisser Weise hat der Markt die Teilnehmer auf ein Verhalten konditioniert, und wenn dann der vermeintliche Move nicht eintritt, liegen sehr viele Marktteilnehmer schief und eine überproportionale Bewegung ist zu erwarten.

Beispiel: Zwischen 2008 und 2013 wurden die Märkte geradezu darauf konditioniert, dass jede Zentralbankentscheidung, die zu niedrigen Zinsen führte, automatisch höhere Kurse nach sich zog. Im November 2013 senkte dann Mario Draghi von der Europäischen Zentralbank unerwartet abermals den Leitzins. Wie die Pawlow'schen Hunde, die so konditioniert waren, dass sie immer etwas zu essen bekamen, wenn eine Glocke läutete, und ihnen somit schon beim Läuten der Glocke quasi das Wasser im Munde zusammenlief, reagierten die Börsianer auf Zinssenkungen verzückt mit Käufen in der Erwartung weiter stark steigender Kurse. So auch im November 2013. Doch nach der ersten Kursexplosion kam die Aufwärtsdynamik ins Stocken.

Eigentlich, nach allen Regeln der Trendfolge, hätte man an solch einem Tag jeden Rücksetzer kaufen müssen. Stattdessen überkam mich nach der anfänglichen Rallye, die ich auch noch versucht hatte zu kaufen, ein Gefühl, dass es diesmal anders ist. Nachdem der Markt erst ohne Rücksetzer nach oben explodiert war, dauerte der erste Rücksetzer dann zeitlich viel zu lange. Der Markt fiel vom Top 50 Punkte und schob sich nur seitwärts. Ich konnte keine Nachfrage mehr erkennen. Nichts zog den Markt mehr nach oben. Stattdessen verharrte der Markt erst kurz auf hohem Niveau, bevor er weiter absackte. Retracements (Rückgänge) in Trends sind normal und eigentlich gute Kaufgelegenheiten. Hier jedoch schob sich der Dax in einer engen Range von 15 Punkten seitwärts, nachdem er vom Top 50 Punkte konsolidiert war. Irgendwie blieben die Käufe aus und die Zeit verstrich. Das ungewöhnlich lange Retracement veranlasste mich, eine erste spekulative Shortposition aufzubauen, die ich dann sogar noch pyramidisierte, als der Markt weiter fiel. Am Ende des Tages hatte der Dax nicht nur seinen ganzen Anstieg rückgängig gemacht, sondern war sogar noch ins Minus gerutscht. Mit meiner Pyramide gegen den Trend hatte ich über 100 Punkte pro Kontrakt verdient.

Warum kaufe ich dieses Retracement nicht wie üblich, sondern gehe hin und verkaufe es und verstärke dann sogar noch meine Position? Dieser Trade scheint auf den ersten Blick nicht logisch und widerspricht dem typischen Muster nach guten News. Wenn man eine Reaktion erwartet, aber diese Reaktion nicht erfolgt, steigt die Wahrscheinlichkeit, dass etwas Unerwartetes passiert. Auch diese Tradingregel wäre viel zu allgemein für einen Anfänger. Der Experte weiß aber, dass es sich oft um sogenannte Hebelpunkte handelt, wenn etwas nicht »normal« läuft.

Das perfekte System zerstört sich selbst

Profis wissen, wann man genau den vorgeschriebenen Verfahrensweisen folgen sollte und wann Ausnahmen möglich und akzeptabel sind. Deshalb ist Erfahrung eine wesentliche Voraussetzung, um erfolgreich zu traden. Viele sogenannte Handelssysteme funktionieren nach Schema F nur schlecht oder gar nicht. Erst mit Erfahrung werden sie profitabel. Ich weiß, dass das auf den ersten Blick absurd klingt, aber mit etwas Nachdenken können wir Licht in die Sache bringen.

Nehmen wir an, es gäbe ein Gesetz am Markt, das nach dem Prinzip »wenn, dann« funktioniert. Wenn x, dann macht der Markt y. Wie einfach wäre es heute, dafür ein Handelssystem zu programmieren. Der Computer würde schnell und effektiv Geld verdienen. Aber früher oder später würden mehr Trader erkennen, wie das Ganze abläuft, und jeder würde versuchen, es nachzuhandeln. Am Anfang verstärkt das sogar die Effektivität des Signals nach dem Prinzip der »selbst erfüllenden Prophezeiung«. Aber irgendwann traden alle das Gleiche. Wie soll das dann noch funktionieren? Bei jedem Long-Signal gibt es nur noch Käufer und keine Verkäufer mehr. Natürlich würden die Marktteilnehmer um den besten Entry konkurrieren und damit die Preise selber verändern. Die Trader, die den besten Einstieg hatten, würden dann, so schnell es geht, wieder raus wollen und der Wettbewerb um den Ausstieg würde beginnen. Jetzt erkennen wir, dass jedes System, wenn es perfekt funktioniert, sich selber zerstören würde. Menschen, die ein Signal antizipieren, lösen es aus.

Eine schöne Geschichte hierzu ist die der Turtle Trader aus den 1970er-Jahren. Eine Gruppe von Tradern nutzte ein ganz einfaches System, indem sie Rohstoffe kauften, wann immer der Markt ein neues 20-Tages-Hoch ausbildete. Natürlich blieb so eine Aktion nicht verborgen und immer mehr Händler erkannten: Der Markt steigt deutlich an, wenn wir ein 20-Tages-Hoch haben. Immer mehr Händler kauften und irgendwann antizipierten schlaue Trader nach 20 Tagen einfach den Ausbruch und kauften, bevor der Markt ausbrach. Sie hofften, dass der Markt wahrscheinlich bald ein 20-Tages-Hoch ausbilden würde. Die zusätzliche Nachfrage durch das Vorwegnehmen führte dazu, dass der Markt tatsächlich ein 20-Tages-Hoch ausbildete, was aber ohne dieses Antizipieren wahrscheinlich nie geschehen wäre. Durch das »Signal« kauften nun weitere Trader, sodass der Markt noch ein wenig stieg.

Da das Signal aber durch selbst erfüllende Prophezeiung entstand und keine wirkliche Nachfrage zugrunde lag, fiel der Markt wieder zurück in die Range. Plötzlich schien es so, als ob das System nicht mehr funktionierte. Tatsächlich brach das Turtle System in den 1980er-Jahren zusammen. Jahre später funktionierte es dann wieder. Ein stures Handeln des Systems hätte Millionen in den 1970ern gebracht und leider in den 1980ern dazu geführt, die Millionen wieder zu verlieren. Curtis Faith hat das sehr schön in seinem Buch *Way of the Turtle* beschrieben. Er war selber Turtle Trader und verlor Millionen in den 80ern!

Entscheidungen unter Druck: die Simulation

Klassische Entscheidungsfindungen funktionieren nur bedingt im Trading. Wie treffe ich also meine Tradingentscheidungen?

Wenn ich überlege, einen Trade einzugehen, vergleiche ich nicht die verschiedenen Alternativen – was ist, wenn ich long gehe, was ist, wenn ich short gehe, was ist, wenn ich aus dem Markt bleibe? Vielmehr sieht die Struktur meiner Gedanken etwas anders aus.

Ich simuliere die Konsequenzen meiner Entscheidung visuell im Kopf.

Je nachdem, wie gut ich mir ein positives oder negatives Simulationsergebnis vorstellen kann, entscheide ich mich für oder gegen einen Trade.

Manchmal kann ich mir das Worst-Case-Szenario leicht vorstellen, was dazu führt, dass ich den Trade verwerfe, manchmal tue ich mich schwer und bekomme kein klares Bild vor meine Augen. Diese Fälle sind oft ein Zeichen, dass mein Unterbewusstsein eine Tradingentscheidung empfiehlt. Das Gleiche gilt in umgekehrter Weise für die positive Seite. Manchmal kann ich mir einfach nicht so gut die positive Seite vorstellen, was dafür spricht, dass ich den Trade nicht eingehen sollte.

Beispiel: Der Markt steht bei 4192 und ist seit Tagen abwärts gerichtet. In den letzten 40 Minuten ist er vom Tageshoch bei 4250 kontinuierlich gefallen. Aufgrund des Abwärtstrends (Vorteil) gehe ich von einem weiter fallenden Markt aus. Nun stelle ich mir vor, dass ich direkt bei 4192 verkaufe. In dieser Entscheidungssituation simuliere ich visuell den Worst Case, dass der Markt erst mal eine Gegenbewegung macht, bevor er weiter fällt. In meiner Vorstellung sehe ich den Markt wahrscheinlich stärker als 20 Punkte steigen, da eine Abwärtsbewegung von 60 Punkten oft bis zur Hälfte ausgeglichen wird.

Es kann sein, dass der Markt sofort weiter fällt, aber das ist nicht der Worst Case. Der Worst Case ist eine kurzfristige Gegenbewegung, die meinen Stopp holt.

Natürlich kann es immer eine Gegenbewegung geben, die den Stopp holt, aber nicht immer springt mir dieses Bild einer deutlichen Gegenbewegung vor mein geistiges Auge. In diesem Fall ist das Simulationsergebnis negativ und ich entscheide mich, auf eine Gegenbewegung zu warten.

Die Simulation als Schablone für den Markt

Die Simulation ist meist eine Schablone, die ich über den Markt lege. Stimmt diese in wesentlichen Teilen mit meiner Vorstellung überein, steige ich in den Trade ein. Die Form der Schablone ist nicht begrenzt, vielmehr spuken Hunderte dieser Schablonen in meinem Kopf umher und tauchen vor meinem geistigen Auge in einem bestimmten Moment auf.

Dieses Simulationsergebnis hängt vor allem von drei Dingen ab:

Meiner Erfahrung. Je mehr Erfahrung ich habe, desto besser und realistischer kann ich verschiedene Marktszenarien simulieren und umso mehr Schablonen stehen mir zur Verfügung.

Meiner mentalen Stimmung. Wenn ich ängstlich oder sehr optimistisch bin, verzerren sich diese Simulationen zu meinen Gunsten oder Ungunsten. Deshalb ist es so wichtig, aus einem gelassenen Zustand heraus zu traden. Ich will sonst den Markt in meine Schablonen pressen, was natürlich nicht funktioniert!

Wie stark ich unter Stress stehe und wie gut ich mich konzentrieren kann. Mit Stress ist nicht Zeitdruck gemeint, weil diese mentale Simulation in Millisekunden vor meinem geistigen Auge abläuft. Vielmehr habe ich unter starkem Stress, Erwartungshaltung etc. Schwierigkeiten, eine saubere mentale Simulation durchzuführen, weil das Konzentrationsniveau sich nicht auf dem notwendigen Level befindet.

Die mentale Stimmung spielt dabei eine wesentliche Rolle. Während ich durch meine Erfahrung in der Lage bin, Muster zu erkennen, und diese Muster wie eine Schablone benutze, ist es auf der mentalen Seite sehr wichtig, dass man sich ein Ergebnis vorstellt und nicht wünscht. Genauso wie man das Worst-Case-Szenario nicht fürchten darf!

Natürlich ist das Worst-Case-Szenario immer negativ. Ein Stopp sollte mich vor zu großen Verlusten schützen. Es ist auch nicht die Vorstellung, dass ich ausgestoppt werde, sondern welches Gefühl ich spüre, wenn ich mir den Trade vorstelle. Dadurch, dass die Antwort kein Satz ist, sondern ein Gefühl, ist es wichtig, genau zu differenzieren und nur in einem emotional guten Zustand zu traden. Bin ich nämlich ängstlich, habe ich immer ein ungutes Gefühl, wenn ich mir vorstelle, ausgestoppt zu werden. Anders herum macht mir das Ausgestopptwerden nichts aus, wenn ich zu übermütig bin, sodass ich dann zu viel trade. Man darf sich dieses Gefühl nicht so klar wie einen Befehl »Ja, steig ein!« oder »Nein, bleib draußen!« vorstellen. Es ist eine Nuance, die ich aber mit entsprechender Konzentration bemerken kann. Das Gefühl kann sich, je näher ich dem Trade komme oder je mehr ich mich damit beschäftige, verstärken oder abschwächen. Es geht demnach nicht nur um ein Gefühl, sondern wie es sich verändert, wenn ich über den Trade nachdenke.

Ich kann Sie verstehen, wenn Sie erst einmal nichts mit diesem Entry-Schema anfangen können, weil es Ihnen an Klarheit mangelt. Möglicherweise sind Sie es auch gewohnt, Ihre Entscheidungen alle auf eine rationale Grundlage zu stellen, und tun sich deshalb mit diesen Aussagen schwer. Tatsache ist aber, unabhängig vom Handel mit Aktien oder Derivaten, dass Menschen bei

Entscheidungen unter Druck sich nicht allein auf rationale Entscheidungsfindung verlassen. Bringen wir es noch mal auf den Punkt: Ich stelle mir den Trade vor und habe entweder ein gutes oder schlechtes Gefühl. Dieses Gefühl kann ich natürlich nur aufgrund meiner Erfahrung entwickeln, weil ich Hunderte von Charts kenne. Einem Anfänger würde ich den Rat geben, erst einmal nach einem rationalen System zu handeln, um Erfahrung zu gewinnen.

Meine Vorgehensweise

Bei mir läuft es folgendermaßen ab: Ich betrachte den Chart, denke »Birger, das ist eine Situation, mit der du dich näher auseinandersetzen solltest!«, weil ich sie aus irgendeinem (meist nicht bewussten) Grund interessant finde. Möglicherweise ergibt sich hier eine Tradingchance. Dann schaue ich mir die Situation genauer an, meist auf einer kleineren Zeiteinheit, und suche nach sogenannten Einstiegstriggern. Das sind Auslöser für meine Entscheidung. Manchmal komme ich nach der genauen Betrachtung zu der Auffassung, dass noch nicht die Zeit ist, in den Trade einzusteigen, und ich lieber warten sollte. Manchmal verstärkt sich der Druck in mir, den Trade unmittelbar einzugehen.

Wenn ich dann eingestiegen bin und etwas passiert, das ich nicht so erwartet habe, steigt die Wahrscheinlichkeit, dass ich eine falsche Entscheidung getroffen habe. Deshalb reduziere ich dann unmittelbar meine Positionsgröße.

Natürlich gibt es Tage, an deinen meine Vorstellungen vollkommen danebenliegen. Dies ist ein klares Zeichen, dass ich aktuell mit dem Markt nicht zurechtkomme und deshalb mein Trading reduzieren sollte sowohl in Positionsgröße als auch Frequenz. Die Gründe mögen unterschiedlicher Natur sein, aber immer wenn diese Entscheidungsroutine nicht funktioniert, ist das ein klares Zeichen, dass jetzt nicht die Zeiten für große Gewinne sind, sondern Zeiten, mein Kapital zu schützen. Somit hilft mir das Feedback dieser Entscheidungsroutinen auch bei meinem strategischen Gesamtansatz und nicht nur im Einzeltrade.

Das Feedback ist ein wesentlicher Punkt in dieser Vorgehensweise. Negatives Feedback zeigt an, dass unser Zugriff auf das Unbewusste in irgendeiner Weise blockiert ist. Positives Feedback sagt uns genau das Gegenteil. Deshalb ist meine mentale Stimmung so wichtig beim Trading!

WICHTIGE WARNUNG: Bitte beachten Sie, dass wir diese Routine nur für den Einstieg verwenden. Beim Ausstieg lassen wir uns von anderen Prinzipien leiten, da wir (zumindest ich) aufgrund sozialer und persönlicher Konditionierung meist nicht in der Lage sind, einen guten Ausstieg zu wählen. Bedenken Sie, dass unser Unterbewusstsein im Gegensatz zum Bewusstsein mit anderen Entscheidungskriterien und Filtern arbeitet. Diese können dazu führen, dass wir zu früh Gewinne mitnehmen oder zu spät aus Verlusten aussteigen.

2.2 Dalli-Klick und Tape-Reading: Wie ich den Markt analysiere

Kennen Sie noch das Bilderquizspiel »Dalli-Klick« aus der Spieleshow »Dalli Dalli«? Die Kandidaten müssen raten, welcher Prominente oder welcher Gegenstand auf einem Bild zu erkennen ist. Am Anfang sieht man nur den Rahmen des Bildes und eine weiße Fläche, dann werden einzelne Fragmente des Bildes eingeblendet. Sobald man eine Ahnung hat, wer oder was zu sehen ist, ruft man seine Antwort. Der Kandidat, der zuerst erkannt hat, was auf dem Bild zu sehen ist, hat gewonnen.

Ich werde oft gefragt, wie ich denn die Richtung und den Einstieg für einen Trade bestimme. Welche Methode ich verwende, welche Indikatoren ich nutze. Wer schon mal auf meinen Livetradings war, weiß, dass ich keine Indikatoren nutze, sondern mir nur den Verlauf der Preise anschaue. Diese Form der Analyse nennt sich Tape-Reading.

Blick auf den Kursverlauf

Tape-Reading funktioniert genauso wie Dalli-Klick. Morgens sitze ich erst einmal vor meinem Rechner, ohne dass ich eine bestimmte Marktmeinung habe. Weder habe ich andere Analysen gelesen noch verwende ich ein automatisches Handelssystem. Vielmehr versuche ich situativ, des Geschehens Herr zu werden.

Die einzelnen Informationen, die ich vom Markt erhalte, sind wie die Fragmente des Bilderquiz Dalli-Klick. Sie geben mir einen Hinweis auf das Bild.

Wie verhält sich der Kurs zum Eröffnungskurs? Wie geht der Markt mit alten Hochs und Tiefs um? Nimmt das Momentum zu, nimmt das Momentum ab? Welche Bewegungen finden um welche Uhrzeit statt? Wie reagiert der Markt auf Nachrichten? Wie verhalten sich die Hochs und Tiefs zueinander? Gibt es Überlappungen oder steigt/fällt der Markt, ohne dass sich Bewegungen überschneiden? Welche Wellenzählungen sind möglich? Gibt es Auffälligkeiten wie Gaps, Volumen? Was passiert an Widerständen und Unterstützungen …?

Informationen ergeben ein Bild des Marktes

All diese Informationen sind Bruchstücke, Puzzleteile eines großen Bildes vom Markt. Nun kann man natürlich warten, bis man so viele Teile des Bildes gesehen hat, dass es nahezu vollständig ist. Das Problem daran ist nur, ähnlich wie beim Quiz, dass nun alle erkennen, was auf dem Bild zu sehen ist und der Trade meist kein gutes Chance-Risko-Profil mehr aufweist bzw. die Geschichte bereits erzählt ist. Oder man rät viel zu früh, was man glaubt, auf dem Bild sehen zu können. In diesem Fall ist die Wahrscheinlichkeit, dass man richtigliegt, zu gering, um das Spiel zu gewinnen. Es geht also darum, den richtigen Moment zu finden, in dem man genug Hinweise hat, aber das Bild noch nicht für alle zu erkennen ist.

Sobald ich eine Ahnung habe, versuche ich zu handeln. Es ist also wie bei dem Quiz; ich sehe noch nicht das ganze Bild, habe aber eine Ahnung. Natürlich liege ich mit dieser Ahnung nicht immer richtig. Manchmal bin ich zu früh, manchmal bin ich zu spät, manchmal einfach nur falsch. Aber der Punkt ist: Sobald man eine Ahnung hast, was zu sehen ist, muss man handeln. Wenn man darauf wartet, dass das Bild vollständig ist, wird der Großteil einer Marktbewegung bereits gelaufen sein.

Im richtigen Moment handeln

Merke Sie sich: Wenn alle sehen, dass der Markt long oder short ist, ist die Bewegung vorbei! Der Markt lebt von Antizipation, vom Vorwegnehmen!

Wenn ich falschliege, schützt mich mein Stopp. Liege ich richtig, werde ich dafür belohnt, dass ich ein Risiko eingegangen bin. So einfach ist das. Traden bedeutet antizipieren. Warten Sie nicht darauf, bis alles klar ist, aber verlassen Sie sich in Ihrer Einschätzung auch nicht nur auf ein Fragment.

Die größte Gefahr bei diesem Spiel ist, dass wir oft das sehen, was wir sehen wollen. Um dieses Problem zu vermeiden, sollten Sie sich nicht unbedingt bereits eine Meinung zum Markt gebildet haben, bevor Sie mit dem Spiel anfangen. Lassen Sie sich durch die Bruchstücke leiten. Finden Sie heraus, wann Sie genug haben, und dann: Action.

Zusammenfassung

Garry Kleins zentrale Erkenntnis in seinem Buch *Natürliche Entscheidungsprozesse* ist: Diese Menschen vergleichen nicht Alternativen, sondern simulieren die Konsequenzen einer Entscheidung visuell im Kopf. Löst sich so das Problem, wird die Entscheidung umgesetzt, ansonsten wird im nächsten Versuch ein anderer Lösungsweg simuliert.

Ich habe festgestellt, dass ich genauso beim Daytrading vorgehe!

Dass ich trotz dieses einfachen Entscheidungsprozesses gute Entscheidungen treffe und andere Experten in komplett anderen Bereichen ebenfalls, obwohl es bei ihnen sogar teilweise um Leben oder Tod geht, liegt vor allem daran, dass sie und ich auf ihrem Gebiet viel Erfahrung haben. Erfahrung ist damit ein wesentlicher Punkt, um gute Entscheidungen unter Druck zu treffen.

Deshalb entscheiden Tradinganfänger, obwohl sie vielleicht ein theoretisches Verständnis vom Markt haben, anders und meist langsamer als Profis. Eine gute Übung für Anfänger ist es daher, sich mit möglichst vielen Fallbeispielen auseinanderzusetzen. Diese finden Sie z. B. in Büchern oder Seminaren. Wichtig ist es auch, selber möglichst viele Charts anzuschauen. Ich habe Hunderttausende von Charts in meinem Leben gesehen, deshalb fällt mir eine Entscheidung leicht. Wenn Sie die Charts ansehen, decken Sie das Ergebnis ab und gehen Bar für Bar den Chart durch. Überlegen Sie immer wieder, was Sie gemacht hätten, und versuchen Sie, den Verlauf zu verinnerlichen. Nehmen Sie sich als Anfänger jeden Tag eine Trainingsstunde Zeit, Charts und Fallbeispiele anzuschauen. Dazu gehören auch spezielle Situationen wie externe Schocks etc.

Verzichten Sie darauf, zu viele Informationen zu sammeln. Sie brauchen sie nicht, um bessere Entscheidungen treffen zu können. Meist ist die Informationsbeschaffung zu teuer im Verhältnis zu dem erwarteten Gewinn. Ich verwende deshalb gar keine Indikatoren und selten einen Nachrichtenfeed, sondern schaue nur auf den Chart und das Volumen.

In der Entscheidungssituation simulieren Sie den Worst Case. Wenn dieser tragbar erscheint, handeln Sie. Oder ändern Sie die Perspektive, indem Sie die Entscheidung rückwirkend betrachten. (Gehen Sie dabei davon aus, dass die Entscheidung ein Misserfolg war, und fragen Sie sich nach den Gründen.) Außerdem überprüfen Sie die Bedeutung der Entscheidung. Wenn Sie die Perspektive auf das Jahresende legen und feststellen, dass diese Entscheidung nicht bedeutend war, dürfte sie wahrscheinlich auch nicht so wichtig gewesen sein. Das gilt für fast alle Trades.

Eines noch!

Lieber eine schnelle Entscheidung, die falsch ist, als eine richtige zu spät.

Verhindern Sie in jedem Fall, dass Sie eine einmal getroffene Entscheidung schwach umsetzen. Merken Sie sich: »Conservative approach, aggressive execution.« Nichts ist schlimmer, als wenn Entscheidungen zögerlich umgesetzt werden und der Trader somit seinen Einstieg verpasst, oder Entscheidungen ängstlich umgesetzt werden und der Trader seinen Stopp zu eng legt.

Hat man erst einmal eine Entscheidung getroffen, die kongruent ist mit den persönlichen Zielen, dann geht es nur noch darum, diese umzusetzen. Wer bei Entscheidungen den Worst Case erkennt und damit leben kann, dem fällt es leicht, voll hinter seinen Entscheidungen zu stehen und sie knallhart durchzusetzen. Das ist, was wir brauchen, um »einfach traden« zu können. Zögerliches Handeln resultiert aus mangelnder Entscheidungskraft.

Kennen Sie ihre Ziele, erkennen Sie Ihr Problem, identifizieren Sie Hebelpunkte und Chokes. Können Sie mit dem Worst Case leben, dann setzen Sie Ihre Entscheidungen aggressiv um!

2.3 Lie to me oder wann ich meiner Intuition vertrauen darf

Nachdem wir uns nun ausführlich mit Entscheidungen befasst haben, stellt sich die wichtigste aller Fragen: Wann sollten wir auf unsere Intuition vertrauen und wann ist es besser, rational und logisch zu einer Handelsentscheidung zu kommen?

Menschen stehen letztendlich zwei Entscheidungswege zur Verfügung. Der rationale, logisch begründbare oder aber der intuitive Ansatz. Beide Verfahren haben ihre Stärken und Schwächen. Welcher sollten wir beim Traden den Vorzug geben?

Rationalität und Intuition

Es gibt ein interessantes Experiment, das uns zeigt, wie intuitive Entscheidungen funktionieren. Den Teilnehmern der Untersuchung wurden zwei Kartenstapel präsentiert, ein roter und ein blauer. Auf jeder Karte stand ein Geldbetrag, den die Teilnehmer erhalten. Allerdings konnte der Betrag auch negativ sein. In diesem Fall musste der Teilnehmer den Betrag zahlen und erlitt einen Verlust. Was die Teilnehmer nicht wussten: Der rote Kartenstapel war »vergiftet«. In ihm befanden sich viel mehr und viel größere Verluste als im blauen Kartenstapel.

Zu Beginn des Spieles zogen die Teilnehmer wahllos von beiden Stapeln Karten. Natürlich nur so lange, bis sie merkten, dass irgendetwas mit dem roten Kartenstapel nicht stimmte. Aber wie lange brauchten die Teilnehmer dafür? Im Durchschnitt merkten die Teilnehmer nach ca. 60 Zügen, dass der rote Stapel unvorteilhaft war, und ließen die Finger davon. Fragte man sie, warum sie den blauen Stapel eindeutig bevorzugten, konnten sie rational erklären, warum der rote Stapel schlechter war. Menschen sind also lernfähig.

Doch das Interessante an diesem Experiment war etwas anderes. Während die Probanden ihre Entscheidungen für den einen oder anderen Stapel in jeder Runde trafen, waren sie mit einem Biofeedback-Gerät verkabelt. Dieses Gerät maß den Hautwiderstand, die Pulsfrequenz und einige andere Dinge, um festzustellen, ob während des Entscheidungsprozesses körperliche Reaktionen vorhanden waren. Es stellte sich heraus, dass die Teilnehmer bereits nach knapp zwei Dutzend Zügen Symptome von Stress zeigten, wenn sie zum roten »vergifteten« Kartenstapel griffen. Irgendein Alarmsystem im Körper machte sich also bereits bemerkbar. Zu diesem Zeitpunkt konnte aber niemand rational begründen, warum er sich bei Rot unwohl fühlte, und deshalb zogen die Probanden munter weiter vom roten Stapel.

Wir sehen also, dass Intuition ein wahnsinnig schnelles Warnsystem sein kann, wir diese Warnungen aber nicht in Form einer rationalen Begründung geliefert bekommen. Das macht in unserem Kulturkreis Entscheidungen, die auf Intuition begründet sind, so suspekt. Vielfach wird die Ansicht vertreten, dass nur rationale Gründe eine Rolle spielen dürfen, wenn es um Finanzen geht.

Die linke Gehirnhälfte: rational und risikoavers

Unsere rationalen Entscheidungen werden von der linken Gehirnhälfte getroffen. Die linke Gehirnhälfte zeichnet sich dadurch aus, dass sie Informationen einzeln (linear) nacheinander verarbeitet. Sie denkt, bewertet, ordnet Informationen und verarbeitet sie dann. Damit sie diesen Job erledigen kann, darf der Arbeitsspeicher nicht mit Informationen überflutet werden. Deshalb muss ein Bewusstseinsfilter eingeschaltet werden, der nicht alle Informationen reinlässt, sondern nur die wichtigen. Das Problem ist: Was ist wirklich wichtig? Die Informationen, die wir wahrnehmen, werden generalisiert, verzerrt oder schlicht ausgeblendet. Dadurch kann unsere rationale linke Gehirnhälfte zwar einen guten Job machen, läuft aber Gefahr, wichtige Informationen nicht zu berücksichtigen, weil wir vorher nicht wussten oder bewusst entschieden haben, dass diese Infos wichtig sein könnten. Wir müssten also vorher immer wissen, was in einem bestimmten Moment wichtig ist.

Da die Informationen sukzessiv verarbeitet werden, erkennt das Gehirn einen Wald nicht als Wald, sondern den Wald, weil es einzelne Bäume sieht.

Ein weiteres Kennzeichen der rationalen Seite ist, dass sie risikoavers agiert. Das ist wichtig, weil Rationalität bedeutet, lieber keine Entscheidung zu treffen, wenn die Beweiskette nicht ganz einwandfrei verläuft. Keine Entscheidungen zu treffen oder aber auf mehr Informationen zu warten kann im

Trading ein schwerer Fehler sein. Trader müssen manchmal wichtige Entscheidungen aufgrund weniger oder sogar gar keiner Informationen fällen. Wenn der Markt plötzlich nach unten rauscht, haben wir nicht die Zeit, erst alle Nachrichten zu prüfen und dann zu handeln. Vielmehr müssen wir umgehend reagieren. Dieses umgehende Handeln erfordert Kreativität!

Die rechte Gehirnhälfte: kreativ und risikofreudig

Für die Kreativität ist unsere rechte Gehirnhälfte verantwortlich. Sie spiegelt die kreative Seite wider. Sie liebt das Risiko und muss es auch, denn Entscheidungen werden nicht immer logisch getroffen. Sie erfasst die Wirklichkeit in Bildern, das heißt in ihrer Gesamtheit. Auf einem Bild sind Tausende von Informationen. Sie werden nicht einzeln betrachtet, sondern das Bild ruft in uns ein Gefühl hervor.

Während die linke Seite mit unserem Bewusstsein in Form von Sprache kommuniziert und wir dadurch meist gar keine Probleme haben, von dort gesendete Signale oder Entscheidungen zu verstehen, redet die rechte Seite mit uns in Form von Gefühlen. Das führt in der westlichen Welt oft zu Kommunikationsschwierigkeiten. Denn wir haben nicht gelernt, die Sprache der Gefühle zu verstehen, und erst recht nicht, ihr zu vertrauen. Ein weiteres Problem ist, dass wir manchmal auf die falsche Botschaft hören, wenn zu uns in Gefühlen gesprochen wird. Etwa so, als ob zwei Menschen zu uns gleichzeitig reden. Wir haben dann Schwierigkeiten, zu verstehen, was beide uns sagen wollen. Wem hören wir dann zu? Meist dem, der intensiver und lauter mit uns spricht. Und hier kommen wir zu dem größten Problem mit der Intuition.

Oft werden intuitive Botschaften überlagert durch andere Gefühle. Sehr oft durch Angst. Angst ist ein wesentliches Gefühl, das unser Bewusstsein und unseren Körper sofort in einen extremen Alarmzustand versetzt. In diesem Moment ist es schwierig, auf andere Signale zu reagieren.

Deshalb wird jeder Trader, der Angst hat, verlieren (siehe auch Kapitel »Angst«). Gier ist dabei auch eine Form der Angst, nämlich die Angst vor Mangel. Wollen wir also auf intuitive Entscheidungen beim Traden vertrauen, dürfen wir nicht ängstlich sein. Wir dürfen keine Angst haben, zu verlieren, keine Angst vor der Niederlage. Das fällt vielen nicht leicht. Wer verliert schon gerne?

Intuitiver Einstieg, rationales Money Management

Nur wenn wir lernen, angstfrei zu traden, dann können wir auch unserer Intuition vertrauen. Bei meinen Einstiegen gehe ich fast ausschließlich intuitiv vor. Weil ich glaube, dass mit rationalen Methoden, die unsere linke Gehirnhälfte versteht, kein Blumentopf am Markt zu gewinnen ist. Der Markt ist nicht rational. Er ist chaotisch, immer im Entstehen und ohne Grenzen. In so einer Welt wird man es mit rationalen Modellen schwer haben. Gäbe es ein rationales Modell, hätten es schlaue Menschen schon entdeckt. Traden funktioniert anderes. Intuitiver Einstieg, aber rationales Money Management, weil wir sonst zu risikofreudig sind. Das heißt, wo ich reingehe, bestimme ich intuitiv, mit wie viel, ist vollkommen rational.

Feste Exitregeln

Wenn ich dann in einem Trade bin, gehe ich wieder rational vor, weil das ständige Auf und Ab im Markt nun verbunden ist mit Gewinnen und Verlusten, die Emotionen hervorrufen – Gier oder Angst. Um das in den Griff zu bekommen, habe ich feste Exitregeln, die keinen Interpretationsspielraum zulassen.

Rationaler Bewusstseinsfilter blendet Informationen aus

Dieser Bewusstseinsfilter kann erheblichen Schaden anrichten, weil er oft Informationen ausblendet, die eigentlich wichtig sind, von unserem Bewusstsein aber nicht als wichtig eingestuft werden. Rationales Denken funktioniert so, dass gezielt Informationen selektiv aufgenommen und dann nacheinander verarbeitet werden.

Egal wie sehr wir uns bemühen, wir können diesen Filterprozess kaum ausschalten. Natürlich können wir uns bewusst machen, dass wir generalisieren, verzerren und weglassen, aber letztendlich ist dieser Filter fester Bestandteil unseres rationalen Denkens.

Somit unterliegen wir einer Illusion, wenn wir glauben, dass wir bei rationalen Entscheidungen alle vorliegenden Informationen berücksichtigt haben.

Wir konzentrieren uns eben nur auf alle Informationen, die wir gerade für wichtig halten. Das kann aber schnell zu einem Problem werden.

Informationsbeschaffung kostet Zeit und Zeit ist bekanntlich Geld. Aber stellen wir uns doch vor, wir könnten kurz auf die Pausetaste an der Börse drücken und alle Informationen, die wir wollen, in Ruhe betrachten. Würde das unser Ergebnis wesentlich verbessern?

Hierzu erneut ein Experiment aus der Psychologie: Profigolfer haben viele Faktoren zu berücksichtigen, wenn es darum geht, einen Put zu versenken. Wie ist der Verlauf der Putlinie, wo sind Breaks, wie ist die Beschaffenheit des Rasens, welche Geschwindigkeit wird zu welchem Break führen?

In einem Experiment wurde nun untersucht, ob der Spielerfolg von Anfängern und Profis davon abhängt, wie lange sie Zeit haben, ihre Entscheidung über den Schlag zu fällen. Vermutlich sollten die Spieler, die mehr Zeit für Ihre Putentscheidungen bekamen, deutlich besser abschneiden, da sie ja jeden Faktor beachten konnten. Die Annahme war, dass eine Aufgabe umso ungenauer ausgeführt wird, je weniger Zeit für deren Durchführung besteht.

Die eine Gruppe bekam also so viel Zeit, wie sie wollte, für den Put, die andere Gruppe musste nach nur drei Sekunden den Put ausführen.

Das Ergebnis war interessant: Neulinge verhielten sich wie erwartet und konnten ihr Ergebnis verbessern, wenn sie genug Zeit hatten, über ihren Put nachzudenken. Überraschenderweise trafen allerdings Profis deutlich besser, wenn sie nur drei Sekunden Zeit hatten, als wenn ihnen unbegrenzt Zeit blieb. Spieler trafen also bessere Entscheidungen, wenn sie keine Zeit hatten, die Situation gründlich zu analysieren, aber nur wenn sie erfahren waren. Mehr Zeit zu haben, um nach weiteren Optionen zu suchen, erhöht also die Wahrscheinlichkeit für schlechtere Entscheidungen.

Wie ist das zu erklären? Wenn sehr viele Informationen für eine gute Entscheidung benötigt werden, reicht die Geschwindigkeit unseres rationalen Bewusstseins nicht mehr aus, die Informationen sauber zu verarbeiten. Unser Unterbewusstsein kann diese Aufgabe schneller und besser erledigen, da es sich meist nur an Faustregeln hält, um Probleme zu lösen.

Denkprozesse von Profis laufen also am besten unbewusst ab. Die Empfehlung lautet also: Lassen Sie das Denken, sofern Sie geübt sind.

Lassen Sie das Denken, sofern Sie geübt sind

Bauchgefühl bzw. Intuition ist ein mächtiges Werkzeug, insbesondere wenn die Umwelt komplex ist.

Wie können wir diese Erkenntnis für das Traden benutzen? Da der Markt zu vielschichtig ist, um mit rationalen Entscheidungsmustern die »richtige« Lösung zu finden, sollten wir uns beim Einstieg lieber auf intuitive Entscheidungsprozesse verlassen, die außerdem den Vorteil haben, schneller in der Entscheidungsfindung zu sein.

Dem Anfänger steht dieses Instrument aber nicht zur Verfügung, weshalb er wahrscheinlich immer zu spät einsteigen wird. Er kann Dutzende Bücher über Markttechnik lesen – wenn er beim Ausbruchspunkt einsteigt, ist er derjenige, dem ich und andere Profis unsere Position verkaufen, weil wir schon längst im Markt sind. Ich selbst antizipiere zum Beispiel die meisten Breakouts, sodass ich nicht abwarte, bis der Markt eine Marke durchbricht, sondern bereits im Moment des Breakouts meine Position eröffnet habe. Das ist natürlich ein erheblicher Vorteil, weil ich dadurch einen engeren Stopp und somit ein geringeres Risiko habe als der, der nach dem Breakout einsteigt. Um antizipieren zu können, braucht man allerdings Erfahrung.

Zum Antizipieren braucht man Erfahrung

Anfängern rate ich, diese Erfahrung zu sammeln. Dazu kann man Simulationskonten traden oder besondere Marktsituationen zusammen mit Profis besprechen. Schauen Sie also nicht nur Ihre Trades an, sondern auch die von anderen, und versuchen Sie, daraus zu lernen. Ich selbst schaue mir seit 20 Jahren jeden Tag den Dax an, es sind also Millionen von Chartverläufen in meinem Kopf gespeichert.

Anstatt also das 30. Buch über das richtige System zu lesen, empfehle ich, sich lieber möglichst viele Kursverläufe anzuschauen und zu versuchen, nachzuvollziehen, was dort passiert ist. Auf meinen Seminaren bespreche ich aus diesem Grund mit meinen Schülern viele Tradingsituationen. Dabei berücksichtige ich nicht nur Gelegenheiten, bei denen ich eingestiegen bin, sondern auch diejenigen, die ich ausgelassen habe. Denn wichtiger noch als die Frage »Wo soll ich rein?« ist die Frage »Wann soll ich nicht rein?«.

Für Profis oder erfahrene Trader ist es unbedingt sinnvoll, das rationale Denken durch intuitives zu ergänzen. Sie können durch ihre Erfahrung auf die langwierige Kausalkette des rationalen Prozesses in vielen Situationen verzichten und so ihre Performance steigern.

3.
DENKEN UND WAHRNEHMUNG

3.1 Perzeption der Realität

Kennen Sie auch solche Situationen, in denen Menschen sich von nichts beeindrucken lassen, obwohl alle Tatsachen gegen ihr Tun sprechen? Wie kann jemand trotz Verlusten weitermachen? Wie kann jemand jahrelang ohne Erfolg an einer Sache arbeiten, bis er plötzlich den Durchbruch erzielt?

Selektive, subjektive Bestandsaufnahme der Umwelt

Die Antwort liegt in unserem Denken. In der Art und Weise, wie wir unsere Umwelt, unsere Erfahrungen in uns widerspiegeln. Die Antwort liegt darin, wie WIR (persönlich) die Welt sehen. Denn was unsere Realität ist und was nicht, entscheidet unser Kopf!

Unsere (hauptsächlich unbewussten) Informationsverarbeitungsprozesse führen zu einer Vorstellung über die von uns angenommene Wirklichkeit. Wir bilden uns ein Modell der äußeren Umwelt.

Es dürfte klar sein: Dieses Abbild ist nicht die Wirklichkeit selbst. Wenn Sie auf eine Landkarte schauen, sehen Sie ein Modell der Realität, aber keine echten Berge, Flüsse, Täler und Straßen. Trotzdem haben Sie eine Vorstellung von der Gegend.

Genauso verhält es sich mit unserem Denken. Wir stellen uns lediglich eine Wirklichkeit, unsere Wirklichkeit vor. Auf dieser Basis, die ausschließlich in unseren Gedanken stattfindet, konstruieren wir ein Modell, das die Realität mehr oder minder nachbildet. Die von uns empfundene Realität wird aus unseren eigenen Gedanken erschaffen. Somit konstruiert jeder Mensch eine unterschiedliche Vorstellung von der Realität. Jeder Mensch hat ein anderes Modell.

Wenn jede Person aber die Welt anders wahrnimmt, jeder ein anderes Modell von der Umwelt in seiner Vorstellung hat, stellt sich die Frage: Gibt es so etwas wie die objektive Realität? Was ist wirklich, was ist nur gedacht? Und wann wird das Gedachte zur Wirklichkeit?

Persönliche Realitätsmodelle

Eine allgemeine Realität existiert nicht. Es gibt jedoch so etwas wie eine persönliche Realität. Wir akzeptieren ein Modell unserer Umwelt und nennen dies Realität, auch wenn es nur unsere persönliche Variante ist. Diese persönliche Realität ist ein Gedankenkonstrukt, deshalb auch Modell genannt. Da niemand die echte Umwelt erfassen kann, sondern jeder immer nur ein Modell der Umwelt in seiner Vorstellung erschafft, ist unsere Unfähigkeit, die sogenannte »wahre Realität« zu erfassen, kein Problem. Denn wenn niemand die Wahrheit kennt, ist es nur wichtig, ein gut funktionierendes Modell von der sogenannten Wahrheit entwickelt zu haben. Natürlich gibt es oft Menschen, besonders in unserem Umfeld, die die Welt in der gleichen Weise wahrnehmen wie wir und deren Realität sehr eng mit unserer übereinstimmt. Wir dürfen daraus aber nicht schlussfolgern, dass dies die einzige Form ist, die Welt zu sehen.

Jedes Modell, das wir für uns erschaffen haben, ist ein »gutes« Modell in dem Sinne, dass es hilfreich ist oder war.

Marktmodelle

Wenn wir uns dem Markt stellen und traden, haben wir auch ein ganz bestimmtes Modell davon, wie Märkte funktionieren. Jeder, der einmal verschiedene Tradingbücher gelesen hat, wird feststellen, dass die Auffassungen, welches ein geeignetes Marktmodell ist, sehr weit auseinandergehen können. Da gibt es Trader, die versuchen, den Markt mit Indikatoren zu greifen, andere sind Jünger der Markttechnik, wieder andere glauben an den heiligen Fibonacci-Gral. Das ist eine Zahlenfolge, die auf der Entwicklung einer Kaninchenpopulation beruht, sich aber in Traderkreisen einer riesigen Popularität erfreut, da sie als magischer Schlüssel verehrt wird.

Mein Marktmodell

Auch ich habe ein persönliches Modell vom Markt und für mich ist es richtig, was nicht heißt, dass es die einzige Wirklichkeit ist oder die Realität erfasst. Mein Modell vom Markt ist, dass der Markt chaotisch, grenzenlos und ständig im Entstehen ist. Es gibt zwar oft einen Vorteil in die eine oder andere Richtung, aber trotzdem ist nichts vorhersehbar und somit gibt es kein »Der MARKT MUSS ...«

Der Markt ist chaotisch

Das Besondere an diesem Modell ist, dass es hilfreich ist. Hilfreicher als jene Modelle, die davon ausgehen, dass es einen Heiligen Gral gibt oder dass man die Kurse vorherbestimmen kann. Mein Modell muss sich nämlich auf ein Risk Management verlassen. Glaube ich hingegen an Methoden, die in die Zukunft des Marktes blicken, spielt Risk Management keine so wichtige Rolle mehr.

Außerdem ist dieses Modell mir deshalb hilfreich, weil ich damit flexibel bleibe und meine Aufmerksamkeit nicht nur auf Risikokontrolle, sondern auch auf Selbstkontrolle richten kann anstatt auf den Versuch, herauszufinden, wie weit die nächste Bewegung geht, sodass ich meine Energie mit der Analyse der Märkte binde.

Dieses Modell ist mir von großem Nutzen, und immer wenn ich versucht habe, mit anderen Modellen des Marktes zu arbeiten, habe ich Schiffbruch erlitten. Zwar funktionierten manche Dinge über einen gewissen Zeitraum hinweg sehr gut, aber sobald ich Vertrauen darin fasste, änderte der Markt plötzlich sein Verhalten und das Marktmodell funktionierte nicht mehr.

So liebte ich jahrelang die Elliott-Wellen. Ich fand es faszinierend, wie der Markt sich in bestimmten Wellenmustern bewegte. Doch irgendwann kreisten meine Gedanken nur noch um einen Wellencount. Es war so verlockend, dass diese Methode mir nicht nur die Richtung des Marktes vorhersagen konnte, sondern sich auch Wendepunkte exakt bestimmen ließen. Ende der 1990er-Jahre verfolgte ich zufälligerweise den richtigen Wellencount und konnte damit sehr viel Geld verdienen. Auch die Marktwende 2001 passte in diesen Count. Dann aber nach der ersten Korrektur erwischte mich der Markt völlig auf dem falschen Fuß, weil ich immer noch vergeblich auf eine C-Welle nach unten wartete, obwohl sich der Markt schon wieder in einem klaren Aufwärtstrend befand. Das Modell, dass der Markt nach dem Wellenprinzip funktionierte, also genau das Modell, mit dem ich so viel Geld verdient hatte, führte mich nun in die Irre. Es dauerte Wochen, nein, Monate, und kostete mich Hunderttausende, bevor ich erkannte, dass ich ein falsches Marktmodell verwendete.

Der Markt ist grenzenlos

Sicher, jeder Trader hat ab und zu Gedanken wie: Der Preis ist zu hoch, zu tief oder der Markt ist überbewertet. Wenn es ein oberes oder unteres Limit für Preise gäbe, könnten wir immer den Markt in Relation zu diesen Limits bewerten. Leider oder glücklicherweise gibt es keine Regierungsbehörde, die ein oberes oder unteres Limit festlegt (abgesehen von einigen Zentralbanken, die aktiv den Wechselkurs von Währungen steuern). Wir neigen dazu, den Markt als teuer oder billig einzustufen, weil wir in unseren Köpfen sogenannte Anker bei der Bewertung von Preisen verwenden.

Ein klassisches Beispiel sind unverbindliche Preisempfehlungen des Herstellers, mit denen Autohäuser so gerne werben. Dadurch, dass ein Referenzwert vorgegeben wird, können wir das Angebot als sehr billig oder teuer einstufen und sind verleitet, einen Schnäppchenkauf zu tätigen. Der Markt ist aber kein Autohaus oder Supermarkt, sondern die Preise werden frei durch Angebot und Nachfrage gebildet, somit entfallen auch Referenzpreise. Dennoch benutzen wir das Ankermodell in unserem Kopf und vergleichen den aktuellen Marktpreis mit dem vor 10 Tagen oder 10 Wochen. Plötzlich erscheint der Markt teuer oder billig, obwohl es so etwas am Markt nicht gibt.

Wie stark solche Anker in uns wirken, zeigt ein Experiment aus der Psychologie, bei dem man Studenten in einer Auktion für eine Flasche Wein bieten ließ. Da keiner der Studenten eine Ahnung hatte, was die Flasche wirklich wert ist, stellte sich die Frage, wie hoch wohl die Erstgebote der einzelnen Teilnehmer ausfallen würden. Um einen Anker bei den Studenten zu setzen, mussten die Teilnehmer des Experiments vor der Auktion die letzten zwei Ziffern ihrer Sozialversicherungsnummer auf das Auktionsblatt schreiben. Kurz darauf wurden sie nach ihrem ersten Gebot befragt. Erstaunlicherweise korrelierte das erste Gebot mit der Sozialversicherungsnummer. Waren die letzten Zahlen z. B. eine 8 oder 9, war das Gebot auch signifikant höher als bei Teilnehmern mit Sozialversicherungsnummern, die mit 1 oder 2 endeten.

Es scheint so, als bediene sich unser Gehirn bei der Bewertung von Preisen willkürlicher Anker, sofern es keine anderen Referenzwerte hat. Beim Traden dient uns meist der letzte Marktpreis als Referenz, der aber keine gute Indikation darüber gibt, ob etwas teuer oder billig ist. Denn im Aufwärtstrend sollten die Preise kontinuierlich steigen und die scheinbar teuren Preise sind eher Bestätigung des Trends als ein Zeichen, dass der Markt zu teuer ist.

Obwohl mein Marktmodell von grenzenlosen Preisbewegungen ausgeht, musste ich 2012 große Verluste im Bund Future realisieren. Der Grund: Ich hatte mich nicht an mein eigenes Marktmodell gehalten. Damals sanken die Zinsen für zweijährige Staatsanleihen auf 0 Prozent. Das heißt, der deutsche Staat musste keine Zinsen mehr zahlen, um sich für zwei Jahre Geld zu leihen. Ich dachte, das muss das Zinstief sein, da Zinsen nicht negativ werden können. Negative Zinsen bedeuten, dass Menschen dem Staat Geld leihen und obendrauf noch einen Preis dafür bezahlen, dass der Staat ihnen ihr Geld für zwei Jahre abnimmt. So verrückt würde niemand sein, dachte ich. Deshalb wettete ich bei den etwas längeren Zinslaufzeiten auf steigende Zinsen, denn für gewöhnlich steigen die Zinsen stärker, je länger die Laufzeiten sind. Statt aber bei 0 Prozent Zinsen zu stoppen, sanken die Zinsen einfach ins Negative. Ich war schockiert und konnte es nicht glauben. Innerhalb weniger Wochen verlor ich ein paar Hunderttausend Euro. Nur mein gutes Risk Management bewahrte mich vor dem völligen Aus.

Was war geschehen? Die Schweizer Zentralbank hatte einfach deutsche Staatsanleihen zu jedem Preis gekauft, weil sie ihre Währung gegen den Euro bei 1,2 fixen wollte. Der Zentralbank war es schlichtweg egal, ob sie dafür eine Prämie zahlen musste, weil ihr einziges Ziel war, den Schweizer Franken zu schwächen! Da die Zentralbank fast über unbegrenzte Mittel verfügt, war sie in der Lage, den Marktpreis durch jede Grenze zu treiben.

Da Märkte grenzenlos sind, gibt es auch kein billig und teuer. Es gilt die alte Börsenweisheit: Buy high, sell higher, also kauf teuer und verkaufe noch teurer.

Der Markt ist ständig im Entstehen

Der Markt ist nicht nur grenzenlos und nicht prognostizierbar, er ist auch ständig im Entstehen. Alte Systeme, die profitabel waren, funktionieren nicht mehr, weil zu viele Marktteilnehmer dasselbe machen, neue Marktteilnehmer kommen hinzu, alte scheiden aus. Dieser Prozess des Wachsens, Entstehens und auch wieder der Zerstörung erfordert, dass der Trader ständig auf der Hut ist. Bewege ich mich noch im gleichen Umfeld wie vor einem Jahr, haben sich die Rahmenbedingungen geändert, hat sich das Marktverhalten geändert? Das alles sind wichtige Fragen, die der Trader sich stellen muss.

Dadurch, dass mein Marktmodell nicht starr ist, bleibe ich als Trader in Bewegung!

Gute Marktmodelle

Es gibt sicher verschiedene Möglichkeiten, sich Modelle vom Markt zu bilden. Aber alle Modelle, die nahelegen, er lasse sich voraussagen, sind früher oder später zum Scheitern verurteilt und kosten den Trader Geld. Ein guter Trader braucht keine exakten Prognosen. Ich habe gelernt, mit nur 50 Prozent Trefferquote erfolgreich zu sein. Wie? Einfach indem meine Gewinne größer als meine Verluste sind. Mein Marktmodell lässt mich flexibel agieren, ich bin offen für das, was am Markt passiert, und es gibt kein ES MUSS, gegen das ich ankämpfen muss.

Wir haben aber nicht nur Modelle vom Markt, sondern auch von unserer Umwelt. Oft versuchen wir, diese Modelle mit ins Trading zu nehmen. Aber wenn wir ein neues Unterfangen beginnen und ein neues Ziel haben – Geld am Markt zu verdienen –, heißt das nicht, dass wir mit unseren alten Modellen zurechtkommen. Sobald wir ein Ziel anstreben, besteht die Möglichkeit, dass wir dazu ein nicht geeignetes Modell der Realität benutzen. In diesem Moment ist bereits entschieden, ob wir eine Chance haben, unser Ziel zu erreichen.

Ich habe viele Schüler, die sehr erfolgreich als Unternehmer eine Firma aufgebaut haben, aber nun, aus welchen Gründen auch immer, sich von ihrer Firma getrennt haben. Das viele Geld, das ihnen nun zur Verfügung steht, wollen sie gerne selbst verwalten und wagen sich in die Welt des Tradings.

Diese Menschen sind bereits sehr erfolgreich gewesen und können es sich nicht vorstellen, am Markt nicht erfolgreich zu sein. Doch am Markt braucht man andere Modelle. So beruhte ihr Erfolg oft darauf, dass sie in der Lage waren, andere Menschen zu manipulieren. Ich meine das nicht im negativen Sinne, sondern sie konnten Menschen dazu bringen, das zu machen, was sie wollten (möglicherweise auch zum Nutzen dieser Menschen). Kommen diese Unternehmer an den Markt, müssen sie feststellen, dass dieser sich nicht manipulieren lässt. Sie versuchen es trotzdem und sind dann zum Scheitern verurteilt.

Um Ziele zu erreichen, benötigen wir somit hilfreiche Modelle. Je nachdem, welche Ziele wir anstreben, brauchen wir manchmal unterschiedliche Modelle bzw. Überzeugungen.

Die richtigen Überzeugungen oder hilfreiche Modelle beim Traden zu bekommen ist nicht einfach, weil viele Ansichten aus der NICHTTRADER-WELT im Trading nicht funktionieren.

Neue Realitäten schaffen

Um uns zu verbessern, müssen wir manchmal neue Realitäten erschaffen. Realitäten im Hinblick auf uns selbst, Realitäten im Hinblick auf den Markt, Realitäten im Hinblick auf unsere Umwelt.

Mit unserem Denken schaffen wir Realitäten und verändern sie. Ein Gedanke, den wir akzeptieren, kreiert eine neue Umwelt. Stellen wir uns die Frage: Was ist notwendig, damit wir einen Gedanken akzeptieren?

Starten wir einmal mit einem einfachen Gedanken: »Ich bin ein Gewinner.« Es soll ja Seminare geben, auf denen Leute einfach immer nur rufen »Ich bin ein Gewinner!«, und schon wird der Wunsch Wirklichkeit, aber wir gehen hier einmal in die Tiefe. Was muss passieren, damit wir diesen Gedanken annehmen können?

Zuallererst muss der Gedanke vorstellbar sein. Nur das, was wir uns vorstellen, werden wir auch annehmen können. Nun muss dieser Gedanke aber auch kongruent mit unseren anderen Überzeugungen sein. Er muss sozusagen in unsere eigene Realität eingebettet werden. Wenn wir gleichzeitig andere, ge-

genläufige Überzeugungen haben, wird es unweigerlich zum Konflikt kommen und wir werden die schwächere Überzeugung verwerfen.

Wie stark Überzeugungen in uns verwurzelt sind, hängt unter anderem davon ab, welche Feedbacks wir von unserer Umwelt erhalten. Nicht immer ist das notwendig, aber wir reagieren sehr sensibel auf Feedbacks. Wenn wir noch nie gewonnen haben, wird es schwierig sein, diese Vorstellung zu verinnerlichen.

Neue Gedanken in bestehende Realitäten integrieren

Außerdem muss der Gedanke uns helfen. Wie genau, ist nicht immer offensichtlich, oft treiben uns verschiedene »Geister« an, aber eine dieser Persönlichkeiten, die in uns stecken, muss einen positiven Nutzen aus diesem Gedanken haben. Ansonsten wehrt sich das Unterbewusstsein, diesen Gedanken zu integrieren.

Einen neuen Gedanken in eine bestehende Realität einzubetten erfordert Arbeit. Wir müssen genug Feedbacks generieren, die den Gedanken unterstützen, und andererseits auf der Hut sein vor Feedbacks, die dem Gedanken schaden. Wir müssen außerdem überprüfen, ob und welche Konflikte er mit anderen Glaubenssätzen in uns produziert. Falls wir Konflikte erkennen, müssen wir ein Konzept finden, um diese aufzulösen.

Ich könnte denken »Ich bin ein Gewinner«, aber möglicherweise glaubt ein Teil von mir auch, dass ich es nicht verdient habe, zu gewinnen.

Wenn wir uns die Frage stellen »Warum haben wir nicht verdient, zu gewinnen?« könnten ganz profane Antworten kommen wie z. B.: »Wer sich so vorbereitet, hat nicht verdient, zu gewinnen« – oder aber auch tiefere Überzeugungen, die sagen: »Wir haben es nicht verdient, zu gewinnen, weil wir es uns nicht selbst wert sind.« Mangelndes Selbstwertgefühl ist beim Traden eine Einladung, Verluste zu machen, weil wir unbewusst nicht glauben, es verdient zu haben, Gewinne zu erzielen.

Feedbacks generieren

Ich selbst habe jahrelang mit dem Problem zu kämpfen gehabt, dass ich immer nur so viel Geld verdient habe, wie ich zum Leben brauchte. Das war zwar schön, aber sehr stressig, weil ich immer erst kurz vor knapp mein Ziel erreichte. Ich war nicht in der Lage, mehr als das, was ich brauchte, zu verdienen. Ich konnte vom Traden leben, hatte aber nie ein Sicherheitspolster. Ich verdiente keinen Cent mehr, als ich ausgab. Zum Sparen blieb nichts. Wenn ich meinen Lebensstandard nach oben schraubte, indem ich z. B. ein Haus für meine Familie kaufte, verdiente ich plötzlich mehr Geld – aber nur genauso viel, wie ich höhere Kosten durch das Haus hatte. Es war zum Verrücktwerden.

Sobald ich größere Gewinne machte, die über das hinausgingen, was ich zum Leben brauchte (ich spreche hier natürlich von einem sehr guten Leben), vernichtete ich diese in kurzer Zeit, sodass mein Tradingkonto nicht wachsen konnte. Ich versuchte es mit dem Trick, dass ich Gelder schnell abzog, um so die Gewinne vor mir selbst zu schützen, aber natürlich funktionierte das nicht wirklich und einmal abgezogene Gewinne landeten in Verlustphasen schnell wieder auf meinem Konto.

Warum konnte ich nicht mehr verdienen, als ich brauchte? Schuld war eine Überzeugung in mir, dass mir nicht mehr zusteht, als ich brauche.

An dieser Stelle wäre es einfach zu sagen: »Okay Birger, dir steht mehr zu, du bist toll und nimm es dir einfach.« Aber dieser Vorsatz würde mit dem fest verankerten Glauben kollidieren und ihm unterliegen.

Ich fragte mich also: »Was muss passieren, damit du glaubst, die Gewinne zu verdienen?«

Dazu musste ich erst einmal feststellen, ob die Überzeugung nur auf mich zutraf oder ob es sich um einen allgemeinen Glaubenssatz handelte.

Sich das Unbewusste bewusst machen

Um herauszufinden, ob die Überzeugung sich nur auf mich bezog, ob also nur MIR nicht mehr zusteht, als ich brauche, oder allen Menschen, stellte ich mir eine einfache Frage: »Gibt es überhaupt jemanden, der mehr verdienen darf oder soll, als er braucht?«

Mir fielen sofort die ganzen Toptrader aus einem meiner Lieblingsbücher *Magier der Märkte* ein und ich fand intuitiv, dass all diese Trader die Millionen wirklich verdient hätten – ähnlich wie einem Spitzensportler für eine außergewöhnliche Leistung auch ein außerordentlicher Verdienst zusteht.

Indem ich die Fragestellung von mir auf alle Menschen verallgemeinerte, fand ich heraus, dass die Überzeugung nur mich persönlich betraf. Dies war sicherlich meiner protestantischen Erziehung geschuldet, die das Credo hatte, dass Bescheidenheit und ein Leben in Maßen anzustreben seien. Diese Überzeugung blockierte mich extrem. Manchmal schleppt man alte Überzeugungen mit sich herum, die in der Vergangenheit eine Wahrheit für uns darstellten und uns dort auch unterstützten, die uns aber bei zukünftigen Plänen behindern.

Ziel dieser Fragen ist, sich das Unbewusste bewusst zu machen. Wie ein Detektiv in einem Verhör kreist man den Ursprung der hinderlichen Überzeugung immer mehr ein.

Wenn ich allgemein kein Problem mit Gewinnen hatte, mir selbst aber nicht mehr Gewinne erlaubte, musste diese Überzeugung mit mir zu tun haben. Mit meinem Selbstbild.

Als Nächstes fragte ich mich, was mich von den Toptradern aus *Magier der Märkte* unterscheidet. Wo liegt der Unterschied, dass diese sehr große Gewinne machen konnten, während ich immer nur das verdiente, was ich zum Leben brauchte?

Lag es daran, dass sie mehr arbeiteten? Nein.

Dass sie erfahrener waren? Nein.

Dass sie cleverer waren? Nein.

Es kostete mich einige Zeit des Nachdenkens. Nicht immer hat unser Unterbewusstsein eine Lösung sofort parat. Aber wenn wir lernen, die richtigen

Fragen zu stellen, bekommen wir so nach meiner Erfahrung früher oder später eine Antwort.

Ich grübelte sehr lange über mein Problem und plötzlich kam mir eine simple Frage in den Kopf: WER ist denn derjenige, der bestimmt, was genug Gewinne sind, der bestimmt, ob die Summe gerecht ist, die ich verdiene?

Die Antwort auf diese Frage erschreckte mich, denn ich sah meine Eltern vor mir. Wieso sollten sie das Recht haben, zu bestimmen, wie viel ich verdiene? Ich bin es doch, der bestimmt, was mir zusteht.

Ich beschloss, dass in Zukunft nur noch ich bestimmen sollte, was genug ist. Und ich befand, dass das, was ich bisher verdient hatte, nicht annähernd genug war. Ich dachte an die vielen Jahre des Lernens beim Traden, an die emotionalen Herausforderungen – und ja: Ich fand, dafür hatte ich mehr verdient als nur ein Gehalt, von dem ich gerade, wenn auch gut, leben konnte.

Bei der Recherche zu diesem Buch habe ich in meinem mentalen Tradingtagebuch einen Satz gefunden, der diese neue Einstellung von mir sehr gut beschreibt:

»*Es ist die alleinige Entscheidung des Traders, wie viel Schmerz er leiden will – wie groß also seine Verluste werden –, genauso, wie viel Glück er sich zugesteht und wie hoch er seine Gewinne werden lässt. Dies vorausgesetzt, ist es unsere freie Entscheidung, wie wir leben wollen. Menschen akzeptieren häufig mehr und länger Schmerzen, als es notwendig ist, und andererseits fehlt uns die Fähigkeit, das richtige Maß an Glück zu genießen. Entweder wir erlauben uns zu wenig oder wir werden gierig und hedonistisch, was fast zwangsläufig zur Folge hat, dass wir unsere Gewinne wieder verlieren.*«

Überzeugungen und Feedbacks

Der wesentliche Punkt ist, dass unsere internen Modelle von Realitäten geleitet werden, die wir uns selbst erschaffen haben. Wir können diese auch ändern. Das geht nicht mit einem Fingerschnippen, aber indem wir uns Konflikte bewusst machen, die uns am Erfolg hindern, können wir diese Probleme bewältigen.

Es gibt nicht so etwas wie »die Wahrheit« oder »richtig«. Es gibt nur unsere eigene Wahrheit und unser eigenes »Ja, so ist es richtig!«.

Natürlich können wir Feedbacks aus unserer Umwelt dabei nicht ignorieren. Wenn ich mir z. B. sage, dass ich ein Gewinner bin, und trotzdem ständig verliere, erhalte ich Feedbacks, die meinen Glauben nicht unterstützen. Um also eine Überzeugung zu verinnerlichen, müssen wir auch dafür Sorge tragen, dass wir unterstützende Feedbacks erhalten. Es geht nicht darum, Niederlagen komplett zu vermeiden, aber wenn diese auftreten, sollten wir uns klarmachen, dass andere Gewinner auch ab und zu Niederlagen einstecken müssen, und versuchen, unseren Fokus auf unsere positiven Feedbacks zu legen.

Ich verstehe, wenn viele Leser an dieser Stelle denken: »Der Typ ist ja durchgeknallt, der schafft sich eine Illusion, die mit dem echten Leben nichts zu tun hat.« Verrückt sind aber nur Menschen, die ihre Feedbacks vollkommen ignorieren. Einsteins Definition von Wahnsinn ist: »Immer das Gleiche zu tun, aber andere Ergebnisse zu erwarten«! Ich hingegen setze mich schon mit meinen Feedbacks auseinander und oft sind diese ein Hinweis, dass ich etwas anders machen muss. Wir sollten Feedbacks sehr wohl Aufmerksamkeit schenken, aber wichtiger als die ständige Suche nach Beweisen oder positiven Rückmeldungen ist, Überzeugungen zu haben, die uns unterstützen. Langfristig wird uns das erfolgreicher machen als ständige Selbstzweifel!

Zusammenfassung

Fassen wir noch einmal zusammen: Um eine Überzeugung zu akzeptieren, muss sie

- ▶ vorstellbar sein,
- ▶ in unsere Realität eingebettet sein,
- ▶ einer unserer Subpersönlichkeiten helfen,
- ▶ sich durch Feedbacks verifizieren lassen.

Wenn all diese Faktoren gegeben sind, glauben wir wirklich an das, was wir uns vorstellen? Nein, dann glauben wir nicht mehr, dann sind wir überzeugt!

3.2 Aufmerksamkeit

Aufmerksamkeit ist die primäre Ressource des Traders. Ein Trader muss aufmerksam sein. Dies ist offensichtlich, wenn Gefahr besteht, bedeutende Bewegungen an den Märkten zu verpassen, oder Risiken die Existenz des Traders bedrohen.

Aufmerksamkeit auf den Markt

Aber die Aufmerksamkeit eines Traders erstreckt sich auf mehr. Nur das, worauf die Aufmerksamkeit fällt, kann auch bewusst und später erinnert werden. Deshalb bedeutet Aufmerksamkeit, in der Gegenwart zu leben und zu denken, frei von Ängsten oder Hoffnung für die Zukunft zu sein und unbelastet durch die nicht mehr zu ändernde Vergangenheit und somit aus der Gegenwart zu lernen.

Aufmerksamkeit ist gleich einem Spot: Das, worauf wir unsere Aufmerksamkeit richten, wird hell und klar erleuchtet, dafür bleibt allerdings vieles andere verborgen. Wir können uns das so vorstellen, als ob unser Bewusstsein auf einem Wachturm steht. Von diesem Wachturm aus müssen wir ständig den Spot über das ganze Gelände streifen lassen und sollten niemals zu lange an einem Punkt verharren.

Aufmerksam zu traden heißt nun, diesen Spot nicht bewusst auf einen Punkt zu richten. Sobald zum Beispiel Erwartungen wie »Der Markt steigt« oder »Uns steht ein Kursrutsch bevor« im Spiel sind, konzentrieren wir unsere Aufmerksamkeit auf diese Punkte. Viele wichtige Informationen bleiben dafür dann aber im Dunkeln. Der Spot leuchtet nur eine Stelle im Gelände aus und die Wahrscheinlichkeit, dass wir uns die richtige Stelle ausgesucht haben, ist sehr gering.

Den Spot in Bewegung halten

Wer aufmerksam traden will, muss diesen Spot der Aufmerksamkeit ständig in Bewegung halten. Damit ist gemeint, seine Gedanken müssen ständig in Bewegung sein. Er darf nicht an einem Ding, einem Problem, einem Punkt verharren, sondern muss frei sein von jeglichen Versuchen, den Spot auf eine

Sache zu konzentrieren. Gelingt das, wird dieser Trader im Scheinwerfer des ständig umherkreisenden Spots wichtige Entdeckungen machen.

Wer diesen Punkt versteht, begreift, warum das Habenwollen oder etwas Vermeidenwollen sehr problematisch beim Traden werden kann. Aufmerksamkeit hat viel mit Vertrauen zu tun. Wir müssen lernen, darauf zu vertrauen, dass unsere Wahrnehmung alle wichtigen Informationen erfasst, ohne dass wir bewusst den Spot, die Aufmerksamkeit, darauf lenken müssen. Dafür müssen wir aber unseren Wahrnehmungsfähigkeiten die Chance geben, diese Informationen zu erfassen.

Ich habe meine besten Trades immer gemacht, wenn ich nicht gezielt nach Chancen gesucht habe. Wenn ich einfach den Markt an mir vorüberziehen ließ und sich dann plötzlich eine Chance auftat. Wenn ich aktiv Chancen suchte, war die Gefahr groß, dass ich mit meiner Aufmerksamkeit an Dingen festhing, die in Wahrheit keine Chancen waren, aber meine Aufmerksamkeit fesselten, weil ich Chancen erzwingen wollte!

Aufmerksam sein heißt also, zu beobachten, ohne voreingenommen oder abgelenkt zu sein. Dabei beobachten wir als Trader nicht nur den Markt, sondern eigentlich alles: die Gesellschaft, uns selbst, unsere Gedanken ... Doch wie können wir lernen, aufmerksam zu sein? Eigentlich müssen wir es nicht lernen, sondern vielmehr haben wir oft die Fähigkeit nur verlernt. Wenn ich meine drei Kinder beobachte, so merke ich, dass sie die Welt völlig anders wahrnehmen. Sie probieren Dinge aus und lernen aus ihren Erfahrungen und Beobachtungen, ohne dass sie im Voraus Schlüsse ziehen. Sie schauen genau hin, hören genau zu, versuchen, das Erfahrene ständig neu zu rekonstruieren.

Ablenkungen vermeiden

Das Paradoxon: Einerseits behaupte ich, wir sollen unsere Aufmerksamkeit nicht im Vorhinein auf einen bestimmten Punkt lenken, andererseits ist es wichtig, die Aufmerksamkeit auf die Dinge zu lenken, die es wert sind, ihnen Aufmerksamkeit zu schenken. Die große Gefahr liegt darin, dass wir uns ablenken lassen. Was heißt ablenken? Ablenkung bedeutet, unsere Aufmerksamkeit verweilt an einem Punkt, an dem sie nicht gebraucht wird. Diese Ablenkung kann bewusst erfolgt sein oder aber auch unbewusst. Wir nehmen etwas wahr und richten unsere Aufmerksamkeit darauf. Das ist soweit in Ordnung, denn Aufmerksamkeit ist wichtig, aber wir müssen uns davor hüten, dass wir diese Aufmerksamkeit fixieren. Unsere Aufmerksamkeit muss frei sein. Sobald wir sie fixieren, verfangen wir uns in Problemen, die uns festhalten. Das Ziel ist konzentrierte Aufmerksamkeit, ohne diese zu fixieren!

Klingt logisch, ist aber schwer umzusetzen. Die Aufgabe besteht darin, unseren Geist, unser Denken in einen natürlichen Zustand zu bringen. Dieser natürliche Zustand ist frei von jeglichem Wunsch, sogar oder insbesondere dem Wunsch, den Geist in einen natürlichen Zustand zu bringen. Ein Wunsch ist bereits der Hinweis auf einen Mangel, sonst müssten wir uns nichts wünschen. Wir wünschen uns einen Gewinn, wir wünschen uns, Verluste zu vermeiden, wir wünschen uns, dass wir nicht übertraden, wir wünschen uns so vieles. Aus diesen Wünschen kann keine Harmonie entstehen.

Der gute Rat an einen Bogenschützen lautet: Wer einen Pfeil schießt, muss vergessen, dass er das tut. Wenn er den Pfeil im gleichen Geisteszustand abschießt, als würde er gerade nichts tun, dann wird er richtig zielen können. Haben Sie das schon mal erlebt? Sie haben Papier zerknüllt und schmeißen die Papierkugel in einen entfernt stehenden Mülleimer, während Sie mit jemandem konzentriert reden oder gerade intensiv in einer anderen Beschäftigung versunken sind. Erstaunlicherweise treffen Sie den Eimer. Konzentrieren Sie sich jetzt darauf, das Ergebnis zu wiederholen, misslingt der Versuch. Ich habe so etwas oft beim Golf erlebt. Einen Ball, der aufgehoben werden darf, weil er keinen Punkt im Stablefort-Wettbewerb bringt, putte ich ganz cool mit einer Hand im Vorbeigehen aus 15 Meter Entfernung. Einen Zwei-Meter-Put, der noch Punkte bringt, schiebe ich trotz aller Konzentration am Loch vorbei.

Dasselbe habe ich schon beim Traden erlebt. An Tagen, an denen ich krampfhaft vor dem Rechner sitze und auf eine Bewegung warte, vermassele ich es, aus einer Bewegung Geld zu holen. An anderen Tagen, insbesondere wenn ich gar nicht intensiv traden wollte, werfe ich nur einen Blick auf den Markt, sehe, es ist nichts los, und warte. Ich weiß von alleine, wann es wieder Zeit ist, einen weiteren Blick auf den Markt zu werfen, und plötzlich entdecke ich etwas. Sofort eröffne ich eine Position und Sekunden später kann ich schon einen dicken Profit einstreichen. Es hat lange gedauert, bis mir bewusst wurde, dass das kein Zufall war, dass genau das Gleiche passiert ist wie mit dem Ball beim Golf oder der Papierkugel im Büro.

Zustand des Nicht-Denkens

Was bedeutet das? Ich muss zwar konzentriert sein und Dinge wahrnehmen, ich muss wissen, wo der Mülleimer für mein Papierknäuel steht, ich muss einen Blick auf das Grün beim Golf geworfen haben und auch natürlich beim Traden auf den Markt, ich darf aber meine Gedanken nicht beim Ziel verharren lassen. Auch nicht beim Wurf oder bei der Technik.

Was soll ich also denken? Die Antwort ist einfach: NICHTS. Sobald ich etwas denke wie »Ich verpasse etwas«, »Ich will heute 1000 Euro verdienen« oder »Der Markt wird fallen/steigen«, habe ich aufgehört, an nichts zu denken.

Die richtige Distanz zum Markt

Nichts denken heißt aber nicht, sich nicht mit dem Markt zu beschäftigen. Nichts denken bedeutet, genau die richtige Distanz zum Markt zu haben, weder so eng, um sich von seinem Auf und Ab mitreißen zu lassen, noch so entfernt, dass wir das Gefühl für den Rhythmus verlieren.

Nichts zu denken, setzt voraus, dass man weder Erwartungen, Wünsche noch Ängste hat. Man hat einfach Vertrauen, dass man im richtigen Moment eine gute Entscheidung treffen wird. Das ist der Punkt, an den man kommen muss, wenn man ein Meister der Märkte werden will. Nichts zu denken bedeutet, das Bewusstsein ist nicht getrübt oder positiv formuliert: Es ist klar und rein.

Nichts denken statt nicht denken

Nichts zu denken ist nicht bedeutungsgleich mit nicht denken. Wie beim Wurf der Papierkugel müssen wir schon überlegen, in welcher Richtung der Mülleimer steht. Genauso müssen wir wissen, wo der Markt steht, wo Widerstände sind, wo Unterstützungen sind. Es ist also ein Unterschied, einen Widerstand zu identifizieren oder sich zu fragen, ob er durchbrochen wird. In dem einen Fall denken wir nur »Aha, da ist also der nächste Widerstand«, in dem anderen Fall fragen wir besorgt »Oh, was passiert mit meiner Position, wenn der Markt den Widerstand bricht oder nicht bricht?«.

Jeder Trader kennt das Problem. Man sitzt vor seinem Computer und beobachtet den Markt. Es passiert nicht wirklich etwas, die Schwankungen sind gering und zu gerne würde man jetzt aufstehen und irgendetwas Interessantes machen. Schnell findet man sich auf irgendwelchen Internetseiten in Chats etc. wieder und plötzlich ist der Markt in Bewegung. Das ewige Hin und Her hat uns so ermüdet, dass wir nicht mehr in der Lage waren, aufmerksam den Bewegungen zu folgen. Verzweifelt versuchen wir nun, der Bewegung hinterherzulaufen, aber finden keinen guten Einstieg mehr. Was ist passiert? Unsere Aufmerksamkeit war nicht da, wo sie gebraucht wurde. Es war uns zu langweilig am Markt.

Andere Szene, gleiches Problem: Wir sind endlich nach einigen erfolglosen Versuchen und Verlusttrades in einer kräftigen Bewegung. Anstatt nun unsere Aufmerksamkeit auf den Markt zu konzentrieren, richten wir sie darauf, wann wir die Tagesverluste aufgeholt haben und im Gewinn sind. Immer wenn mir das passiert ist, habe ich Geld verloren.

Meine Aufmerksamkeit springt wie ein Ball im Wasser, sie verweilt nicht, hängt nicht fest. Wenn ich meine Aufmerksamkeit auf eine Marktbewegung fokussiere, verliere ich weitgehend das Risiko aus den Augen. Ich kann mich darum später kümmern, wenn ich den Trade eingehe. Konzentriere ich mich aufs Risiko, bekomme ich Angst, zu verlieren. Wenn ich gut trade, wandert meine Aufmerksamkeit von einem Punkt zum anderen, hakt ihn quasi jeweils ab, verweilt nicht und geht zum nächsten Punkt. Es ist ein vollkommen leichtes, aber konzentriertes Gefühl.

Aufmerksamkeit auf unsere Gedanken

Unsere Aufmerksamkeit muss somit nicht nur auf den Markt gerichtet sein, sondern vor allem auf uns und auf das, was wir denken.

Denn das, worauf wir unsere Aufmerksamkeit richten, findet sich automatisch in unseren Gedanken wieder. Sind Gedanken Realität? Sicher nicht, ich träume tausend Sachen, die natürlich nicht Realität sind. Aber dennoch können Gedanken die Realität beeinflussen und verändern.

Machen wir einmal ein Gedankenexperiment. Wir sitzen vor unserem Computer, beobachten den Markt und entdecken eine Tradingchance. Nun stehen uns viele Optionen zur Verfügung. Wir können denken: »Super, eine Tradingchance!« Genauso gut können wir uns aber auch fragen: »Was ist, wenn dieser Trade ein Verlust wird?« Was glauben Sie, welcher Trader wird schneller handeln? Welches sind die Folgen dieser Gedanken?

Jeder Gedanke hat Konsequenzen und damit das Potenzial, zukünftige Ereignisse zu beeinflussen

Dadurch, dass wir uns die Möglichkeit eines Verlustes vorstellen, werden wir automatisch nach Wegen suchen, diesen zu verhindern. Allerdings wird das dazu führen, dass wir die Tradingchance nicht wahrnehmen. Wir warten vielleicht noch auf eine Bestätigung, sind gehemmt, schnell zu agieren. Dann, wenn der Markt plötzlich in die vermutete Richtung läuft, denken wir »Verdammt, ich hatte recht« und versuchen, noch in den Markt reinzustürzen, und kaufen zu teuer. Die Wahrscheinlichkeit eines Verlustes steigt an. Nur dadurch, dass wir Gedanken an einen Verlust hatten, haben wir somit den Verlust wahrscheinlicher gemacht, die Realität beeinflusst. Halten wir fest: Gedanken an Verluste können Verluste provozieren.

Nun hilft es natürlich nicht, sich wie ein Mantra vorzunehmen: »Ich darf nicht an Verluste denken!«, denn natürlich ist so ein Befehl, der den Gedankenfluss beeinflussen soll, kontraproduktiv. Nicht nur, dass wir uns durch diesen Gedanken indirekt die Möglichkeit eines Verlustes vorstellen. (Denn warum sollten wir sonst nicht an Verluste denken?) Viel schlimmer ist es, dass wir unsere Aufmerksamkeit erneut auf Verluste richten, weil wir ja nicht daran denken sollen. Diese Fokussierung führt aber gerade dazu, dass wir ständig an Verluste denken. Viele Ratgeber schlagen vor, Ziele einfach positiv zu formulieren, um so die Assoziation mit Verlusten zu umgehen. Anstatt sich als Ziel zu setzen »Ich darf nicht an Verluste denken«, schlagen sie vor, wir sollen uns einfach vornehmen, an Gewinne zu denken.

Polarität von Gedanken

Ich halte das aus verschiedensten Gründen für problematisch. Zum einen beinhalten Gewinne immer die Polarität von Verlusten. Bei allen Dingen im Leben, die ein Gegenteil haben, bedeutet der Gedanke an den einen Pol auch indirekt die Vorstellung, den anderen Pol zu vermeiden. Dieses Prinzip haben wir schon bei den Erwartungen kennengelernt. Es hilft zwar, wenn wir sagen, denk nicht an Schwarz. Besser ist es, an Rot zu denken, die Wahrscheinlichkeit sinkt stark, dass wir an Schwarz denken, wenn wir uns vorgenommen haben, nur an Rot zu denken. Aber dies funktioniert eben nur gut bei Farben, und viel schlechter, wenn es sich um Gegensätze wie groß und klein, plus oder minus, Gewinn oder Verlust handelt. Unser Gehirn kennt die Polarität und somit schwingt der Gedanke an den zu vermeidenden Pol immer mit, selbst wenn wir an Gewinne denken.

Wie sollen wir unsere Gedanken beeinflussen, wenn nicht mit weiteren Gedanken? Das Problem von Gedankenvorschriften ist also, dass der Geist versucht, den Geist zu beeinflussen. Das ist doch paradox, da wir nun mal nur einen Geist haben. Selbst wenn wir diesen in Bewusstsein und Unterbewusstsein oder in inneren und äußeren Geist zerlegen, bleibt es dabei, dass wir uns selbst beeinflussen wollen und somit immer in einer Polarität gefangen sind. Es funktioniert einfach nicht, wenn wir sagen »Denke nicht an ...«. Selbst die positive Variante »Denke an ...« ist ein für unseren Geist leicht zu durchschauender Trick. Früher oder später landen wir bei dem Gedanken an Verluste.

Keine Denkvorschriften zulassen

Sicher ist es besser, an Gewinne statt an Verluste zu denken, aber der weitaus wichtigere Grund, warum ich diese DENKVORSCHRIFTEN, die wir in vielen Ratgebern finden, nicht empfehlen kann, ist der, dass wir mit Denkvorschriften unsere Aufmerksamkeit fokussieren. Nämlich auf das, was wir vermeintlich denken sollen. Um aber wichtige Dinge über uns herauszufinden, sollten wir den Gedanken freien Lauf lassen. Denn nur so können wir herausfinden, was wirklich mit uns los ist.

Diese Aufmerksamkeit für unsere Gedanken ist extrem wichtig. Sie sagt uns nämlich, in welchem mentalen Zustand wir uns befinden, und damit bekommen wir einen äußerst wichtigen Hinweis, wie wir uns verhalten sollten. Ich habe die Erfahrung gemacht, dass mein mentaler Zustand schwankt. Natürlich gibt es viele Möglichkeiten und Hilfsmittel, um Einfluss auf unseren mentalen Zustand zu nehmen, aber bevor wir das tun, sollten wir immer feststellen, wo wir uns gerade befinden. In Phasen, in denen meine Gedanken ganz leicht sind, trade ich oft sehr gut; sobald ich an Verluste denke, ist dies ein Hinweis, dass ich nicht in Topform bin. Dieses Signal berücksichtige ich sofort, indem ich nicht mehr so aggressiv trade, die Positionsgröße runterschraube und vor allem, indem ich versuche herauszufinden, warum meine Aufmerksamkeit (die Gedanken) plötzlich zu einem anderen Pol gedriftet ist.

Wir tragen mit uns etwas herum, wenn wir an Verluste denken. Tun wir doch nicht so, als hätte es keinen Grund, wenn wir an Verluste denken. Natürlich kann dieser Gedanke durch eine Reihe zufälliger Verluste entstehen. Aber viel öfter erwächst er dadurch, dass wir uns aus irgendeinem Grund nicht mehr sicher sind, also unsere Selbstsicherheit nachlässt. Indem ich meine Aufmerksamkeit auf meine Gedanken richte, erfahre ich viel über meine Gefühle. Dieser mentale Zustand oder auch die Stimmung ist entscheidend, um eine Spitzenperformance zu erreichen.

Unsere Gedanken sollten sein wie Wasser in einem Fluss. Sie sollten sich einfach ihren Weg suchen und sie sollten klar sein.

Ich behaupte nicht, die Vorstellung »Super, eine Tradingchance!« würde garantiert gewinnen. Aus Erfahrung kann ich nur sagen, es ist wahrscheinlicher, dass wir gewinnen, wenn wir eine Tradingchance sehen und nicht an Verluste denken.

> Welche Bedürfnisse fühlst du?
>
> Welche Gefühle hast du?
>
> **Welche Gefühle unterstützen dich?**
>
> Wie steht es um deine Zielorientiertheit und Kreativität?
>
> Welche Gefühle behindern dich?
>
> Wie kannst du diese Gefühle heute kontrollieren?
>
> **Aufmerksamkeit**
>
> Wie ist dein Fokus, weit oder eng?
>
> Wo bist du mit deinen Gedanken? (Vergangenheit – Jetzt – Zukunft)

Was sagt das über uns aus, wenn wir an Verluste denken, sobald wir eine Tradingchance entdecken? Wir sind ängstlich und unser Selbstbewusstsein ist ramponiert. Genau das ist es, was wir erkennen können, wenn wir aufmerksam sind.

Mentaler Selbstcheck

Deshalb ist es absolut wichtig, seine Gedanken zu beobachten. Was denken wir, was fühlen wir? Ich mache jeden Morgen einen mentalen Selbstcheck (siehe Kasten). Dieser Selbstcheck soll mir Auskunft darüber geben, wie meine mentale Verfassung ist. Diese Aufmerksamkeit mir selbst gegenüber hilft mir, besser zu traden.

Aufmerksamkeit auf unser Handeln: wahrnehmen, ohne zu beurteilen

Aufmerksamkeit, die wahrnimmt, nicht aber beurteilt, ist die höchste Stufe. Denken Sie nicht, das war gut oder das war jetzt schlecht. Nehmen Sie einfach nur die Dinge wahr, die um Sie herum und in Ihnen geschehen, ohne ein Urteil darüber zu fällen. Diese Form der Wahrnehmung wird Ihnen helfen, Vertrauen aufzubauen, Sie werden schneller und leichter lernen. Etwas in Ihnen, das nicht Ihr Ego und auch nicht Ihr Selbst ist, etwas in Ihnen wird einfach wissen, was zu tun ist, wenn Sie die Dinge wahrnehmen, ohne zu urteilen. Schauen Sie nicht auf den Markt und denken Sie nicht, das ist eine bearische Formation, oder denken Sie nicht, das ist jetzt aber sicherlich ein Kauf. Beobachten Sie einfach, was passiert, welche Gefühle Ihren Körper durchströmen und welche Gedanken in Ihren Kopf schießen.

Betrachten Sie sich, als seien Sie der Hauptakteur in einem Film, aber Sie sehen sich nicht nur, Sie können auch die Gedanken des Hauptdarstellers lesen, seine Gefühle spüren und dennoch bleiben Sie einfach Beobachter. Ein Beobachter, der nicht wertet. In dem Moment, in dem Sie beginnen, zu urteilen und zu werten, ergreifen Sie Partei, in dieser Situation beginnen Sie zu verharren. Seien Sie neugierig, seien Sie erstaunt, aber kritisieren und beurteilen Sie nicht.

4.
MENTAL TRADING

4.1 Mentale Stärke

Trading ist zu 90 Prozent Kopfsache – und die restlichen 10 Prozent sind mental. Druck, Angst, Furcht, mangelndes Selbstvertrauen oder negatives Denken sind Probleme, die nicht nur Tradinganfänger haben, sondern mit denen auch Profis umgehen müssen. Vielleicht sollte ich sagen: gerade Profis, denn diese haben bereits so viele Erfahrungen gemacht, dass ihnen klar ist, wie brutal der Markt sein kann.

Natürlich weiß jeder, der schon einmal getradet hat, dass mentale Stärke wichtig ist, aber ist sie auch erlernbar. Oder gibt es einfach Menschen, die sie als Talent besitzen und von Natur aus besonders belastbar sind? Damit wäre die mentale Komponente ein gegebener Zustand, eine Zutat beim Trading, wovon der eine mehr, der andere weniger mitbringt. Doch wenn wir von Selbstverantwortung reden, bezieht sich das auch auf die mentale Ebene. Mentale Strategien lassen sich lernen.

Es reicht nicht aus, wenn wir zu der Selbsterkenntnis gelangen, dass wir besser handeln würden, wenn wir voll konzentriert, entspannt, voller Selbstvertrauen und mit der richtigen Einstellung in das Trading gehen. Wir müssen auch wissen, wie wir in diesen Zustand gelangen – nicht nur zufällig, sondern ganz bewusst, und wie wir diesen Zustand beim Trading aufrechterhalten können.

Möglicherweise haben sich bisher so wenige Trader mit diesem Thema auseinandergesetzt, weil sie mentales Training mit »Think big«- oder »Think positive«-Konzepten in einen Topf werfen. Schnell sind wir bei irgendwelchen esoterischen Tricks oder anderen zweifelhaften Verfahren, mentale Stärke (dort oft auch »Energie« genannt) zu erlangen.

Was ich in diesem Buch zeigen will, hat wenig mit solchen Konzepten zu tun. Es ist auch kein Verfahren nach dem Motto »Du musst dir einfach nur bildlich vorstellen, was du willst, dann bekommst du es«. Zum einen glaube ich nicht an solche Konzepte, zum anderen könnten sie beim Trading auch gar nicht funktionieren, da der Markt zufällig und chaotisch ist und wir als Trader immer ein Risiko übernehmen müssen. Egal wie positiv wir uns einen Trade vorstellen, letztendlich gibt es immer ein echtes Risiko, das sich leider auch oft gegen uns wendet.

Es ist ein verbreitetes Problem, nicht zu verstehen, dass es beim Trading um Risiko geht. Egal wie gut wir mental drauf sind, es bleibt ein Risiko und der Trade kann als Verlust enden. Der Unterschied zwischen einem mental starken und einem mental schwachen Trader ist allerdings, wie sie jeweils mit dem Verlust umgehen. Ebenso macht es einen Unterschied, wie Trader mit Gewinnen umgehen. Mental schwache Trader behandeln oft das Geld, das sie gewonnen haben, anders als das Geld, das mit in das Tradinggeschäft eingebracht wurde. Sie neigen dazu, mit dem zusätzlichen Geld leichtsinniger zu sein nach dem Motto »Jetzt, wo ich etwas verdient habe, kann ich es mir erlauben, weil es ja ›nur‹ noch die Gewinne sind, die ich einsetze«. Wenn ich aber morgens meine Brötchen beim Bäcker kaufe und er dafür einen Euro will, hat mich der Bäcker noch nie gefragt, ob das Geld hart erarbeitet wurde oder aus Gewinnen stammt. Ein Euro ist ein Euro. Es ändert nichts daran, ob er uns geschenkt wurde, wir ihn gewonnen haben oder ihn mit harter Arbeit verdient haben. Wir können uns immer nur das Gleiche von diesem Euro kaufen. Deshalb sollten wir Gewinne auch nicht anders behandeln als unser restliches Kapital. Machen Sie sich das immer wieder klar. Ich selber weiß, wie verführerisch der Gedanke ist, dass es ja »nur« Gewinne sind, die gerade wieder verloren werden. Um es klar zu sagen: Wir haben nichts zu verschenken, auch nicht bei Gewinntrades. Trennen Sie sich von solchen schwachen Gedanken, weil nur Verlierer so denken.

Interne Kontrolle

Mentale Stärke bedeutet also nicht irgendwelche Vorstellungen, sondern sie bedeutet interne Kontrolle. Kontrolle über meine Gedanken, Kontrolle über mein Verhalten, Kontrolle über meine Emotionen. Wir werden später im Buch sehen, dass mit dieser Kontrolle kein zwanghaftes Kontrollverhalten gemeint ist. Es geht nicht darum, Emotionen zu unterdrücken oder, wie etwa bei einer Diät, ständig an unseren Bedürfnissen vorbeizuleben. Wir können auch keine negativen Gedanken vermeiden, wenn sie auftauchen. Mentale Stärke äußert sich eher in der Art und Weise, wie wir mit bestimmten Zuständen, Situationen und Herausforderungen umgehen.

Oft kommen Trader zu mir und wollen ein paar schnelle mentale Tricks von mir wissen, damit ihr Trading sich verbessert.

Viele Menschen akzeptieren zuerst den Gedanken, dass das Ergebnis einer Tätigkeit mit der richtigen Einstellung und produktiven Gedanken deutlich besser ausfallen wird. Doch weil sie Schwierigkeiten haben, zu dieser Einstellung zu gelangen, weil immer wieder nicht hilfreiche Gedanken ihr Tun behindern, erhoffen sie sich durch mentale Tricks Hilfestellung. Wenngleich es zwar einige Tricks gibt, bedeutet mentales Training nicht, ich schnippe mit dem Finger und schon läuft alles besser, sondern genauso harte Arbeit wie das Trainieren aller anderen Dinge.

Mentales Training

Wenn Sie eine nicht ganz einfache Bewegung lernen wollen, wie z. B. das Ausführen eines Golfschwungs, dann gibt es natürlich Tricks, die das Erlernen einfacher machen, aber dennoch müssen Sie ständig üben und trainieren. Auf der mentalen Seite ist das nicht anders. Wenn Sie Veränderungen erreichen wollen, dann geht dies nur mit hartem Training, ständigen Übungen und Wiederholungen. Menschen, die glauben, sie lesen zwei oder drei Bücher über mentale Stärke und wenden ein oder zwei Psychotricks an, dürfte es nur schwer gelingen, ihren mentalen Zustand so zu verbessern, dass sie dauerhaft bessere Ergebnisse erzielen.

Das Führen eines emotionalen Tradingtagebuchs ist dabei entscheidend. Notieren Sie sich am Anfang regelmäßig, später bei besonderen Ereignissen, was Sie gedacht, gefühlt, sich vorgestellt und erwartet haben, genauso, mit welchem Verhalten Sie reagiert haben.

Beispiel aus meinem Tradingtagebuch

Ich werde ausgestoppt: Ich denke: Nicht schon wieder. Das nervt, ich habe keine Lust mehr. Danach mache ich den Monitor aus und verlasse das Büro. Am nächsten Morgen sehe ich, dass die Bewegung, die ich erwartet hatte, kurze Zeit später einsetzte. Ich notiere mir, dass ich durch mein regressives Verhalten (»Ich kann das nicht mehr sehen« – Monitor aus) und Abwenden vom Markt eine riesige Chance verpasst habe. Ausgestoppt, auch mehrfach, wird man immer wieder. Aber solange der Markt offen ist und meine Tageslosslevels nicht erreicht wurden, sollte ich aufmerksam sein. Wie kann mir das in Zukunft gelingen?

Es tut mir leid, das schreiben zu müssen, aber auch die mentale Seite muss regelmäßig und kontinuierlich trainiert werden. Der Mensch ist kein Computer, bei dem wir mal mir nichts dir nichts das mentale Programm gegen ein besseres austauschen können. Aber der Mensch hat die Fähigkeit, freien Willen vorausgesetzt, seine Gedanken zu kontrollieren. Diese Fähigkeit lässt sich mithilfe eines mentalen Trainings verbessern und perfektionieren. Es gab schon immer Menschen, denen das leichtfiel, die von Kindesbeinen an gelernt haben, effektiv zu denken, aber die meisten Menschen haben Probleme damit.

Tricks funktionieren leider in diesem Zusammenhang nicht oder nur kurzfristig. Es ist so wie mit einem Tisch, der wackelt. Natürlich gibt es die Möglichkeit, mit ein paar Bierdeckeln den Tisch zu stabilisieren. Aber das ist allenfalls eine kurzfristige Lösung. Früher oder später wird er wieder wackeln. Wenn ich von mentaler Stärke rede, geht es bildlich gesprochen darum, den ganzen Tisch zu reparieren. Manchmal ist es zwar notwendig, unmittelbar den Tisch mit Bierdeckeln zu stabilisieren, aber langfristig hilft das nicht. Genauso kann der Trader mit mentalen Tricks kurzfristig Schwierigkeiten meistern, aber früher oder später muss er sich dem Problem stellen.

Mental starke Menschen sind nicht zufällig so stark. Es ist keine Frage des Talents. Vielmehr haben sich diese Menschen lange und intensiv mit sich selbst beschäftigt.

Mentales Training schließt Lücke zwischen Potenzial und Leistung

Wenn wir also von Mental Trading reden, dann meine ich erfahrbare, lernbare Konzepte. Methoden, wie sie z. B. Profisportler in anderen Bereichen anwenden. Verfahren, die zwar keinen Einfluss auf das Ergebnis des einzelnen Trades haben, wohl aber einen Einfluss auf den Prozess des Tradings und somit Einfluss auf das Gesamtergebnis unserer Arbeit und unseres Verhaltens.

Es sind einfache, aber sehr wirkungsvolle Methoden. Natürlich können die Strategien immer nur auf die Erfahrung des Trades aufbauen. Somit sollten die Grundlagen der Tradingtechnik vorhanden sein. Dann aber kann mentales Trading der absolute Turbo für Ihre Performance werden.

Oft fehlen aber diese Grundlagen und dann nützt mentale Stärke nichts. Es hilft Ihnen dann zwar, die Verluste besser zu ertragen, aber Performance bleibt Ihnen verwehrt.

Mentale Stärke kann nur die Lücke schließen, die sich zwischen dem eigenen Potenzial (bestehend aus Erfahrung, Strategie und Fähigkeiten) und der bisher erbrachten Leistung ergibt. Diese Kluft zwischen dem Ist-Zustand und dem eigentlich Möglichen zu überwinden ist Sinn des mentalen Trainings.

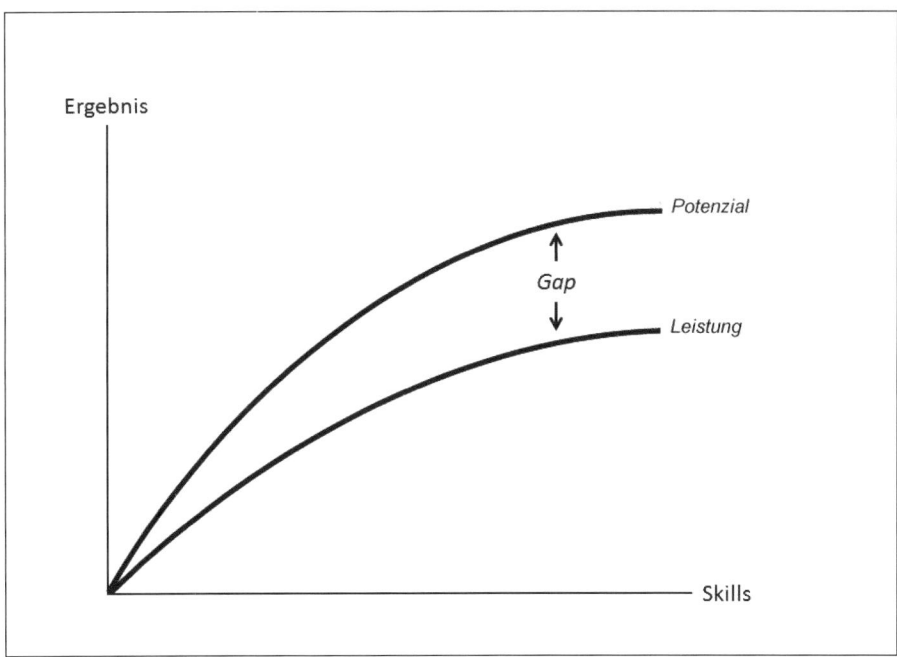

Abbildung 3: Potenzial/Leistung

Vielen Tradern fehlt es schlicht an der notwendigen Erfahrung, um erfolgreich zu sein. Wie in jedem Beruf ist Erfahrung eine wesentliche Komponente für dauerhaften Erfolg. Trading funktioniert nicht so, dass man ein paar einfache Regeln anwenden muss und dann automatisch erfolgreich ist. Die

Regeln sind nur die Grundlagen des Geschäfts, aber Erfahrung ist die wichtigste Zutat für das Gesamtrezept Erfolg.

Entscheidend ist die Erfahrung

Im Tradinggeschäft darf jeder teilnehmen. Es gibt keine Qualifikationsrunden wie bei der Champions League. Man darf einfach mitspielen und gegen die Profis antreten. Jeder ist willkommen, sein Geld mit in dieses »Spiel« einzubringen. Prüfungen oder Vorbereitungslehrgänge sind keine Voraussetzung, um mitzumachen. Aber wir dürfen nicht vergessen, dass Trading immer Umverteilung bedeutet. Jemand gewinnt Geld, jemand anders verliert es. Beantworten Sie sich die Frage selbst: Wie wahrscheinlich ist es, dass der Anfänger dem Profi dauerhaft das Geld abnimmt? Jeder, der in diesem Geschäft verdienen will, muss deshalb eine harte Ausbildung durchlaufen. Wer sich an die wesentlichen Regeln des Risiko- und Trademanagements hält, wird seine Ausbildungsphase überleben. Wer sich nicht daran hält, scheidet aus und wird durch neue Trader ersetzt.

Seminaranbieter und Gurus, die ihren Schülern versprechen, sie in einem einwöchigen Kurs zu erfolgreichen Tradern zu machen, sind entweder selbst keine Trader oder gaukeln ihren Kunden bewusst etwas vor. Seminare sind wichtig, damit Anfänger lernen, wie sie sich verhalten müssen, um überhaupt genug Erfahrung sammeln zu können. Jeder, der darauf verzichtet, muss entweder (wie ich) per Trial und Error lernen oder auf sein Glück vertrauen, gleich am Anfang eine sehr leichte Marktphase zu erwischen.

Übung macht den Meister

Ich habe sechs Jahre gebraucht, bis ich erfolgreich war. Sechs harte Jahre. Natürlich habe ich nicht jeden Tag in diesen Jahren verloren, aber ich konnte auch nicht vom Traden leben. Doch Jahr für Jahr verbesserte sich in dieser Zeit mein Trading deutlich. Mit jedem Fehler lernte ich etwas dazu, mit jeder Marktbewegung fütterte ich mein Unterbewusstsein für zukünftige Szenarien. Lange Zeit dachte ich, sechs Jahre seien eine überdurchschnittlich lange Zeit, um mein Geschäft zu lernen.
Später fiel mir dann ein Buch von Malcom Gladwell in die Hände mit dem Titel *Überflieger*. Gladwell greift darin eine sehr einfache, aber überzeugende

These auf. Demnach ist es nicht bloß Talent, was erfolgreiche Sportler, Musiker und andere Menschen so gut macht, sondern ca. 10 000 Stunden Übung. Wer eine Sache 10 000 Stunden lang trainiert, wird darin Experte. Wenn wir nicht schlafen, nicht ruhen und 24 Stunden lang auch am Wochenende trainieren, bräuchten wir ca. 1,8 Jahre, um dieses Lernpensum zu absolvieren. Schlafen wir, fahren wir in den Urlaub und arbeiten an 200 Tagen etwa acht Stunden an unserem Projekt, brauchen wir an die sechs Jahre.

Nach sechs Jahren und 10 000 Stunden Trading kann man sich wahrscheinlich als Experten bezeichnen. Das bedeutet nicht, dass man vorher kein Geld am Markt verdient, aber man sollte damit rechnen, dass die Ausbildung zum professionellen Trader noch nicht abgeschlossen ist. Selbst nach über 20 Jahren lerne ich ab und zu immer noch etwas dazu. Man kann es sich einfach nicht leisten, mit dem Lernen aufzuhören.

Aus unseren Erfahrungen und unserem Wissen ergibt sich ein Potenzial. Inwieweit wir in der Lage sind, dieses Potenzial voll auszuschöpfen, ist eine Frage der mentalen Stärke. Diese Stärke ist nicht einfach ein Geschenk des Himmels, sondern kann erlernt werden.

Wie bei jeder Lernerfahrung müssen wir flexibel agieren können. Nicht immer ist das, was wir einmal erlernt haben, richtig. So auch im Umgang mit unseren Gefühlen. Wir müssen lernen, nicht nur flexibel am Markt zu agieren, sondern auch in unseren emotionalen Antworten auf bestimme Ereignisse beweglich zu werden.

Beweglichkeit in der emotionalen Antwort

Welchen Gemütszustand nehme ich ein, wenn xy passiert?

Das ist eine wesentliche Frage. Wir können diese Frage durch Beobachtung oder Erinnerung beantworten. Ein emotionales Tradingtagebuch hilft dabei. Wir werden feststellen, dass wir dazu neigen, mit festgelegten emotionalen Mustern auf externe Ereignisse zu reagieren.

Im ersten Schritt geht es also um unsere Standardantwort. Wenn wir verlieren, kann es sein, dass uns das ärgerlich macht. Das wäre eine emotionale Antwort. Sie glauben, das ist die einzig mögliche? Natürlich könnten wir auch neugierig reagieren und uns die Frage stellen, warum wir verlieren. Das meine ich mit Flexibilität. Mentale Stärke bedeutet Beweglichkeit in der emotionalen Antwort auf Ereignisse. Wie das genau funktioniert, wird in den folgenden Kapiteln beschrieben.

Unser Denken und unsere emotionalen Antworten werden beeinflusst durch Erfahrungen, die wir gemacht haben. Zum einen durch unmittelbare Erfahrungen, zum anderen durch prägende Erfahrungen.

Unmittelbare Erfahrungen

Wir beginnen den Handelstag in einem neutralen, ja möglicherweise sogar entspannten Zustand. Nach ca. einer Stunde tut sich eine Tradinggelegenheit auf. Wir platzieren unsere Order, sie werden ausgeführt, der Markt läuft aber nicht in unsere Richtung. Stattdessen werden wir ausgestoppt, bevor der Markt dann tatsächlich in unsere Richtung dreht.

Haben Sie solch eine Situation schon mal erlebt? Wenn ja, erinnern Sie sich nun bitte daran, wenn nicht (was wahrscheinlich nur bei absoluten Tradinganfängern der Fall sein wird), stellen Sie sich diese Situation intensiv vor. Was fühlen Sie, wie und vor allem was denken Sie?

Ergänzen Sie bitte folgenden Satz:

Der Markt ist_____.

Ich bin_____.

Alles ist_____.

All diese Antworten sind mental, das heißt, sie sind gedacht. Was wirklich passiert ist, hat nur in Ihrem Kopf stattgefunden. Es muss nicht wahr sein und deshalb gibt es Alternativen zu dem, welches unser erster Gedanke ist. Wenn es aber andere Möglichkeiten gibt, werden wir auch anders handeln. In dem Kapitel »Perzeption der Realität« habe ich dieses Konzept erläutert.

Prägende Erfahrungen

Neben den unmittelbaren Erfahrungen gibt es sogenannte »prägende Erfahrungen«. Das sind Erlebnisse, die sehr schmerzhaft oder freudig waren. Unser Körper reagiert mit einem intensiven Hormonausstoß auf diese Erfahrungen. So wirkt Adrenalin in unserem Gehirn wie ein Textmarker. Dieser Botenstoff unseres Körpers sorgt dafür, dass wir uns bestimmte Situationen besonders deutlich einprägen. Jedes Mal, wenn wir drohen, erneut in solch eine Situation zu geraten, klingelt deshalb unsere interne Warnlampe und automatisch antworten wir mit demselben Hormonmix auf die Situation. Das Fatale daran ist, dass nicht immer alles nach dem gleichen Muster ablaufen muss. Aber kleine Assoziationen reichen aus, eine ganze Welle von Emotionen auf uns herunterprasseln zu lassen. Nehmen wir das Knacken im Unterholz.

In vergangenen Zeiten ein typisches Zeichen für Gefahr. Bei jedem Knacken im Unterholz wird der Körper sofort in Alarmbereitschaft versetzt. Nicht immer zu Recht. Ähnliche Situationen können am Markt auftreten. Wir haben ein Handelssignal und gehen long. Nun bildet sich eine rote Kerze und die Kurse fallen. Statt cool abzuwarten, ob wir wirklich ausgestoppt werden, startet in unserem Kopf eine Assoziationskette. Wir erinnern uns an frühere Verluste, der Körper reagiert mit Anspannung und schüttet Stresshormone aus. Viele Trader drücken in einer solchen Situation einfach den Close Button und schließen ihre Positionen. Manchmal werden sie sogar dafür belohnt, weil es die richtige Entscheidung war. Langfristig aber zahlen sie drauf, weil sie mögliche Gewinnerpositionen zu früh geschlossen und nicht nach ihrem System gehandelt haben.

Wir können jedoch lernen, mit Assoziationen umzugehen, und somit den Teufelskreis aus Reiz, Assoziation, Emotion unterbrechen. Das ist ein Weg, mental stärker zu werden.

Durch den richtigen mentalen Zustand haben wir keine Garantie, dass der Trade gut wird. Aber die Wahrscheinlichkeit steigt, dass er gut ist. Trotz eines top mentalen Zustandes können wir verlieren, das dürfen wir niemals vergessen. Aber wir müssen uns immer in Erinnerung rufen: Wie wäre es wohl, wenn wir in einer bestimmten Verlustsituation zusätzlich in einem schlechten mentalen Zustand wären? Wäre der Verlust größer, wäre die Phase, bis wir wieder handlungsfähig sind, länger? Wahrscheinlich. Mentale Stärke ist also keine Wunderwaffe, die aus einem Verlierer einen Gewinner macht. Aber mentale Stärke hilft, das Potenzial eines Trades besser herauszuspielen.

Mentales Training lehrt, mit Gefühlen umzugehen

Zufriedenheit, Akzeptanz und Geduld waren für mich jahrelang Fremdworte. Wenn ich etwas erreicht hatte, dann konnte ich mich trotzdem nicht wohlfühlen, weil ich mehr wollte oder versuchte, noch besser zu sein. Wenn ich etwas nicht erreichte, wurde ich nur noch entschlossener und presste härter. Mit gravierenden Folgen. Ich war gestresst, tradete schlecht und machte große Verluste, die zu extremen Schwankungen bei meinem Konto führten. Ich konnte weder akzeptieren, dass es möglicherweise nicht die Zeit für große Gewinne war, noch hatte ich Geduld, auf bessere Zeiten zu warten. Ich fühlte mich unwohl, wenn ich nichts gegen meine Unzufriedenheit unternahm, aber selbst Gewinne konnten mich nur kurz zufriedenstellen, da Traden ja ein Prozess ist und nicht einfach aufhört. Außerdem strebte ich, sobald ich ein Ziel erreicht hatte, direkt das nächste an. Die Gewinne waren schnell Vergangenheit und ich musste mich mit neuen Verlusten, Drawdowns oder Setbacks auseinandersetzen. So wurde Trading der härteste Job der Welt für mich. Ständig Stress, ständig im Markt, nie eine Pause und letztendlich nie glücklich.

Selbst als mir das klar wurde und ich mich entschloss, mein Leben mit Freizeit zu bereichern, verfiel ich in alte Verhaltensmuster. Ich lernte Golf in einem Intensivkurs, weil ich es schnell lernen wollte, war frustriert, wenn meine Schläge nicht den Erwartungen entsprachen, was fast ständig der Fall war, und es spornte mich an, noch härter zu trainieren. Gleichzeitig lief ich mit einem Laptop über den Platz, um bloß nicht am Markt Chancen auszulassen. Dass ich trotzdem noch Gewinne machte, lag an einer günstigen Marktphase und daran, dass ich wirklich verdammt viel Erfahrung hatte. Aber einfach war das Traden nicht. Ich musste etwas ändern. Nur was? Einfach Stopp zu sagen, kam für mich nicht infrage, weil mich sofort Schuldgefühle plagten, dass ich nicht genug für meinen Job als Trader tat.

Mentales Training verschont uns nicht vor unproduktiven Gefühlen wie Wut, Ärger, Frustration und Enttäuschung, lehrt uns aber, mit diesen Gefühlen umzugehen und sie so einzusetzen, dass wir unsere Ziele erreichen.

Gefühle sind Kommunikation. Sie sind Sprache, doch leider müssen viele Menschen, so wie ich, erst lernen, diese Sprache zu verstehen. Stellen Sie sich vor, vorausgesetzt, sie können kein Chinesisch, Sie erledigen eine Aufgabe, aber das Ergebnis ist nicht zufriedenstellend. Wenn nun jemand auf Chinesisch zu Ihnen sagt »sadfsdf«, werden Sie nicht wissen, was Sie tun sollen. Sagt er aber auf Deutsch »Hey, diesmal hat es noch nicht geklappt, du musst einen anderen Weg finden, das Problem zu lösen«, können Sie sofort etwas damit anfangen. Genauso geht es Ihnen, wenn Sie die Sprache ihrer Gefühle noch nicht verstanden haben. In diesem Fall ist es so, als ob Ihr Körper mit Ihnen Chinesisch redet. Holen Sie sich einen Übersetzer, erwarten Sie nicht, dass Ihr Körper eine andere Sprache spricht, sondern lernen Sie, diese Sprache zu verstehen. Das ist ein wesentlicher Teil des mentalen Trainings.

Machen Sie sich Ihre Gefühle zunutze

Jede Emotion ist ein Signal. Sie hat eine Bedeutung. Lernen Sie, dies zu verstehen und die Botschaft dahinter zu entschlüsseln. Mentales Training will nicht Gefühle beseitigen, sondern Sie den Umgang mit Ihren Gefühlen lehren. Dazu gehört auch, dass wir den Nutzen von unangenehmen Gefühlen, wie Angst, Frustration, Enttäuschung und Zweifel, verstehen und dies gezielt zur Verbesserung unseres Tradings einsetzen. Die folgenden Kapitel beschäftigen sich ausführlich mit diesem Thema.

4.2 Gefühle verstehen

Als Trader erfahren wir so viele Emotionen, dass es existenziell ist, zu lernen, sie zu verstehen. Zu Beginn meiner Tradingkarriere hörte ich immer wieder Trader sagen: »Du musst emotionslos sein, du kannst nur erfolgreich sein, wenn du keine Emotionen zulässt. Du musst sein wie Mr. Spock von Raumschiff Enterprise – eine rationale Entscheidungsmaschine, ansonsten werden deine Emotionen der Untergang sein.«

Ich fragte mich damals, ob mir das je gelingen würde, ja, ob das überhaupt möglich war, denn ich bin ja ein Mensch und kein Klingone!

Auf der einen Seite schien es einleuchtend, dass viele Fehlentscheidungen und Verluste auf das Konto von unkontrollierten oder schädlichen Emotionen zurückzuführen waren. Angst, Zögern, zu große Euphorie. All das waren Türen zu großen Verlusten, sie standen einladend offen und man musste nur durchgehen. Wie oft hatte ich aus Angst gute Trades verpasst! Wie oft in der Euphorie meine Fähigkeiten überschätzt und übertradet! Wie schnell war ich wieder im Markt, obwohl ich wütend war, ausgestoppt worden zu sein! Konnte ich all diese Fehler vermeiden und abstellen, wenn es mir gelingen würde, ohne Emotionen zu traden?

Auf der anderen Seite spürte ich intuitiv, dass meine Emotionen mir auch oft weiterhalfen. Sie motivierten mich weiterzumachen, auch wenn es mal nicht gut lief, meine Neugier half mir beim Lernen, mein Mut auch mal in Situationen, die schwierig waren, Risiken einzugehen, meine Kreativität, Setups zu entwickeln, die profitabel waren. Ich war nicht immer in einer mutigen oder kreativen oder neugierigen Stimmung, aber wenn ich in einer dieser Stimmungen war, halfen sie mir, hervorragende Ergebnisse zu produzieren.

Gute Gefühle, schlechte Gefühle

Ich war also nicht nur ein Opfer meiner Gefühle, sondern gleichzeitig profitierte ich auch von ihnen. Auf der einen Seite schienen Gefühle mein Ergebnis zu verschlechtern, auf der anderen Seite musste ich zugeben, dass ich ohne Gefühle auch die guten Leistungen nicht erreichen würde. Was folgte daraus? Musste ich lernen, mein Leben nach dem »Aschenputtel-Prinzip« zu leben, die guten Gefühle ins Töpfchen, die schlechten ins Kröpfchen?

Musste ich nun, um ein besserer Trader zu werden, lernen, mehr gute Gefühle zu produzieren, und versuchen, die schlechten Gefühle zu vermeiden?

Den Versuch, schlechten Gefühlen auszuweichen, müssen wir gar nicht bewusst unternehmen. Viele Gefühle fühlen sich so mies an, dass wir automatisch versuchen, sie zu vermeiden, und wenn uns das nicht gelingt, sie zu verdrängen.

Doch im Umgang mit jeder Emotion, die wir spüren und wahrnehmen, haben wir verschiedene Optionen:

1. Auseinandersetzen mit dem Gefühl

2. Ablenken von dem Gefühl

3. Missachtung oder Unterdrückung und Verdrängung des Gefühls

Sobald wir uns nicht wohlfühlen, entscheiden wir uns dafür, dieses Gefühl zu unterdrücken oder aber uns in irgendeiner Form abzulenken.

Trading ist eine »perfekte« Möglichkeit, sich von schlechten Gefühlen abzulenken, wenngleich dies oft weitere schlechte Gefühle infolge der Verluste produziert. Da Trading unsere volle Aufmerksamkeit verlangt, bleibt keine Zeit, sich mit negativen Gefühlen auseinanderzusetzen. Unser Bewusstsein ist gefesselt vom Auf und Ab des Marktes und wir können uns ablenken, zumindest solange der Markt geöffnet hat.

Leider kann ich mich gut an Zeiten erinnern, als ich in dieser Spirale gefangen war. Einerseits machte ich große Verluste beim Traden, diese Verluste taten weh und frustrierten mich. Aber anstatt mich mit dem Gefühl der Frustration auseinanderzusetzen, entschloss ich mich, einfach weiter zu traden. Solange ich im Markt aktiv war, hatte ich ja nicht nur die Chance, die Verluste einfach wieder verschwinden zu lassen, sondern war auch so konzentriert, dass ich den Schmerz, der mit den Verlusten verbunden war, nicht wahrnahm. Natürlich intensivierte sich das Gefühl von Tag zu Tag und ich tradete immer schlechter. Doch je schmerzhafter die Verluste, desto mehr musste ich traden, um mich ablenken zu können. Wem es hier nicht gelingt, bewusst einen Schnitt zu machen und den Schmerz der Verluste zu akzeptieren, der wird in diesem Strudel mit seinem Konto abwärtsgerissen, bis das Konto vollkommen zerstört ist!

Dieses Ablenken durch Aktivität ist ein beliebtes Verhaltensmuster bei Tradern und auch für mich war es lange Zeit eine Strategie im Umgang mit negativ empfundenen Gefühlen. Natürlich ist das keine produktive Strategie, sie bringt kein Geld, aber sie half mir, mich davon abzulenken, den Schmerz zu spüren.

Schmerzen sind immer ein Signal. Ohne Schmerzen würden wir unsere Hand einfach auf einer heißen Herdplatte liegen lassen, bis sie vollkommen verkohlt ist. Schmerzen haben einen Nutzen. Sie warnen uns. Und egal ob der Schmerz physischer Natur, wie bei der Herdplatte, ist, oder einen emotionalen Ursprung hat. ER ist eine eindeutige Warnung; UNTERNEHMEN SIE ETWAS, ÄNDERN SIE ETWAS, sonst WERDEN SIE oder WIRD ein TEIL von IHNEN VERBRENNEN!

Schmerzen sollen uns zwingen, sich mit dem Gefühl auseinanderzusetzen. WARUM? Weil jedes Gefühl eine Botschaft ist! Hinter jedem Gefühl steckt eine Absicht!

Emotionen sind eine Sprache unseres Geistes. Es ist eine Art und Weise, wie unser Bewusstsein mit uns kommuniziert, eine Art interner Dialog. Im Gegensatz zu unseren Gedanken, die oft in Form eines Selbstgespräches, also in Worten, zu uns finden oder aber auch in Bildern wahrnehmbar sind, arbeitet das Gefühl mit unserem Körper. Jedes Gefühl ist eine spezifische Kombination aus Muskelanspannung, Herzfrequenz, Blutdruck, Hormonen und vielem mehr. Dadurch, dass der »Sprache« Gefühl so viele Mittel zur Verfügung stehen, kann sie als sehr intensiv empfunden werden.

Emotionen sollen uns zum Handeln bewegen. Und wenn wir nicht handeln, wird das Gefühl intensiver, ja, es muss intensiver werden, damit es uns zum Handeln drängt.

Vielleicht sind wir zuerst nur besorgt, doch wenn wir den Sorgen keine Aufmerksamkeit schenken, wächst die Besorgnis zu einem Gefühl der Beunruhigung bis hin zu Angst, und wenn wir dann immer noch nicht reagieren, endet es in Hysterie.

Manche Menschen sind davon überzeugt, dass Gefühle eine Art Wahrnehmung sind, was in Zukunft passieren wird. Quasi ein siebter Sinn!

Ein Gefühl ist aber kein Einblick in die Zukunft. Im allerbesten Fall ist ein Gefühl eine Ahnung über eine mögliche Zukunft von vielen, die wir uns aufgrund dieses Gefühls vorstellen. Tatsächlich gibt es aber mehr, sehr viel mehr Möglichkeiten, wie die Zukunft aussehen kann. Dafür sind aber Entscheidungen notwendig.

Gefühle sind Signale. Kein Signal, wohin es geht, sondern ein Signal, wohin es ohne eine Entscheidung oder Richtungskorrektur gehen wird.

Gefühle sind Signale

Wir haben immer die Möglichkeit, eine Entscheidung zu treffen.

Weil wir Bilder und Worte in der Kommunikation mit anderen Menschen brauchen, haben wir gelernt, diese zu benutzen und zu verstehen. Gefühle sind eine Form der internen Kommunikation. Wir können zwar andere Menschen emotional beeinflussen und berühren, aber niemand kann unsere Gefühle spüren. Wir müssen lernen, diese selbst zu deuten!

Im Umgang mit Gefühlen müssen wir uns die Frage stellen:

WAS WILL MIR DIESES GEFÜHL MITTEILEN? Hinter jedem Gefühl steckt ein Signal unseres Unterbewusstseins! Es ist wichtig, zu verstehen, dass dieses Signal immer eine positive Intention hat. Es soll uns also helfen, unsere Ziele, die manchmal auch unbewusste Ziele sein können, zu erreichen.

Angst

Die positive Intention von »Angst« ist, dass sie uns warnen will vor einer für uns möglicherweise gefährlichen Situation. Ohne Angst würden wir uns schutzlos Gefahren ausliefern. Durch Angst erhalten wir einen starken Hinweis, dass wir uns gut vorbereiten sollten, dass wir möglicherweise in Gefahr sind und eine Richtungskorrektur einschlagen müssen oder dass wir besonders aufmerksam sein sollten. Die Angst hat also eine Schutzfunktion, die wir als Trader begrüßen sollten.

Viele Leute behaupten, sie hätten keine Angst, Geld zu verlieren, handeln aber dennoch ängstlich. Wie kann das sein? Unsere Gefühle sind eher Informationen, ein Feedback aus unserem Unterbewusstsein. Nicht immer sind uns die Ziele deutlich, die wir unbewusst anstreben. Es kann durchaus vorkommen, dass wir bewusst keinen Grund zur Angst haben, unbewusst aber schon, weil mit dem Verlust an Geld vielleicht mehr verbunden ist als nur der Verlust eines Tauschmittels.

Frustration

Angst ist einfach zu verstehen, aber wie sieht es mit »Frustration« aus? Wenn ich frustriert bin, fühlt sich das so mies an, dass es schwerfällt, auch in diesem Gefühl eine positive Intention zu erkennen.

Untersuchen wir das Gefühl von Frustration genauer, stellen wir fest, dass es sich immer einstellt, wenn wir Ziele nicht erreichen. Frustration ist ein klarer Hinweis darauf, die Art und Weise, wie wir Ziele anstreben, zu ändern. Vielleicht fehlt uns noch etwas Erfahrung, vielleicht müssen wir den Weg ändern. Aber die Botschaft von Frustration lautet: SIE HABEN IHR ZIEL VERFEHLT, ÄNDERN SIE ETWAS AN IHREM TUN, WENN SIE DAS ZIEL ERREICHEN WOLLEN. Würde sich Frustration nicht so unangenehm anfühlen, würden wir weiter in einem Zustand verharren, der Änderungen nicht notwendig erscheinen lässt.

Ich will Geld verdienen, verliere aber. Solange es nicht wehtut, ich nicht frustriert bin, werde ich einfach so weitermachen wie bisher.

Wenn ich aber verstanden habe, was Frustration wirklich für mich bedeutet, ist sie plötzlich kein »schlechtes« Gefühl mehr, sondern eine Quelle für Motivation. Jedes Mal, wenn ich frustriert bin, nehme ich die Botschaft zur Kenntnis und frage mich, ob Änderungen in der Art und Weise, wie ich für ein Ziel arbeite, notwendig und angebracht sind.

Enttäuschung

Erlebe ich hingegen eine »Enttäuschung«, fühlt sich das sehr ähnlich an wie Frustriertsein, es hat aber – und darin liegt eine Schwierigkeit im Umgang mit Gefühlen – eine andere Botschaft. Wenn ich enttäuscht bin, habe ich ähnlich wie bei Frustration ein Ziel nicht erreicht. Die Botschaft für Enttäuschtsein ist aber eine andere: SIE HATTEN EIN ZIEL UND KONNTEN ODER KÖNNEN ES NICHT ERREICHEN. Die Möglichkeit, etwas zu bekommen, besteht eventuell nicht mehr. Sie müssen dieses Ziel aufgeben, es bringt nichts, Sie müssen sich neue Ziele suchen. Enttäuschtsein ist also final. Während wir im Zustand der Frustration weiter für unser Ziel arbeiten, sagt uns das Gefühl der Enttäuschung: Es bringt nichts mehr, sich anzustrengen, setze dir stattdessen neue Ziele.

Sich mit seinen Gefühlen zu beschäftigen erfordert also eine genaue Identifikation des Gefühls. Festzustellen, es geht mir nicht gut, ist zu allgemein.

Wie sieht es aus mit anderen typischen Gefühlen, die wir beim Trading erfahren?

Langeweile

»Langeweile« ist eine Emotion, die uns darauf hinweist, dass wir unsere Zeit mit einer Aufgabe verbringen, die weit unter unseren Fähigkeiten liegt. Der Anspruch der Aufgabe entspricht nicht unseren Begabungen. Wir fühlen uns unterfordert und deshalb langweilen wir uns!

Die Botschaft ist klar: UNTERNIMM ETWAS, DAS DEINEN FÄHIGKEITEN ENTSPRICHT: NUTZE DEIN POTENZIAL! Viele Trader versuchen, das Gefühl der Langeweile zu verdrängen, indem sie sich die Situation interessanter gestalten. Sie beginnen einfach, sinnlos Trades in den Markt zu schießen, um das langweilige Zuschauen interessanter zu machen. Während ihr Aktionismus als solcher Sinn gibt, ist er für den Geldbeutel des Traders eher kostspielig.

Wie sollen wir dann auf Langeweile reagieren? Dieses Buch ist ein Ergebnis meiner Langeweile. Wie oft sitze ich vor dem Monitor und nichts passiert! Ich weiß, dass ich nicht aus Langeweile handeln darf, aber Langeweile fühlt sich auch nicht gut an. Deshalb suche ich mir eine Beschäftigung, die es mir erlaubt, gleichzeitig zu traden und meine kreativen Fähigkeiten zu befriedigen. So entwerfe ich PowerPoint-Präsentationen, Artikel etc., während ich ruhig abwarte, was am Markt passiert.

Um erfolgreich mit Langeweile umgehen zu können, muss der Trader angemessene Antworten finden, ansonsten wird er aus Langeweile handeln!

Ungeduld

Auch hinter »Ungeduld« steckt eine positive Emotion! Ich beschreibe etwas später in diesem Buch, wie ich lernte, mit meiner Ungeduld umzugehen. Aber schon hier können wir sagen: Ungeduld motiviert uns, in Richtung unserer Ziele zu handeln.

Bedauern

Wenn wir etwas »bedauern«, zeigt das an, dass wir etwas hätten erreichen können, wenn wir uns anders verhalten hätten. Somit ist dies ein Hinweis darauf, uns eventuell in Zukunft anders zu verhalten. Unabhängig davon, wie schmerzhaft das Gefühl auch sein mag, es ist ein klarer Hinweis darauf, dass wir womöglich einen Fehler gemacht haben.

Nicht immer ist der offensichtliche Hinweis unseres Gefühls richtig. Wir bewegen uns beim Traden in einer Welt, die anders funktioniert als das tägliche Leben. Hier gilt: Was gestern falsch war, kann heute richtig sein. Wenn wir also bedauern, nicht eingestiegen zu sein, und zuschauen mussten, wie der Markt 100 Punkte nach oben schoss, dann heißt dies nicht zwangsläufig, dass es das nächste Mal richtig ist, einzusteigen. Vielmehr müssen wir viele Gefühle daraufhin prüfen, ob sie nicht nur eine Antwort auf ein sehr spezifisches Ergebnis einer bestimmten Situation sind. Um zu beantworten, was richtig und was falsch ist, können wir uns leider nicht auf das Ergebnis eines Trades verlassen. Die Frage, die wir uns stellen müssen, ist eher: Würden wir Geld gewinnen, wenn wir uns hundert Mal so verhalten würden? Nur wenn dann auch die Antwort JA ist, hätten wir einen Grund, zu bedauern, dass wir nicht eingestiegen sind.

Botschaften rational überprüfen

Somit kann es vorkommen, dass wir eine Emotion spüren, der Hinweis aber nicht unbedingt richtig ist. Auch unser Unterbewusstsein trifft nicht immer die richtigen Entscheidungen. Um also zu bewerten, ob wir den durch eine Emotion gelieferten Hinweis umsetzen sollten, müssen wir auch wieder unser Bewusstsein, das rationale Denken, einschalten.

So wichtig Gefühle sind, so falsch kann trotzdem ihre Botschaft sein. Trader müssen also nicht nur die Botschaft verstehen, die von einem Gefühl geliefert wird, sondern es obliegt auch ihrer Verantwortung, rational zu überprüfen, ob dieses Signal berechtigt ist oder nicht. Auch das ist eine Form der Auseinandersetzung. Kommen wir zu dem Schluss, dass die Emotion uns nicht den richtigen Hinweis gibt, dürfen wir auch sagen: In vielen Situationen hilft mir eine Emotion wie diese, aber hier ist ihr Rat unangebracht. Es ist wie mit einem guten Freund. Nicht alles, was er uns rät, wird richtig sein. Er versucht, uns in unserem Interesse zu beraten, aber nicht immer hat er recht!

Wir können für jedes beliebige Gefühl herausfinden, welches die positive Intention dahinter ist! Da es uns kaum gelingen wird, ohne Emotionen zu traden, und diese uns, wenn wir sie richtig verstehen, helfen, anstatt uns zu behindern, lohnt es sich als Trader, sich intensiv mit seinem Gefühlsleben zu beschäftigen.

Nur dann sind wir frei und Herr unserer eigenen Entscheidungen. Freier Wille bedeutet nicht nur die Möglichkeit, frei zu denken, sondern auch emotionale Freiheit. Wir sind keine Opfer unserer Gefühle mehr. Stattdessen sind wir frei darin, was wir denken, fühlen, glauben!

Routinen im Umgang mit Gefühlen

Wer sich entscheidet, sich aktiv mit seinen Emotionen auseinanderzusetzen, anstatt sie zu ignorieren oder zu verdrängen, dem kann folgende Routine im Umgang damit helfen:

- Identifizieren
- Analysieren
- Reagieren
- Testen

Identifizieren

Die Identifikation von Emotionen ist nicht so einfach, wie es aussieht. Wir müssen dabei sehr genau sein. Es gibt mehrere Möglichkeiten, zu bestimmen, was für ein Gefühl wir spüren.

Identifikation über Denkmuster

Gefühle sind oft an bestimmte Gedanken gekoppelt, verstärken sich durch diese Gedanken oder äußern sich in Gedanken und Worten.

Wer kennt nicht diese Form von Selbstgesprächen: »Nicht mit mir« (Wut), »Hätte ich doch ...« (Bedauern), »Warum immer ich?« (Selbstmitleid), »Na warte ...« (Rache).

So kann es gelingen, anhand von typischen gedanklichen »Redewendungen« herauszufinden, welches Gefühl mich gerade steuert.

Physische Wahrnehmung

Gefühle unterscheiden sich in der Art, wie sie auf unseren Organismus wirken. Auch wenn individuelle Muster unterschiedlich sind, so hat dennoch jedes Gefühl ein ganz spezifisches Ausdrucksprinzip. Bei vielen Menschen, auch bei mir, verlangsamt sich die Atmung, wenn wir ängstlich sind, sie wird flach und stockend. Nicht umsonst ist die Redewendung »Ihm stockte der Atem« ein Synonym für Angst. Agieren wir hingegen hysterisch, hat unsere Angst eine neue Form bekommen: Sie ist noch intensiver und ziemlich sicher atmen wir nun hektischer. Um die physischen Ausprägungen einer Emotion wahrnehmen zu können, müssen wir uns selbst beobachten. Wie atmen wir? Welche Körperhaltung haben wir, wie schnell schlägt unser Herz, wie ruhig sind unsere Hände? Trippeln unsere Beine nervös hin und her, klopfen wir mit den Fingern, knabbern wir auf unserer Unterlippe? Es gibt unendlich viele Möglichkeiten, wie unser Körper in bestimmten Gefühlszuständen reagiert. Aber anhand der Symptome können wir Rückschlüsse auf das auslösende Gefühl ziehen.

Struktur der Gefühle

Eine dritte Möglichkeit, Gefühle zu identifizieren, verläuft über die Struktur der Gefühle. Jedes Gefühl hat eine bestimmte Struktur.

Leslie Cameron-Bandler und Michael Lebeau beschreiben dies sehr gut in ihrem Buch *Intelligenz der Gefühle*. Die einzelnen Elemente einer Emotion zu identifizieren ist ohne Übung nicht immer leicht, aber es lohnt, sich damit zu beschäftigen. Die beiden Autoren erwähnen acht Bestandteile eines Gefühls:

1. Zeitrahmen

2. Modalität

3. Beteiligung

4. Intensität

5. Vergleich

6. Tempo

7. Kriterien

8. Chunkgröße

Der Zeitrahmen ist eine notwendige Voraussetzung für viele Gefühle. Gemeint ist, ob sich das Gefühl auf die Vergangenheit, Gegenwart oder Zukunft bezieht. Wir können keine Angst haben vor Dingen, die schon passiert sind, nur dass sie wieder passieren, was aber dann in der Zukunft ist. Dinge, die bereits geschehen sind, können wir zwar bedauern, aber nicht fürchten. Langeweile bezieht sich dagegen immer auf die Gegenwart.

Modalität ist ein weiteres Kriterium. Es misst die Stärke der Notwendigkeit. Je nachdem, wie notwendig, erwünscht oder möglich ein Ereignis ist, ruft es bestimmte Gefühle hervor.

»Ich muss Geld verdienen« weist auf Druck hin, während »Ich könnte ...« eher eine Hoffnung, einen Optimismus beschreibt.

Auch die Beteiligung ist ein wesentlicher Bestandteil eines Gefühls. Sind wir aktiv oder passiv beteiligt? So wie wir das Gefühl haben können, dass etwas notwendig oder wünschenswert ist, so kann auch unsere Beteiligung zwischen passiv und aktiv schwanken. Welches ist der Unterschied zwischen »hoffen« und »wünschen«? Bei beiden Gefühlen wollen wir etwas erreichen, aber beim »Hoffen« überwiegt eindeutig der passive Charakter.

Viele Gefühle sind sehr ähnlich in Modalität und Zeitrahmen, unterscheiden sich aber bezüglich ihrer Intensität. »Hysterie« ist die Steigerung von »Angst«, wir können »zufrieden«, »glücklich«, »begeistert«, »ekstatisch« sein. Die Intensität eines Gefühls ist oft gleich der Intensität des Signals, der Aufforderung an uns, zu handeln. Je stärker das Gefühl, desto dringender sollten wir handeln.

Wenn wir ein Gefühl ignorieren, gibt es häufig eine Tendenz, dass sich das Gefühl intensiviert, damit wir endlich handeln. Deshalb ist es so wichtig, rechtzeitig die Hinweise zu erkennen und frühzeitig unangenehmen Gefühlen entgegenzusteuern.

Aus »Ärger« kann schnell »Wut« werden. Aus »Besorgnis« »Angst« und aus »Enttäuschung« »Gram«!

Ein anderer Bestandteil kann sein, ob der Fokus des Gefühls auf Übereinstimmung bzw. Nichtübereinstimmung mit etwas liegt. Auf diese Weise stellen wir einen Vergleich an. Ob der Trade erfolgreicher war als der von gestern. So kann es sein, dass wir uns über einen Gewinn nicht freuen können, weil er in der Vergangenheit bereits größer war.

Eine äußert interessante Beobachtung ist, dass wir Dinge in unterschiedlichem Tempo erleben. Wie langsam verrinnt doch die Zeit, wenn wir uns langweilen, wie schnell verfliegt sie jedoch, wenn wir konzentriert arbeiten, und wie eilt sie uns davon, wenn wir überfordert sind. Tempo ist eine Eigenschaft, die wir selten wahrnehmen, obwohl sie eine wesentliche Komponente jedes Gefühls ist. Durch Veränderung des Tempos kann aus »Hektik« »Ruhe« werden. Emotionen mit einem schnellen Tempo sind zum Beispiel Angst, Erregung, Panik, Unruhe, Ungeduld und Wut, während ein gleichmäßiges, langsames Tempo ein Gefühl der Ruhe unterstützt.

Welche Kriterien und welchen Maßstab wir verwenden, kann eine Emotion verstärken oder ändern. »Furcht« und »Freude« unterscheiden sich durch das Kriterium. Bei Furcht wird etwas geschehen, wie auch bei Freude, aber während wir bei Freude eine Bereicherung erwarten, befürchten wir bei Furcht einen Verlust.

Die Chunkgröße gibt an, wie viel von dem, was wir erleben, wir tatsächlich bewusst wahrnehmen. So können wir Zufriedenheit auskosten, indem wir unsere Chunkgröße auf ein erreichbares Maß reduzieren.

Analysieren

Im nächsten Schritt geht es dann darum, die Bestandteile unserer Gefühle zu analysieren. Welche positive Eigenschaft strebt unser Unterbewusstsein an, indem es dieses Gefühl produziert? Will es uns warnen, helfen, zu verändern, schützen? Was auch immer, es gibt für jedes Gefühl eine positive Intention.

Positive Botschaft ermitteln

Wenn wir glauben, diese positive Botschaft erkannt zu haben, gilt es, auf das Gefühl zu reagieren. Wenn wir Angst haben, können wir das Risiko reduzieren, uns besser vorbereiten oder aber auch einfach erkennen, dass die Angst nicht berechtigt ist. Denn an dieser Stelle muss ich noch einmal eine Warnung aussprechen: Auch wenn Gefühle eindeutige Botschaften haben, bedeutet dies nicht immer, dass sie eine objektive Wahrheit sind. Vielmehr werden sie nur subjektiv als wahr erlebt und manchmal müssen wir einfach feststellen, dass UNSERE Realität nicht DIE Realität ist (siehe auch Kapitel 3.1 »Die Perzeption der Realität«).

Reagieren

Egal ob das Signal einer objektiven Wahrheit entspringt oder aber subjektiv ist, wir müssen reagieren. Im Streit zwischen Gefühl und Verstand wird immer der Verstand unterliegen, weil Emotionen uns einfach intensiver steuern!

Wenn wir nicht auf das Gefühl reagieren, wird es sich verstärken. Deshalb müssen wir früher oder später eine Reaktion erfolgen lassen. Entweder wir folgen der Botschaft des Gefühls oder wir ändern das Gefühl durch Neuausrichtung unserer Ziele, Werte oder Intentionen. Eine weitere Möglichkeit, dem Gefühl zu begegnen, besteht darin, die interne Repräsentation der Ereignisse zu ändern – darüber habe ich bereits in meinem ersten Buch geschrieben.

Testen

Egal welche Reaktion wir auch erfolgen lassen: Der finale Schritt im Umgang mit den Gefühlen ist es, zu testen, ob unsere Antwort Erfolg hatte. Nur wenn das unangenehme Gefühl verschwindet, ist das auch ein Zeichen, dass wir die richtigen Maßnahmen getroffen haben. Gelingt uns das nicht, misslingt der Test, und fühlen wir uns immer noch mies, dann müssen wir erneut versuchen, dem Gefühl mit einer anderen Reaktion zu begegnen.

Das kann ein anstrengender und herausfordernder Prozess sein. Auch mir gelingt es nicht immer, unmittelbar die Botschaft eines Gefühls zu erfassen, und selbst wenn ich die Botschaft verstehe, angemessen darauf zu reagieren.

Wertkonflikten auf die Spur kommen

Manchmal wissen wir zwar, was zu tun ist, unternehmen aber die notwendigen Schritte nicht, weil wir genau wissen, dass dies neue Konflikte produzieren würde. Die Umwelt, in der wir leben, ist so komplex, dass es eine Illusion wäre, zu glauben, mit ein paar Tricks alle miesen Gefühle ausschalten zu können.

In meinem ersten Buch beschreibe ich ausführlich, dass uns Wertkonflikte häufig jede Menge Energie kosten. Es kann sein, dass wir verschiedene Werte anstreben. Vielleicht wollen wir Erfolg, aber gleichzeitig auch Anerkennung. Nun gibt der Markt uns aber keine Anerkennung. Wir können vielleicht erfolgreich traden, müssen dafür aber auf die »Anerkennung« durch den Markt verzichten. Das heißt, wir müssen viele Male viele kleine Verluste einstecken, was unser Unbewusstes als Konfrontation auffassen würde.

In diesem Fall hilft die Beschäftigung mit den Gefühlen nicht weiter, sondern wir müssen Wertkonflikte, die in uns wohnen, beseitigen, bevor wir frei handeln können. Wir müssen akzeptieren, dass unser mentaler Zustand, unabhängig davon, ob wir vertrauen, zweifeln, gierig oder ängstlich sind oder Unruhe verspüren, immer für uns eine absolute Wahrheit ist – nicht objektiv, aber subjektiv. Wir können ein Gefühl und die damit verbundenen Hinweise verdrängen, aber das kostet Energie.

Spitzenleistung braucht Emotionen

Einfach Traden bedeutet, dass wir lernen, mit den Emotionen, die auf uns einströmen, umzugehen. Sie werden sich nicht alle gut anfühlen. Manche Emotionen müssen wir aushalten, andere sind ein Hinweis, unbedingt zu agieren. Verabschieden wir uns von dem Gedanken, dass der Mensch emotionslos handeln kann. Emotionen sind seine stärkste Waffe. Spitzenleistung braucht Emotionen, braucht die Gier nach Erfolg, braucht Motivation, Kreativität, Leidenschaft, Verlangen. Was ist aber Verlangen anderes als eine starke Emotion? Ich muss Verlangen in mir wecken, damit ich es aushalten kann, für meine Ziele zu kämpfen. Wäre ich emotionslos, würde ich passiv auf der Couch rumhängen.

Emotionen können uns unterstützen, werden uns unterstützen, können aber auch Blockaden erzeugen. Mentale Tricks helfen uns, kurzfristig die Situation zu beherrschen, aber um langfristig erfolgreich zu sein, müssen wir an uns arbeiten. Wir müssen uns als ganze Person verändern. Trading ist Persönlichkeitsschulung.

4.2.1 Angst

Um es letztendlich auf den Punkt zu bringen – unser Spiel wird nur aus einem einzigen Grund verloren:

Weil der Trader Angst hat.

Angst, zu verlieren, Angst, etwas zu verpassen, Angst, zu spät dran zu sein, Angst, das Falsche zu tun, Angst, Fehler zu machen, Angst wovor auch immer.

Wir haben sogar Angst, Verluste glattzustellen, weil der Trade sich ja im nächsten Moment doch als Gewinner entpuppen könnte, oder Angst, Gewinne zu machen, weil der Markt sie uns wieder wegnehmen könnte.

Dieses miese Gefühl der Angst, das unseren Verstand ohne Vorwarnung ausknipsen kann, das unsere Intuition in die Irre führt wie ein Hütchenspieler seine Kunden, diese Angst ist es, die Menschen bei diesem Spiel zu Verlierern macht.

Die Wirkung von ANGST

Angst führt zu kleineren Gewinnen und schlechteren Chance-Risiko-Verhältnissen.

Wer ängstlich tradet, der zögert und zaudert. Trader, die Angst haben, einen Verlust zu erleiden, sind meist nicht in der Lage, im entscheidenden Moment den Knopf zu drücken. Möglicherweise haben sie ihren Trade sorgfältig vorbereitet, doch dann, wenn der Markt in die Nähe des Einstieges kommt, stornieren sie ihr Limit oder zögern einzusteigen. Statt entschlossen zu handeln, warten sie auf eine weitere Bestätigung, dass ihr Trade gewinnbringend wird. Dieses Warten kann sehr kostspielig sein.

Stellen wir uns eine einfache Situation vor. Es gibt am Markt eine deutliche Unterstützung bei 9630 Punkten und der Markt läuft mit Dynamik in Richtung Unterstützung. Eigentlich wollen wir kaufen, denn insgesamt bewegt sich der Dax in einem perfekten Aufwärtstrend. Ziel sind die alten Tageshochs bei 9720 Punkten. Ein entschlossener Kauf auf dem Supportlevel würde nicht nur einen Gewinn von 90 Punkten ermöglichen, sondern auch ein akzeptables Risiko von 30 Punkten bedeuten, da wir unseren Stopp bei 9600 Punkten nach Regeln der Markttechnik am letzten relativen Tief platzieren würden.

In dem Moment, in dem der Markt unsere Kaufzone erreicht, bekommen wir es mit der Angst zu tun. Was ist, wenn der Markt dreht? Dann verlieren wir 30 Punkte. Statt das Risiko in Kauf zu nehmen und die »3 : 1«-Risk-Reward-Situation zu traden, verharren wir in unseren Zweifeln und wollen eine Bestätigung vom Markt, dass er tatsächlich dreht. Nach einem kurzen und schnellen Dip auf die Unterstützung schießt der Markt nach oben und wir erhalten unsere Bestätigung.

Leider können wir jetzt nur noch bei 9360 Punkten kaufen. Da der Stopp sinnvoll bei 9300 Punkten gewählt wurde und auch das Ziel sich aufgrund des Marktverhaltens nicht ändert, verschlechtert sich das Risk Reward nun bei einem Einstieg um die 9360 Punkte von 3 : 1 auf 1 : 1. Auch der absolute Gewinn wird nun kleiner. Nicht nur, dass wir nur noch 60 Punkte Platz bis zum Ziel haben, wir können auch nur noch eine kleinere Position kaufen, weil das Risiko sich verdoppelt hat. Das ängstliche Zögern und Warten auf Bestätigung hat uns viel Geld gekostet und wird uns auch Performance kosten!

Selbst wenn sich die Trefferquote durch das Warten auf die Bestätigung verbessert, wird der Gewinn nicht größer (siehe Beispiel)! Bei einer Trefferquote von 50 Prozent ohne Bestätigung müsste – würden wir nur diese »3 : 1«-Risikosituationen traden – die Trefferquote um 100 Prozent steigen, damit die Bestätigung gerechtfertigt ist (siehe Tabelle)!

ohne Bestätigung		Einsatz 5€	mit Bestätigung	
Risk/Reward	**Trefferquote**	**Erwartungswert**	**Risk/Reward**	**Trefferquote**
3 : 1	50 %	5,00 €	1 : 1	100,0 %
2,5 : 1	50 %	3,75 €	1 : 1	87,5 %
2 : 1	50 %	2,50 €	1 : 1	75,0 %
1,5 : 1	50 %	1,25 €	1 : 1	62,5 %

Tabelle 1

Mutiges Handeln wird also in doppelter Hinsicht belohnt. Wir können höhere Erträge erzielen, und das bei gleichzeitig niedrigeren Risiken. Natürlich ist das eine große Herausforderung für den Trader. Es ist nicht einfach, eiskalt dann einzusteigen, wenn die Situation scheinbar noch nicht geklärt ist. Aber wenn der Markt sich in einem Trend befindet, sollten wir uns auf den Trend verlassen. Wenn wir ein bestimmtes Muster wie den Breakout traden, sollten wir uns auf dieses Muster verlassen und nicht noch auf weitere Bestätigungen warten. Wenn wir eine bestimmte Anomalie traden, sollten wir uns auf die Anomalie verlassen. Es gibt keine Sicherheiten am Markt. Wir müssen immer ein Risiko eingehen – und spätes Handeln kostet immer Geld!

Ängstliche Stopps

Wer mit Angst tradet, setzt oft seine Stopps nicht dahin, wo sie vom Markt her sinnvoll sind, sondern möchte möglichst wenig verlieren. Typisches Fehlverhalten ist es, den Stopp zu schnell auf Break-even zu ziehen, ihn zu nah an den Markt zu setzen oder aber gar ohne Stopp zu handeln.

Formen der Angst

Die Angst hat verschiedene Gesichter: Wir haben Angst, etwas zu verpassen. Eine Investmentgelegenheit, eine Bewegung, einen guten Move! Selbst wenn wir in einem Trade schon drin sind, haben wir noch Angst, Geld auf dem Tisch liegen zu lassen, denn wir können einfach nicht genug bekommen.

Diese beiden Ängste, Geld auf dem Tisch zu lassen und etwas zu verpassen, spiegeln in uns die Gier wider, es sind zwei der vier Grundängste aller Trader, auch erfolgreicher Trader. Ich persönlich bin sie nie losgeworden, ich habe nur gelernt, mit ihnen umzugehen! Es scheint, als seien sie von der Natur in uns angelegt. Verständlicherweise, denn zu Zeiten als wir noch durch die Wälder zogen, war es überlebenswichtig, so viel, wie es geht, mitzunehmen. Ich hasse diese Angst, aber sie ist in mir. Doch nur wenn ich mich dieser Angst stelle, kann ich sie besiegen. Ich weiß, sie verfolgt mich wie ein dunkler Schatten, ich werde sie nicht los, so wie ich vor meinem Schatten nicht davonrennen kann. Aber um erfolgreich zu traden, musste ich lernen, mich dieser Angst zu stellen. Es ist nicht einfach, zu akzeptieren, dass ich gierig bin – zumindest nicht für mich, der ich in einem Pfarrhaus aufgewachsen bin, wo Gier sozial noch mehr verachtet wurde als sonst. Aber ja verdammt, ich bin es!

Zwei weitere Grundängste sind die Angst vorm Verlieren und die Angst, nicht recht zu haben, also falschzuliegen. Diese beiden Ängste werden von unserem Ego gefüttert! Wer mag schon gerne unrecht haben. Je rigider ein Mensch ist, umso stärker sind diese Ängste ausgeprägt. Alle Ängste, von denen ich hier schreibe, sind mir im Laufe meines Tradingalltags begegnet. Mit allen Ängsten musste ich mich auseinandersetzen. Die Angst ist der größte Feind des Traders, sie verführt uns dazu, Dummheiten zu machen, zögerlich zu agieren, Gewinne nicht laufen zu lassen, zu früh oder zu spät einzusteigen. Ein Großteil aller Tradingfehler begründet sich aus Angst. Deshalb ist es für einen Trader so wichtig, sich mit diesem Thema intensiv zu beschäftigen.

Angst macht Trader zu Verlierern!

Der Schlüssel ist, dies zu erkennen, um vollkommen angstfrei zu agieren. All die Schmerzen zu vergessen, die der Markt jedem Trader früher oder später in seiner Karriere zugefügt hat. Die Kunst ist, zu traden mit dem Wissen, dass wir scheitern können, aber keine Angst davor zu haben.

Als Anfänger verlieren Sie wahrscheinlich, weil es Ihnen an Erfahrung mangelt, aber danach gibt es nur noch einen Grund, warum Menschen verlieren. Weil sie ängstlich sind.

Natürlich gibt es Menschen, die neu an den Markt kommen und sich nicht vorstellen können, welche Risiken sich ihrem Erfolg in den Weg stellen werden. Ausgestattet mit dieser Naivität traden sie quasi angstfrei, doch der Schein trügt. Tief in ihrem Inneren fürchten sie bereits bei jedem Trade den Verlust, die Niederlage. Deshalb sind sie gierig, denn Gier ist nichts anderes als die Angst vor Mangel.

Sie werden alles tun, um diese schmerzliche Erfahrung eines Verlustes zu vermeiden, und genau in dem Moment beginnt die Angst, von ihnen Besitz zu ergreifen und ihr Verhalten zu kontrollieren.

Und hat der Markt dem Trader erst einmal einige Verletzungen zugefügt, beginnt ein Teufelskreis. Angst lähmt uns, verhindert schnelle Entscheidungen.

Schnelle Entscheidungen sind aber notwendig, um zu gewinnen. Verluste machen uns noch ängstlicher.

Dabei ist es so einfach: Wir müssen nur unsere Ängste überwinden und den Hinweisen des Marktes folgen. Aber dies gelingt manchmal nicht!

Selbst ich kann mich davon nicht immer ausnehmen. So erinnere ich mich an Positionen, bei denen ich bereit war, 20 Punkte zu verlieren. Doch dann bekam ich Angst und wollte nur noch 10 Punkte verlieren. So dachte ich mir irgendeinen Grund aus, den Stopp nachzuziehen, sah kurze Zeit später, wie der Markt mich ausstoppte, um dann, ohne sich noch einmal umzudrehen, in meine Richtung zu laufen.

»Weak Hands«, schwache Hände nennt man diese Trader. Wer zu den Weak Hands gehört, wird verlieren. Manchmal bin ich leider auch dabei. Das ist menschlich, macht mich aber in dem Moment zu einem Verlierer. In solchen Situationen muss ich sehen, dass ich schnell wieder die Kontrolle gewinne. Ich hasse es, zu verlieren, aber das kommt vor, man muss lernen, damit zu leben, aber was ich wirklich hasse, ist, Angst zu haben. Das darf nicht sein! Niemals, kommt aber trotzdem vor ...

Wenn ich merke, dass ich ängstlich trade, muss ich sofort stoppen, ansonsten haue ich das Geld nur so in den Markt. Die Ironie ist, Angst ist ein Gefühl, das uns schützen soll. Tut es beim Traden aber nicht. Es behindert uns. »If you play not to lose, you lose!« – Wer als Trader erfolgreich sein will, muss sich seinen Ängsten stellen. Nur dann kann er angstfrei traden.

Stellen Sie sich Ihren deinen Ängsten!

Selbst wenn ein Trader gierig ist, so hat er doch nur Angst, nicht genug zu bekommen.

Wie ein kleiner Feigling laufen wir vor unserer Angst davon. Wohl wissend, dass wir sie so nicht überwinden können, aber dennoch hoffend, dass der Zufall, der Markt, ein System, irgendjemand uns helfen wird. Vergeblich!

Wir drücken uns davor, zuzugeben, dass wir Angst haben. Lieber verstecken wir uns hinter Analysen und Systemen, hinter Software und Gurus, nur damit wir uns nicht eingestehen müssen, dass wir ängstlich sind. Oder wozu braucht man sonst die ganzen Indikatoren?

Derjenige, der behauptet, er hat niemals Angst, ist entweder ein Lügner oder aber ein Idiot. Denn Angst zu haben ist nicht falsch. Es ist nur falsch, sich nicht seinen Ängsten zu stellen. Denn wenn wir feige davor weglaufen, werden wir die Angst nicht überwinden können und genauso erfolglos traden wie vorher.

Wenn Sie ein erfolgreicher Trader werden wollen, dann gestehen Sie sich ein, wovor Sie Angst haben. Stellen Sie sich der Angst und überwinden Sie sie. Die meisten sogenannten Trader haben keine »Eier in der Hose«. Damit meine ich nicht, dass wir wie ein wild gewordener Cowboy mit Trades um uns rumschießen sollen, sondern dass wir zu Fehlern, Stärken, Verlusten und Kritik stehen – insbesondere dazu, dass wir manchmal Angst haben und dass wir bereit sind, ein echtes Risiko einzugehen. Entweder der Trade läuft oder eben nicht. Wenn nicht, dann ist es halt so und wir verlieren unser Risiko. Mehr passiert eigentlich nicht. Vielleicht ist unser Stolz verletzt, wir sind ein wenig ärmer, aber wir atmen weiter.

Menschen, die ich coache oder auf Seminaren schule, zahlen oft viel Geld dafür, dass ich ihre Fähigkeiten verbessere. Gebe ich ihnen einen Tipp, sagen sie häufig Ja, aber ich höre am Tonfall, dass dieses Ja nicht kongruent ist. Sie haben Angst vor der Veränderung, manche finden es bequemer, auf die alte Weise Geld zu verlieren, als wirkliche Veränderungen anzugehen.

Lerne, Angst zuzulassen, aber nur dann, wenn sie dir hilft

Angst ist ein natürlicher Schutzmechanismus. Angst hat wie jede andere Emotion eine positive Funktion. Deshalb müssen wir lernen, mit Angst umzugehen, ihr zu begegnen. Menschen, die gar keine Angst verspüren, sind nicht überlebensfähig. So gibt es Menschen, deren Angstzentrum, die »Amygdala« – auch Mandelkern – im Gehirn durch Unfall oder Krankheit ausgeschaltet wurde. Diese Menschen sind kaum überlebensfähig, denn die Angst hilft uns, indem sie uns bedrohliche Situationen vermeiden lässt. Jemand mit zerstörter Amygdala würde eine sechsspurige Straße, ohne nach rechts und links zu schauen, überqueren. Leicht vorstellbar, dass diese Menschen in ständiger Gefahr leben. Wir haben hingegen gelernt, Gefahren aus dem Weg zu gehen. Der durch Angst geborene Schutzmechanismus kann uns aber beim Traden behindern. Somit ist Angst nichts Falsches oder Schlechtes, nur im falschen Moment kann sie uns eben auch schaden. Für Trader ist es deshalb wichtig, ANGST ZUZULASSEN. Aber nicht während des Tradens, sondern in der Vorbereitung.

- Wovor haben Sie Angst?

- Wie können Sie sich schützen?

- Sind Sie genug vorbereitet?

- Was passiert im ungünstigsten Fall und können Sie den Worst Case ertragen?

Das sind Fragen, die wir uns VOR dem Tradingtag stellen sollten. Sie helfen uns, die Warnsignale unseres Unterbewusstseins ernst zu nehmen, und vermeiden Stress und unkontrolliertes ängstliches Verhalten während des Tradens. Es gibt eine einfache, aber sehr effektive Regel im Tradinggeschäft:

Beschäftigen Sie sich mit Ihrer Angst, bevor Ihre Angst sich mit Ihnen beschäftigt!

Abwehrreaktionen im Umgang mit der Angst

Unsere vorrangige Reaktion auf Verlustsituationen ist nun mal die Angst. Egal ob dieser Verlust sich materiell in Form von Geld oder ideell in Form von nicht recht zu haben manifestiert. Es geht darum, dass wir Angst vor einem drohenden Verlust haben.

Je nach Typ reagieren Trader entweder aggressiv oder regressiv auf vermeintliche oder echte »Bedrohungen«. Diese Abwehrreaktionen sind erlernt und normal! Auch Mischformen von regressiv hin zu aggressiv sind möglich, aber meist überwiegt eine Form im Umgang mit der Angst. Es sind die typischen »Fight or Flight«-Muster!

Regressiv verhält sich derjenige, der versucht zu verdrängen, der passiv bleibt und leugnet. Typische Verhaltensweisen sind: Verluste gegen sich laufen zu lassen, Stopps aus dem Markt zu nehmen, gar nicht mehr zu wissen, wo das Konto steht. In der Tat habe ich schon Trader kennengelernt, die ganz überrascht waren, als plötzlich ihre Plattform alle Order zurückwies, weil nicht mehr genug Geld auf dem Konto war. Auch die Weigerung, ein Tradingtagebuch zu führen, ist ein typisch regressives Verhalten, weil man ja ansonsten mit seinen Fehlern konfrontiert werden würde.

Aggressive Reaktionen sind hingegen: Wut und Hass, der unbedingte Wille zum Kampf. Typische Abwehrreaktionen sind Verbilligen bzw. Nachlegen im Verlust, zu große Positionen zu traden, Übertrading.

Oft wechseln sich regressive und aggressive Abwehrreaktionen innerhalb des Tradings ab. Auch können sie gleichzeitig auftreten. Dennoch wird der Trader bei genauer Selbstbeobachtung feststellen können, welches seine primären Abwehrreaktionen sind.

Es ist wichtig, seine individuellen Abwehrreaktionen zu identifizieren und zu kennen. Denn sie sind ein überaus wichtiger Indikator dafür, in welchem mentalen Zustand wir uns befinden. Ich zweifle daran, dass man während seines Tradens immer und vollständig diese Angst- und Abwehrreaktionen vermeiden kann. Was ich aber glaube, ist, dass wir die Möglichkeit eines Notstopps haben, sobald wir erkennen, in welchem Modus wir gerade agieren. Angst ist eine der stärksten Emotionen, weil sie eine eindeutige Warnung unseres Unterbewusstseins ist. Wir dürfen sie nie ignorieren, sonst passiert es uns, dass die Emotion sich noch stärker zu Wort meldet. Dann rutscht der Trader in eine katastrophale Verlustspirale und sabotiert sich selber! Ich habe schon Trader erlebt, die an nur einem Tag ihr ganzes Konto zerschossen haben.

Angst konstruktiv bewältigen

Natürlich drängt sich die Frage auf: Kann man Angst bzw. die Angst vor einem Verlust konstruktiv bewältigen?

Lange Zeit habe ich gegen meine Ängste angekämpft. Eine typisch aggressive Abwehrreaktion! Das Problem war, dass es mich ständig Geld und Energie gekostet hat. Angst und ihre Abwehrreaktionen sind natürliche Verhaltensweisen, die wir nicht einfach mit gutem Willen abschalten können. Diese ganz normalen Reaktionen auf Verlustsituationen verdienen, dass wir uns ausführlich mit ihnen befassen.

Worum geht es? Es geht darum, Schwierigkeiten zu ertragen und durchzuhalten. Ich musste also eine Toleranz gegenüber meinen Verlusten entwickeln. Ich musste lernen, Frustrationen zu ertragen. Dinge, die unvermeidlich sind, wie Verluste beim Traden, muss man lernen, zu akzeptieren. Erneut war die Widerstandfähigkeit meiner Person gefragt! Das Ringen nach Toleranz braucht Zeit und Geduld. Ich musste mich nicht nur einer sehr schmerzvollen Aufgabe stellen, sondern auch durchhalten und lernen, alle Schwierigkeiten, die mit Verlusten verbunden sind, zu ertragen. Das gelang mir nicht gleich beim ersten Mal. Neben den finanziellen Schwierigkeiten, dass ich mich in meinem Konsum als Student einschränken musste, kämpfte ich auch mit den emotionalen Schwierigkeiten, die mein Versagen mit sich brachte. Es ist nicht einfach, zu lernen, Verluste zu ertragen.

Zu groß ist die Versuchung, sich abzulenken oder zu verdrängen, was passiert ist. Es ist nicht einfach, sich einzugestehen: JA, ich bin im Moment nicht in der Lage, Geld zu verdienen, JA, eine Menge Menschen würden mich wohl als Verlierer bezeichnen.

Ein typisches Ablenkungsmanöver vom Verlustschmerz ist der Versuch, durch erhöhte oder weitere Tradingaktivität den eigenen Fokus weg von den Schmerzen hin zum Markt und dem aufregenden Geschehen dort zu lenken. Das hilft zwar dabei, sich bloß nicht mit den Verlusten ausführlich beschäftigen zu müssen, und das ständige Analysieren, Traden, Einsteigen, Aussteigen, Hin-und-her-Handeln hält uns möglichst in Bewegung, sodass wir das Versagen nicht spüren müssen, es ändert aber nichts an der Tatsache, dass wir vermeiden, uns konstruktiv mit unseren Verlusten zu beschäftigen und zu lernen, sie einfach zu ertragen. Beschäftigung ist eine hervorragende Waffe, um Probleme zu verdrängen. Sie suggeriert uns eine gewisse Form von Aktivität, es ist eine Art Kampfansage. Die Beschäftigung muss nicht auf das Traden beschränkt sein. Ich hatte mal einen Coachee, der trieb exzessiv Sport, ein anderer stürzte sich in nächtelange Programmierarbeiten. Es gibt viele Formen, wie wir verdrängen. Jeder hat da sein eigenes Verhaltensmuster erlernt.

Es war wohl die härteste Schule, in die ich gegangen bin, die mich lehrte Verluste zu ertragen. Mein Lehrer war der Markt. Er kannte keine Entschuldigungen. Er demütigte mich so lange, bis ich lernte: Verluste kann ich nicht vermeiden, nicht durch bessere Analyse, vorsichtigeres Handeln oder andere Maßnahmen.

Ich habe alles ausprobiert, um Verluste zu vermeiden. Traden ohne Stopp, denn früher oder später kommt der Markt ja wieder. Dieses Verhalten endete in einem Totalverlust meines Kontos, weil der Markt eben doch länger als für möglich gehalten gegen mich lief.

Ich versuchte zu verbilligen, um einen besseren Durchschnittskurs zu erhalten, der näher am aktuellen Marktpreis liegt. Auch dieses Verhalten brachte mir einige sehr schmerzhafte große Verluste ein.

Ich probierte es mit Filtern für meine Einstiege, neuen Indikatoren, aber egal was ich versuchte, Verluste waren unvermeidlich. Ich musste mich ihnen stellen.

Lerne, mit Verlusten umzugehen

Und nach einigen Versuchen zu lernen, Verluste einfach zu ertragen, stellte ich fest, dass Verluste zwar wehtun, aber mich nicht umbringen. Ja, ich hatte sogar einen weiteren Totalverlust überlebt. Zwar mit etwas Schaden an meinem Ego, aber nach ein paar Monaten mit Nachtschichten in einer Papierfabrik war ich wieder startklar und hatte ein kleines Handelskonto. Natürlich ist ein Totalverlust keine schöne Erfahrung. Er ist sogar sehr schmerzhaft. Und auch wenn ich damals noch Student war, hat mich so ein Verlust hart getroffen. Aber ich bin auch gewachsen durch diese Erfahrung. Sich einer schmerzhaften Situation zu stellen, seinen Mann zu stehen trotz emotionaler Schmerzen nicht zurückzuweichen oder aufzugeben, das hat mich stark gemacht!

Mein regressives Verhalten der Verdrängung und Leugnung war ein Zeichen der Angst vor dem Verlust und ein Zeichen von Schwäche. Diese Schwäche vergeht nicht von alleine, durch Hoffen oder durch glückliche Gewinne. Früher oder später kommen die Drawdowns, und wenn man dann nicht der Situation gewachsen ist, ist das eine Garantie zum Scheitern! Man lernt besser am Anfang seiner Traderkarriere, mit Verlusten umzugehen, als später!

Der Verlust an materiellen Gütern steht dabei nur scheinbar im Vordergrund. Stärker sind Motive wie der Verlust von Anerkennung, Bewunderung und so weiter. Für mich war es ein großer Schritt, zu erkennen, dass es nicht nur um materielle Verluste ging. Ich wusste, ich würde nicht verhungern, wenn ich verliere, dennoch taten Verluste grausam weh, weil ich wusste, dass ich mehr als nur Geld verliere. Ich bin ein stolzer Mensch und der Verlust an Anerkennung schmerzt mich mehr als jeder Euro.

Verluste tolerieren und akzeptieren

Das Ziel, das ich mir setzen musste, war, Verluste zu ertragen und Verlustsituationen zu bewältigen. Keine leichte Lernaufgabe, denn niemand verliert gerne. Den Schlüssel dazu fand ich im Laufe der Jahre durch Akzeptanz und Toleranz gegenüber Verlusten. Das ging nicht unmittelbar. Das Ringen um Toleranz brauchte seine Zeit. Auch war der Weg dorthin keine Einbahnstraße. Immer wieder gab es Rückschläge.

In den späteren Kapiteln über den Umgang mit Verlusten und Stufen zur Akzeptanz werde ich ausführlich erklären, wie wir Akzeptanz erreichen können.

Im Zustand der Akzeptanz kann ich mich von all dem, was passiert, freimachen und ertragen, was auch immer mir widerfährt.

Dies darf nicht mit der Opferrolle verwechselt werden. Denn ein Opfer ist passiv und das passive Verhalten ist eine regressive Abwehrreaktion auf Angst. Akzeptanz erfordert aktive, weise Entscheidungen darüber, was wir loslassen können und was wir unbedingt brauchen. Es ist wichtig, dass wir das Loslassen lernen, um einfach traden zu können. Deshalb sollten wir auch nur traden, wenn wir es uns leisten können, zu verlieren. Wer das nicht ertragen kann, sollte bei diesem Spiel der Spiele nicht mitmachen, denn er wird einzahlen!

Lerne, loszulassen

Um meine Verlustängste zu besiegen, musste ich lernen, loszulassen. Ich entdeckte, dass ich besser handelte, wenn ich bewusst versuchte, mich frei zu machen. Ich musste loslassen, um diesen Zustand des Habens zu beenden!

Als Erstes stellte ich mir vor, dass ich alles verlieren würde, was ich habe. Mein ganzes Konto, das Tradingkapital, einfach jeden Euro und jeden Cent. Dann stellte ich mir bildlich vor, allen Personen, die mir wichtig waren, gegenüberzutreten und ihnen von meinem Verlust zu erzählen. Hier bin ich, Birger Schäfermeier, ich habe alles verloren, kannst du mich trotzdem noch akzeptieren und respektieren?

Ich wollte mich bewusst frei machen! Dazu zählte auch, dass meine Gedankenspiele mir zeigten, dass gewisse Personen in meinem Umfeld mich nicht mehr »lieben« würden. Um mit möglichen Verlusten zu leben, musste ich auch meine Beziehung zu diesen Personen neu definieren. Ansonsten hätte ich immer Angst gehabt, ihre Anerkennung, ihre Wertschätzung, ihren Respekt zu verlieren.

Vor einiger Zeit unterrichtete ich einen Coachee, der folgenden Eintrag in seinem Tradingtagebuch hatte: »Frau rief mich an, ob ich etwa mit echtem Geld handelte ... ich verneinte ... sie meinte, ich soll uns nicht ruinieren.« Im Gegensatz zu seiner Frau wusste ich, dass er mit echtem Geld handelte, und mein Rat war klar: Bevor du auch noch einen weiteren Trade machst, sprich mit deiner Frau. Kläre, ob Traden dein Ding ist, sprich mit ihr über den Worst Case und dann, wenn ihr beide eine Einigung gefunden habt, trade weiter. Ansonsten werden dich unbewusst immer Verlustängste begleiten und du wirst nie frei handeln können.

Der Prozess des Loslassens erfordert also aktive Entscheidungen, Klugheit, was loszulassen ist und was nicht.

Es gibt diesen schönen Spruch: »Love it, change it, leave it«, der drei Handlungsmöglichkeiten, drei Wege aufzeigt. Liebe etwas; wenn du es nicht liebst, ändere etwas; und wenn du etwas nicht ändern kannst, lass es los. Wenn ich vom Loslassen rede, gehe ich hier nicht so weit wie buddhistische Bettelmönche. Es geht immer darum, das richtige Maß zu finden. Schließlich ist Traden ein harter Wettbewerb.

An Verlusten wachsen

Um Verluste zu akzeptieren, fragte ich mich bewusst: WAS BLEIBT? Manche Antworten kamen spontan, manche brauchten etwas Zeit; mir blieb meine

Familie, mir blieben meine Freunde, mir blieb mein Wissen. Ich lernte, mir die richtigen Fragen zu stellen. Fragen nach dem, was bleibt, und nicht danach, was ich verliere. Mein Fokus richtete sich somit nicht auf den Verlust, sondern auf meine Ressourcen! Ich musste mich fragen, wie ich einen Verlust bewältigen und in einen Wachstumsprozess umgestalten konnte.

Es ging darum, durch Verluste zu wachsen. Darum, zu erkennen, dass die Erfahrung, einen Wertverlust durch Akzeptanz überwunden zu haben, unser Selbstwertgefühl steigert. Wir sind trotz des Verlustes wertvoll. So ist es beim nächsten Verlust aufgrund des höheren Selbstwertgefühls leichter, diesen zu akzeptieren. Gelingt es uns nicht, die Verluste zu akzeptieren, und ruinieren Verluste unser Selbstwertgefühl, so verläuft der Wachstumsprozess in die andere Richtung und wird zum Zerstörungsprozess. Der Trader, dessen Selbstwertgefühl durch Verluste sinkt, wird empfindlicher in erneuten Verlustsituationen und die Ängste werden subjektiv stärker erlebt. Das erhöhte Angstempfinden fordert Verlustabwehrreaktionen heraus und der Trader endet in einer Verlustspirale, in der Angst und Verluste sich gegenseitig verstärken. Wer hier den Weg in die falsche Richtung einschlägt, ist verloren. Mit jedem Verlust sinkt die Chance, dass er noch ohne Angst traden kann.

Wege aus der Verlustspirale

Ich selber war mehrmals in solchen Verlustspiralen gefangen und musste erst alles verlieren, um dann neu starten zu können.

Die Erfahrung, dass ich Verluste ertragen kann, dass ich der Angst standhalten kann, stärkte meine Persönlichkeit. Es ist, als ob man zum ersten Mal auf einem Drei-Meter-Brett steht. Man hat Angst, zu springen, will es aber, weil man sieht, dass alle anderen, die das machen, Spaß haben. Nach dem ersten zögerlichen Sprung, der natürlich Überwindung kostet, fällt einem jeder weitere Sprung leichter. Situationen durchzustehen, sich Situationen zu stellen stärkt unsere Tradingpersönlichkeit.

Anstatt also der Angst aus dem Weg zu gehen, sollten wir uns ihr stellen. Damit meine ich nicht, dass wir die Situation verharmlosen sollen. Nein, gerade beim Traden kann es sein, dass wir ein Ergebnis erzielen, das nicht unseren Wünschen entspricht! Was wir lernen müssen, ist, auch mit schlechten Ergebnissen zu leben.

Mein Spruch ist immer: Trading ist kein Wellness. Alles, was dazu dient, dass wir uns wohlfühlen, ist häufig der verzweifelte Versuch, uns nicht unseren Ängsten stellen zu müssen. Teilgewinnmitnahmen, zu enge Stopps, Verbilligen, zögerliche Einstiege ... die Liste der Sünden ist lang.

Verstehen Sie einfach: Manchmal tut es beim Traden richtig weh. Trotz Risk Management, trotz guter Strategie, trotz Erfahrung. Lernen Sie dies zu ertragen. Der erste Schritt ist Toleranz. Wenn Sie gelernt haben, es zu ertragen, werden Sie später lernen können, es zu akzeptieren!

Akzeptanz kann keine bewusste Entscheidung sein. Sie ist vielmehr das Ergebnis eines Lernprozesses durch Toleranz. Will ich Akzeptanz durch Entscheidung herbeiführen, ist diese häufig nicht echt. Vielmehr ist es der verzweifelte Versuch, die Phase des Duldens und Ertragens mit Verhandlungen überspringen zu wollen. Das kann nicht gelingen.

Akzeptanz kommt nicht von außen, nicht durch Ergebnisse oder Bedingungen. Akzeptanz ist in uns. Es ist eine Art Urvertrauen, dass, selbst wenn wir einen Wert verlieren, etwas Neues diese Lücke ausfüllen wird. Doch dieses Urvertrauen ist hinter Bergen von Wünschen und Ängsten versteckt. Erst wenn wir lernen, Wünsche loszulassen, uns Ängsten zu stellen und Dinge hinzunehmen, erfahren wir Zugang zu diesem Vertrauen.

Tipps zum Umgang mit Angst

▶ Traden Sie immer nur mit Geld, das Sie vollständig verlieren können.

▶ Stellen Sie sicher, dass die Menschen, die Ihnen wichtig sind, akzeptieren, was Sie machen – auch wenn Sie verlieren.

▶ Finden Sie heraus, welchen Wertverlust Sie fürchten (Verlust von Stolz, Anerkennung, Misserfolg etc.), stellen Sie sich dann den Worst Case vor und lernen Sie, damit umzugehen.

▶ Stellen Sie sich der Angst! Was will sie Ihnen sagen?

▶ Machen Sie Erfahrungen mit unerwünschten Ergebnissen und lernen Sie, sie zu ertragen, ohne sich davon ablenken zu lassen.

- Lernen Sie, loszulassen.

- Akzeptieren Sie, dass Sie Angst in sich tragen, und auch, dass Verluste – auch Wertverluste – immer nur Platz für etwas Neues machen.

4.2.2 Vertrauen

Vertrauen ist kein Produkt des Zufalls. Ob wir Vertrauen haben oder nicht, ist eher die Folge davon, ob wir uns entscheiden zu vertrauen. Somit ist Vertrauen eine Frage der Entscheidung. Um so eine Entscheidung zu fällen, müssen wir lernen, loszulassen. Wenn wir uns für das Vertrauen entscheiden, heißt das nicht, dass wir nicht enttäuscht werden können – aber die Zweifel hören auf. Der manische Versuch, jede Enttäuschung zu vermeiden, kann nicht zu Vertrauen führen. Es ist einfach notwendig, zu verstehen, dass es produktiver ist, zu vertrauen und ab und zu enttäuscht zu werden, als ständig zu zweifeln und so Gelegenheiten verstreichen zu lassen.

Wir fokussieren unsere Kräfte darauf, ein Ergebnis zu erreichen. Falls wir vertrauen, wird die Wahrscheinlichkeit steigen, dass wir das Ergebnis erreichen. Misstrauen, Zweifel und Angst hingegen lassen die Wahrscheinlichkeit sinken, dass wir an unser Ziel gelangen. Deshalb ist es so wichtig, auf ein Ziel oder Ergebnis zu vertrauen, auch oder gerade wenn wir uns nicht sicher sein können, dass wir dieses Ziel erreichen. Vertrauen erhöht in jedem Fall die Wahrscheinlichkeit, unsere Ziele zu erreichen!

Vielen Menschen und gerade Anfängern fehlt es an Vertrauen. Oft bekomme ich den Satz zu hören: »Birger, für dich ist es einfach, zu vertrauen, weil du ja schon Erfolg hattest. Aber wie soll ich, der ständig nur verliert, je Vertrauen erlangen?«

Natürlich kann Zuversicht und Vertrauen aus positiver Erfahrung wachsen. Doch die Gefahr ist groß, dass dieses Vertrauen abhängig von Resultaten ist. Bleiben die guten Ergebnisse aus, schwindet auch das Vertrauen.

Vertrauen erwächst aus dem Meistern schwieriger Situationen

Mein Vertrauen kommt nicht von meinen Gewinntrades. Mein Vertrauen entspringt aus meiner Erfahrung, dass ich auch schwierige Situationen überwinden konnte. Natürlich hat man ab und zu einen Drawdown. Doch gelingt es dem Trader mit Disziplin, Geduld und Geschick, diesen Drawdown zu überwinden, dann stellt sich auch Vertrauen für die Zukunft ein, dass man eine Situation meistern kann, egal wie schwierig es wird.

Dafür muss man noch nicht einmal gewinnen. Nach meinen ersten Totalverlusten an der Börse war ich natürlich geschockt. Ich hatte zu Beginn meiner Handelskarriere ein zwar verhältnismäßig sehr kleines Konto, aber für mich doch eine bedeutende Menge Geld an die Wand gefahren ... und das leider nicht zum ersten Mal. Während meiner Studentenzeit war ich mit einem kleinen Konto in Höhe von 10 000 DM gestartet. Dummerweise gehörte mir das Geld nicht, sondern ich hatte es mir geliehen – in dem falschen Selbstvertrauen, dass ich als Trader schon genug Gewinne machen würde, um das Darlehen zurückzuzahlen. Im Traum wäre mir nicht eingefallen, dass ich schon nach kurzer Zeit das gesamte Konto verlieren würde. Doch schon einige Wochen später war ich mit der Tatsache konfrontiert, dass von den ursprünglichen 10 000 DM nur noch 600 DM übrig geblieben waren.

Ich hatte alles verzockt! Natürlich löste das bei mir eine ganze Palette negativer Gefühle aus, die von Bestürzung über Wut bis hin zu Scham reichten. Das waren sicherlich keine guten Voraussetzungen, um Vertrauen aufzubauen. Kurzfristig stürzte mich diese Situation in eine Krise. Doch im Nachhinein weiß ich, wie wertvoll diese Erfahrung war. Denn ich realisierte, dass der Totalverlust zwar wehtat, aber mich nicht umbrachte. Mein Leben ging weiter. Ich atmete immer noch, mein Herz schlug weiter und außer etwas Stolz und Geld hatte ich nichts wirklich verloren.

Noch heute sage ich mir nach größeren Verlusten: Hey Birger, schau dich an. Alle Vitalfunktionen sind okay. Du atmest, dein Herz schlägt noch ... so schlimm kann es also gar nicht sein! Kopf hoch, das bringt dich nicht um! Und schon geht es mir besser.

Kein dauerhafter Erfolg ohne Beharrlichkeit

Die Fähigkeit, auch schwierige Situationen zu meistern, ist eine Grundvoraussetzung, um ein erfolgreicher Trader zu sein. In der Welt des Tradings gibt es eben nicht nur Sonne, sondern auch viel Regen. Wer nicht nass werden will, sollte sich einen anderen Job suchen. Beharrlichkeit bedeutet, Ziele zu verfehlen und Rückschläge einstecken zu können und es dennoch erneut zu versuchen! Vielleicht nicht immer auf die gleiche Art und Weise, vielleicht müssen wir noch etwas dazulernen, bevor wir eine Aufgabe meistern können. Aber kein dauerhafter Erfolg ohne Beharrlichkeit. Um Beharrlichkeit zu erlangen, müssen wir eine Widerstandfähigkeit aufbauen, um auch schwierige Situationen und Misserfolge überwinden zu können.

Damals zu meinen Startzeiten habe ich gelernt, dass, selbst wenn ich alles verliere, ich selber doch immer noch ICH bin. Und da ich mir mehrere Male aus dem Nichts heraus ein Tradingkonto aufgebaut habe, ist in mir ein Vertrauen gewachsen, dass, selbst wenn morgen mein ganzes Geld weg wäre (aus welchem Grund auch immer), ich in der Lage bin, von null mein Geschäft wieder zu starten. Dieses Vertrauen hilft im Umgang mit Verlustängsten aller Art. Der Markt oder die Regierung oder wer auch immer können Ihnen das Geld nehmen, aber niemals Ihre Fähigkeiten. Es gibt Dinge, die sind in Ihnen drin, die Sie nicht verlieren können. Wie Fahrradfahren oder die Muttersprache gibt es Sachen, die, einmal gelernt, immer zu Ihren Fähigkeiten gehören werden.

Vertrauen brauchen wir am dringendsten, wenn es nicht gut läuft. In dem Moment, in dem wir drohen zu scheitern, brauchen wir das meiste Vertrauen – dann, wenn wir verlieren. Denn wenn in solch kritischen Situationen auch noch das Vertrauen schwindet, haben wir fast eine Garantie dafür, weiter zu verlieren. Vertrauen, das nur erfolgsabhängig ist, birgt auch im Erfolgsfall eine Gefahr. Denn angefeuert durch eine Serie von Gewinnern verfällt der Trader in einen Zustand übersteigerten Selbstvertrauens. Dieses Zuviel an Vertrauen und Zutrauen schmilzt seine Gewinne noch schneller ein, als sie verdient wurden. Der Trader agiert leichtsinnig oder nimmt zu große Risiken in Kauf.

Wie können wir nun Vertrauen erlernen?

Vertrauen ist eine Frage der Entscheidung

Trennen Sie sich von der Überzeugung, dass Vertrauen bestätigt werden muss. Vertrauen braucht keinen Vertrauensbeweis. Wenn Sie bisher so dachten, dann verwechseln Sie Vertrauen mit Wissen. Ein Chef, der seine Mitarbeiter vollkommen kontrolliert, braucht ihnen nicht zu vertrauen, da er alles über sie weiß. Dagegen erfordert es Vertrauen, wenn wir nicht alles kontrollieren und einfach glauben, dass sich Mitarbeiter, Partner etc. richtig verhalten. Wenn ich einen Beweis brauche, signalisiere ich meinem Unterbewusstsein, dass ich aus irgendeinem Grund nicht vertrauen kann. Ich misstraue demnach eigentlich, solange dieser Beweis nicht da ist. Das führt zu Unsicherheit und genau diese Unsicherheit lässt mich dann zweifeln. Deshalb ist mein Ratschlag, auf Vertrauensbeweise zu verzichten.

Auf Vertrauensbeweise verzichten

Wer sich seiner Sache sicher sein kann, muss nicht vertrauen! Wenn ich einen Beweis für mein Vertrauen brauche, erhalte ich eigentlich nicht das, was ich will. Vertrauen ist ein Zustand, bei dem ich mich auf etwas verlassen kann – auch wenn ich im Moment keinen Beweis dafür habe, dass es da ist. Vertrauen ist eher eine Frage des Glaubens. Wenn es uns nicht gelingt, Vertrauen von Beweisen zu trennen, sind wir gezwungen, eine Beweiskette aufzubauen.

Beispiel:

Glaubst du, dass du einen Monat lang jeden Tag hintereinander gewinnen kannst?

Nein (Fehlendes Vertrauen)

Was müsste passieren, damit du das glaubst?

Ich müsste bereits 28 Tage hintereinander gewonnen haben.

Was müsste passieren, damit du 28 Tage hintereinander gewinnst?

Ich müsste 27 Tage hintereinander gewinnen.

usw.

Was müsste passieren, damit du glaubst, heute zu gewinnen?

Meine Eröffnungs- oder Trendfolge- oder xy-Strategie müsste funktionieren.

Wann funktioniert deine Strategie?

Wenn der Markt dieses xy-Verhalten aufweist.

Gewinnst du dann sicher?

Ja.

Wirklich?

Sofern ich mich an meine Tradingregeln halte.

Also muss der Markt diese Muster aufweisen und du musst dich an deine Tradingregeln halten. Was ist, wenn der Markt das Muster nicht aufweist?

Dann steige ich nicht ein.

Somit verlierst du auch nicht.

Ja.

Gewinnst du immer, wenn der Markt das Muster aufweist?

Nein, aber ...

Sie sehen, die Vertrauenskette kann man beliebig herunterbrechen. Die Gefahr ist, dass man »falsche«, d. h. nicht hilfreiche Beweisketten aufbaut.

Was musst du machen, um den Drawdown zu beenden?

Ich muss große Gewinne machen.

Das ist natürlich Unsinn, da wir auch mit einer Serie von normal großen Gewinnen den Drawdown beenden können. Hier hilft es, die Überzeugungen zu hinterfragen.

Also:

Was musst du machen, um zu gewinnen?

Ich muss häufiger gewinnen als verlieren.

Ist das wirklich richtig? Gibt es auch Möglichkeiten, zu verlieren, obwohl du häufiger gewinnst als verlierst?

Ja, wenn ich große Verluste mache. Also wenn ich z. B. achtmal 100 Euro gewinne und zweimal 1000 Euro verliere.

Also was musst du machen, um zu gewinnen?

Ich muss häufiger gewinnen, ohne dabei große Verluste zu machen.

Das kommt der Sache näher, ist aber sehr beliebig.

Okay, ich muss mit meinen Gewinntrades mehr Geld verdienen, als ich mit meinen Verlusttrades verliere.

Sehr gut, und wie machst du das?

Ich muss meine Verluste begrenzen.

Gut. Reicht das aus?

Nein, ich muss auch Gewinne erzielen.

Gut. Wie erzielst du Gewinne?

Ich muss Gewinne mitnehmen.

Erhöht das den Durchschnittsgewinn?

Nein.

Also präziser?

Ich muss Gewinne auf einem Level realisieren, bei dem meine Durchschnittsgewinne größer als meine Durchschnittsverluste sind.

Wie wir sehen, ist so eine Beweiskette sehr fragil. Nur ein einziger Punkt muss misslingen und schon bricht unser ganzer Glauben an das Ergebnis ein. Und das ist genau die Schwachstelle in diesen Beweisketten. Wir können einfach nicht erwarten, dass alles immer so läuft, wie wir es uns vorstellen. Wenn wir aber Vertrauen vom Ergebnis der einzelnen Beweisketten abhängig machen, werden wir kein Vertrauen erlangen können. Vertrauen ist eine Antwort auf die Frage: »Will ich vertrauen?«

Ich rede hier nicht vom blinden Vertrauen, ohne dass es dafür einen Grund gibt. Es reicht natürlich nicht für einen Anfänger, sich einfach für ein Vertrauen in seinen nicht erprobten Handelsstil zu entscheiden und dann das Beste zu hoffen.

Vertrauen heißt, alles tun zu können, was uns möglich ist

Vertrauen heißt nicht, dass wir alles erreichen können oder dass wir alles machen können. Natürlich kann ich nicht auf ein Haus steigen und im blinden Vertrauen, dass ich fliegen kann, vom Dach springen. Dennoch kann ich auf die Dinge vertrauen, die mir möglich sind oder sein sollten. Also dass ich das machen kann, was möglich ist. Ich kann auf ein Haus steigen und natürlich mit der richtigen Ausrüstung vom Dach segeln oder auf ein Sprungkissen springen.

Angstfrei sein und voller Vertrauen heißt nicht, das Gefühl zu haben, alles tun zu können, sondern alles tun zu können, was uns möglich ist.

Die Frage, was uns möglich ist, ist eine Frage, die wir an unser rationales Bewusstsein stellen können. Wir werden oder sollten, sofern wir nicht an Wahrnehmungsstörungen leiden, eine realistische Antwort bekommen. Denn darauf zu vertrauen, das zu erreichen, was uns möglich ist, sollten wir unserem Unterbewusstsein überlassen. Streuen wir hier mit unserem rationalen Denken Zweifel, vernichten wir das Vertrauen. Ich habe keine Probleme mit Zweifeln und finde es auch wichtig, Zweifel zuzulassen, um eine realistische Selbsteinschätzung zu erlangen. Um herauszufinden, welche Hausaufgaben noch erledigt werden müssen, bevor wir uns an eine Aufgabe heranwagen können. Aber sobald dieser vorbereitende Prozess abgeschlossen ist, dürfen wir keine Zweifel mehr haben. Einmal mehr gilt das Motto: »Conservative approach – aggressive execution.«

Wir nähern uns einer Sache in der Vorbereitung sehr vorsichtig, lassen Zweifel zu, um mögliche Schwachpunkte eines Planes herauszufinden und somit beseitigen zu können. Doch dann, wenn diese Phase erledigt ist, dürfen wir keine Zweifel mehr zulassen. Das ist die Zeit der Umsetzung und diese sollte voller Vertrauen und aggressiv erfolgen.

Vertrauen erarbeiten!

Wir können uns auch Vertrauen erarbeiten. Wieso fehlt es uns so oft an Vertrauen? Liegt es möglicherweise daran, dass wir uns gar nicht selber vertrauen können? Dazu eine kleine Geschichte:

Stellen Sie sich vor, Sie traden mit einem Freund zusammen in einem Büro. Sie haben ein ganz einfaches Handelssystem, dem Sie strikt folgen. In unserem Beispiel kaufen Sie einfach jedes Mal, wenn der Markt ein neues Tageshoch nach 9 Uhr macht, und halten die Position bis zum Tagesende. Ihr Tradingsystem lebt von einigen großen Gewinnertagen. Eines Tages haben Sie vormittags einen wichtigen Termin und können nicht im Büro sein. Deshalb bitten Sie Ihren Freund, Ihr System für Sie auf Ihrem Computer umzusetzen. Sie erklären ihm noch mal kurz die einfachen Regeln und verlassen dann das Büro. Am Ende des Tages kommen Sie zurück und sehen, dass der Markt quasi nach oben explodiert ist. Wie an der Schnur gezogen ist er seit dem 9-Uhr-Breakout gestiegen. Schon freuen Sie sich über den Gewinn, als Sie plötzlich sehen, dass Ihr Freund das Handelssignal nicht umgesetzt hat. Ein wenig bestürzt über diese Tatsache, konfrontieren Sie ihn und fragen, warum er nicht wie vereinbart gehandelt hat. Ihr Freund rechtfertigt sich damit, dass die Nachrichtenlage eine solche Bewegung nicht hatte erwarten lassen und er dem Kaufsignal nicht getraut hat. Er wollte keine Verluste für Sie produzieren und deshalb hat er darauf verzichtet, den Trade für Sie durchzuführen.

Sie sind zu Recht etwas verärgert, aber es ist Ihr Freund und Sie verzeihen ihm. Einige wenige Tage später müssen Sie erneut zu einem Termin und bitten ihn wiederum, diesmal sehr eindringlich, für Sie den Trade umzusetzen. Ihr Vertrauen in Ihren Freund hat zwar durch den ersten Patzer kleine Risse bekommen, aber noch denken Sie »Einmal ist keinmal«. Als Sie am Ende des Tages in das Büro kommen, müssen Sie leider erneut feststellen, dass Ihr Freund Ihr Handelssignal nicht umgesetzt hat. Wieder hatte er gute Gründe dafür, aber Tatsache ist: Erneut ist Ihnen ein Gewinn entgangen.

Wie ist es nun um das Vertrauen zu Ihrem Freund bestellt? Wahrscheinlich haben Sie das Vertrauen verloren und werden ihm auch in Zukunft nicht mehr vertrauen.

Und nun stellen wir uns vor, dieser Freund war erfunden. Wir selber sind derjenige, der die eigenen Handelsregeln nicht einhält. Können wir uns dann selber vertrauen? Wie bei unserem Freund schwindet unser Vertrauen, wenn wir uns nicht an unsere eigenen Regeln halten. Wenn wir also ständig oder ab und zu gegen unsere eigenen Regeln verstoßen, können wir nicht erwarten, dass wir uns selber noch vertrauen können. Genau das führt unbewusst dazu, dass wir kein Vertrauen entwickeln können. Vertrauen kann man erarbeiten. Wir können nicht auf ein Ergebnis vertrauen, da hier der Markt eine entscheidende Rolle spielt. Aber wir können lernen, uns selber zu vertrauen, dass wir uns an unsere Regeln halten, dass wir diszipliniert sind. Wenn wir diese einfachen Ziele nicht erreichen, können wir auch kein Vertrauen in uns erreichen. Wenn wir uns ständig selber belügen, ständig selber nicht unseren eigenen Regeln folgen, ist das Ergebnis eine unbewusste Unsicherheit. Eine Angst, die dazu führt, dass es uns in den entscheidenden Situationen an der notwendigen Entschlossenheit fehlt.

Lernen, sich selbst zu vertrauen

Haben Sie schon mal mit jemandem heftig über eine Sache diskutiert und mussten feststellen, dass alle Ihre guten und richtigen Argumente nicht überzeugen konnten, weil Ihr Gegenüber eine vollkommen andere Sichtweise der Dinge hatte? Entscheidend ist interessanterweise nämlich nicht, was objektiv wahr ist, sondern das, was wir glauben. Jeder von uns hat, wie in Kapitel 3.1 beschrieben, eine PERSÖNLICHE Realität. Es gibt nicht DIE Realität, weil alles, was passiert, von uns bewertet und somit verzerrt wird. Dieser Prozess ist natürlich, weil er in unserem Gehirn so angelegt ist.

Vielleicht fragen Sie sich, was an Verlusten nicht Realität ist. Schließlich kann ein Trader doch nicht einfach leugnen, dass er Verluste macht. Vielmehr muss er doch der Tatsache ins Auge sehen und jegliches Verdrängen führt ihn nur in eine weitere Katastrophe.

Eine Tatsache, unterschiedliche Bewertungen

Ich stimme da voll und ganz zu, muss aber betonen, dass die objektive Tatsache, dass einige Trades mit Verlust abgeschlossen werden, dennoch in unserem Gehirn unterschiedliche Bewertungen erfahren kann. Hier einige Beispiele:

1. Achtung Birger, du machst gerade ungewöhnlich viele oder hohe Verluste, das ist ein Zeichen, dass du besser aufpassen sollst.

2. Hey Birger, du bist so ein Verlierer. Ständig produzierst du nur noch Verluste.

3. Wow, das war eine teure, aber wichtige Lernerfahrung. Ich verliere Geld, wenn ...

4. ....

Je nachdem, wie ich die Verluste bewerte, baue ich Vertrauen auf oder ab.

Ich kann die Verluste als Warnsignal identifizieren. Damit schaffe ich ein Feedbacksystem in mir und Verluste werden als ein wichtiger Hinweis wahrgenommen!

Sehe ich mich als Verlierer (wie unter Punkt 2), führt das bestimmt nicht dazu, Selbstvertrauen zu generieren.

Betrachte ich hingegen die Verluste als eine wichtige, wenn auch teure Lektion (Punkt 3), helfen sie mir sogar, Vertrauen in mich zu gewinnen, da ich nun mein Wissen erweitert habe.

Entscheidend ist also, wie wir die Verluste in uns selbst spiegeln. In meinem ersten Buch habe ich diesem Thema ein ganzes Kapitel gewidmet. Die interne Repräsentation von externen Ereignissen hat einen wesentlichen Einfluss auf unseren Erfolg oder Misserfolg, weil sie unser Vertrauen untergraben oder aber stärken kann.

Entscheidend ist, wie wir Verluste spiegeln

Um mein Vertrauen zu stärken, muss ich also die externen Ereignisse identifizieren, die mein Vertrauen derzeit schwächen, und herausfinden, in welcher Form ich sie intern repräsentiere. Im nächsten Schritt ist es dann notwendig, eine geeignetere interne Repräsentation dafür zu finden. Diese Aufgabe ist nicht ganz so einfach, wie sie im ersten Moment aussieht, da unsere interne Repräsentation auf tiefen Überzeugungen im Hinblick auf uns selbst und unsere Umwelt beruht.

Ob wir vertrauen, ist also eine Frage der Entscheidung, ob wir vertrauen wollen. Ob wir die notwendigen Schritte und Konsequenzen tragen wollen, die mit dieser Entscheidung verbunden sind. Wir sollten erst gar nicht den Versuch unternehmen, Vertrauensbeweise zu sammeln.

Ein Verstand, der hinter Erklärungen her ist, ist ein unsicherer Verstand, er ist ängstlich und sucht aus lauter Angst für alles eine Erklärung.

Ein Verstand, der vertraut, hat den festen Glauben, zu gewinnen. Er vertraut nicht, weil er gewinnt, sondern gewinnt, weil er vertraut!

Das ist meine Überzeugung. Dennoch gibt es einige Tricks, die helfen, Vertrauen zu fördern.

Routinen fördern das Vertrauen

Routinen können helfen, Sicherheit in dem, was wir tun, zu erlangen! Routinen schaffen ein stabiles Umfeld. Die Botschaft ist eindeutig. Ich weiß, was ich tue, mein Umfeld ist überschaubar, ich fühle mich wohl. So suggerieren wir unserem Bewusstsein, dass alles unter Kontrolle ist. Dies weckt unbewusst Vertrauen. Somit helfen uns Routinen auch, uns besser zu fokussieren. Sie wirken wie ein Anker, denn sie rufen in uns jeden gewünschten Zustand herbei.

Wenn ich morgens in mein Büro komme, durchlaufe ich eine ganz bestimmte Routine. Ziel ist, alles, was mich sonst bewegt, hinter mir zu lassen und mich voll auf den Markt zu konzentrieren. Nahezu jede Handlung vor Markteröffnung verläuft gleich.

In der Notaufnahme, beim Starten und Landen von Flugzeugen, selbst im Nahkampf ... überall gibt es Routinen. Ziel der Routinen ist, uns in unserer Komfortzone bewegen zu können. Es geht bei Routinen nicht darum, Veränderungen herbeizuführen, sondern Sicherheit in dem zu schaffen, was wir tun. Ich habe für alles eine Routine. Ich benutze Einstiegsroutinen. Wie ein Pilot seine Checkliste vor jedem Flug durchgeht, habe ich für jeden Einstieg eine Routine. Ich habe Trademanagement-Routinen und auch Routinen für das Risikomanagement sowie für meine mentale Kontrolle und die periodische Supervision meiner Arbeit. Eine Vielzahl dieser Routinen wird in diesem Buch beschrieben.

Es gibt Routinen für mein Verhalten, für mein Fühlen und mein Denken.

Routinen und Rituale: Fokus auf den Prozess

Vertrauen heißt, unbeeindruckt von Ängsten und Hoffnungen zu reagieren. Ängste und Sorgen zu haben bedeutet, dass unsere Gedanken auf die Zukunft gerichtet sind. Nur Dinge, die bereits passiert sind, können keine Angst verursachen. Ein einfacher Trick, Vertrauen zu erlangen, ist deshalb, dass wir mit unseren Gedanken in der Gegenwart bleiben. Dass wir nicht auf mögliche Ergebnisse schielen, sondern einfach den Prozess des Tuns betrachten. Und genau das passiert bei einer Routine. Wir vollziehen Schritt für Schritt die uns gestellte Aufgabe und sind auf die ordnungsgemäße Durchführung dieser Tätigkeit konzentriert und nicht auf das Ergebnis. Routinen helfen also, das ergebnisorientierte Denken zu vermeiden und dafür die Konzentration auf den Prozess, die Gegenwart, zu lenken.

Den Routinen ähnlich, aber mit einer tieferen Symbolik verbunden sind Rituale. Auch hier werden Handlungen in immer derselben Reihenfolge durchgeführt. Das Ritual vermittelt Halt und Orientierung und fördert somit unser Vertrauen. Es ist für mich eine Routine mit dem Ziel, einen bestimmten Gefühlszustand zu erzeugen. Somit erweitern Rituale die Ziele von Routinen. Während Routinen eine gewisse Struktur in Entscheidungsprozesse bringen, ist das Ziel bei Ritualen, ganz gezielt Gefühlszustände zu erreichen.

Ein Ritual soll also eine geplante Reaktion hervorrufen. Dahinter steht ein einfacher Prozess, der im Neurolinguistischen Programmieren als »Anker setzen« bezeichnet wird oder auch in der Psychologie als klassische »Konditionierung«. Menschen sind in der Lage, bestimmte Handlungen mit ganz bestimmen Gefühlszuständen zu verbinden.

Ich setze mich zum Beispiel nicht morgens im Pyjama vor meinen Rechner, weil mir dann komplett das Bewusstsein fehlt, dass ich von meiner Erholungswelt in meine Arbeitswelt wechsle. Vielen Leuten ist das gar nicht bewusst. Sie meinen, nur weil sie von zu Hause aus traden, ist es egal, wie sie sich vor den Rechner setzen.

Haben Sie sich jemals gefragt, warum Indianer vor einer Jagd oder einer Schlacht verschiedene Rituale vollziehen? Sie bemalen ihre Gesichter, sie führen einen ganz bestimmten Tanz auf, je nachdem, ob ein Bär gejagt wird oder der Stamm in den Krieg zieht. Ziel dieser Rituale ist, den Krieger auf das Ereignis vorzubereiten, ihn in die richtige Stimmung zu bringen. In unserer rationalen Welt unterschätzen wir häufig die Kraft von Ritualen, seien sie bewusst – wie ein Kriegstanz – oder unbewusst – wie das Anziehen von Arbeitskleidung.

Trading ist ein großer Verteilungskampf. Ich behaupte nicht, dass man im Schlafanzug hinter seinem Rechner kein Geld verdienen kann, aber ich behaupte, dass jemand, der sich bewusst mit Ritualen vorbereitet, besser und fokussierter agiert als ein Trader, der halb verschlafen aus seinem Bett die 8-Uhr-Eröffnung handeln will.

Es gilt also herauszufinden, welche unbewussten Rituale wir bereits vollziehen, zu welchen Gefühlszuständen sie uns bringen und welche bewussten Rituale wir pflegen können, um unser Trading zu verbessern. Rituale werden unser Vertrauen steigern!

Loslassen und vergeben

Eine weitere Form, Vertrauen zu gewinnen, besteht darin, loszulassen und zu vergeben.

Mein Ich oder mein Selbst ist etwas, das sich behaupten will oder muss. Deshalb hat es Wünsche und Sehnsüchte, aber eben auch Sorgen und Ängste vor Verlust oder dass seine Wünsche nicht erfüllt werden. Der Mensch ohne Sorge hütet kein »Ich bin«. Er will nicht gleich bleiben. Deswegen kann er geschehen lassen, deshalb kann er gelassen sein. Die Dinge passieren lassen und sie spiegeln, ohne sie mit seinem Selbst zu verzerren. Das ist eine häufig unerkannte Freiheit. Das Ich ist nicht mehr starr, sondern flexibel, so flexibel, dass es nicht mehr als das Ich wahrgenommen oder erkennbar wird. Es verwandelt sich einfach mit dem Lauf der Dinge, und da es keine Angst hat, braucht es sich nicht zu sorgen.

Diesen Zustand meinen wir, wenn wir davon sprechen, dass wir »nicht mit unserem Ego« traden. Das Ego will, das Ego braucht Bestätigung, das Ego verharrt, das Ego ist starr und es beschützt uns. Das Ego hat viele gute Funktionen, aber es hilft uns nicht, wenn es darum geht, ohne Sorgen zu sein, gelassen zu agieren. Denn nichts fürchtet das Ego mehr als Veränderung, da es durch die Veränderung nicht mehr so existieren kann, wie es war.

Was passiert aber, wenn wir es uns erlauben, loszulassen? Die Dinge einfach geschehen zu lassen und schauen, was passiert? Nicht immer wird uns das Ergebnis gefallen, aber wenn wir das Vertrauen entwickeln, dass wir auch mit unerwünschten Ergebnissen umgehen können, dann werden wir sehen, dass das Ergebnis uns verändert und wir wiederum die Ergebnisse verändern. Und es kann sein, dass uns heute zwar ein Ergebnis nicht gefällt, wir aber morgen oder irgendwann später zurückblicken und die Wichtigkeit dieses Ergebnisses erkennen, weil es uns verändert hat und weil nur so Neues, Besseres und Größeres entstehen konnte.

Dieses Loslassen ist natürlich kein einfacher Prozess. Ich werde darauf zurückkommen, wenn wir über Drawdowns und deren Überwindung sprechen. Die Akzeptanz von allem, was passiert, erfordert eine starke Persönlichkeit. Denn es ist nicht ganz einfach, zwischen Gleichgültigkeit und Loslassen zu unterscheiden. Ein schwacher Charakter ist gleichgültig und versucht das, was ihm widerfährt, einfach zu verdrängen, er verhält sich passiv und hat eine masochistische Natur. Er erträgt im wahrsten Sinne des Wortes die Verluste, aber er hat kein Vertrauen, denn er erwartet nichts, weil er unbewusst auch glaubt, er habe nichts verdient!

Wer vertraut, kann loslassen und akzeptieren

Mir schwebt hier nicht der fatalistische Trader vor Augen, der das Schicksal, egal ob gut oder schlecht, erträgt. Vielmehr geht es um das, was im

Buddhistischen mit »Nicht-Anhaften« gemeint ist und was ich in meinem ersten Buch als »Zustand des Seins« beschrieben habe. Dieser Zustand des Seins unterscheidet sich massiv von dem des Habenwollens. Während wir im Zustand des Habenwollens auf Ergebnisse und Gewinne fixiert sind und unsere Befriedigung nur dann erfahren, wenn wir diese Ziele erreichen, können wir uns im Zustand des Seins auch selbst akzeptieren, wenn wir mal ein Ergebnis nicht erreichen, und uns trotzdem wohlfühlen. Wir klammern nicht daran, unbedingt den Gewinn unmittelbar zu erzielen, sondern akzeptieren, dass es einfach nicht die Zeit dafür war, zu gewinnen. Dass es Zeiten gibt, in denen uns, aus welchen Gründen auch immer, Gewinne nicht möglich sind. Dennoch haben wir das Vertrauen, dass sich Gewinne auch wieder einstellen werden und auch, dass wir es verdienen, zu gewinnen. Dies ist aber ein aktiver Prozess. Loslassen und Vergeben erfordern eine Änderung der Einstellung. Ich kann nur loslassen, wenn ich vorher für etwas eingetreten bin. Das unterscheidet den starken Charakter vom schwachen!

Loslassen hängt eng mit Akzeptanz zusammen. Nur wer akzeptiert, dass Ergebnisse auch zu unseren Ungunsten ausfallen können, gerät nicht in die Falle der absoluten Kontrollwut. Diese versucht, Ergebnisse zu erzwingen.

Verluste akzeptieren, ihre Größe kontrollieren

Typisch für Trader mit Kontrollzwang ist, dass sie nicht versuchen, die Größe der Verluste an sich zu kontrollieren, sondern dass sie mithilfe von Analysen, Filtern und Indikatoren versuchen, den Markt zu kontrollieren. Sie glauben, dass es mithilfe der richtigen Tools möglich ist, Verluste zu vermeiden, und wollen Fehlsignale in ihrem System so weit wie möglich ausschließen.

Dazu zeichnen sie zum Beispiel in ihrem Chart Linien ein in dem Glauben, dass der Markt sich an ihre Linien hält. Sie wollen dem »Monster« Markt sozusagen eine Leine anlegen, an der sie ihn führen können. Natürlich scheitert das früher oder später. Auf einem meiner Seminare fiel mal das Wort »Messie-Chart«. Damit sind Charts gemeint, die so vollgestopft mit Linien, Indikatoren und anderem sind, dass man vor lauter Müll gar nicht mehr erkennt, was Kursverlauf und was Indikator ist. Dieser verzweifelte Versuch der Kontrolle zeigt, dass diese Trader ihren Fokus noch nicht auf die Kontrolle der Verluste gelegt haben, sondern den Markt kontrollieren wollen.

Natürlich kann man auch nicht kontrollieren, zu verlieren, gerade darum geht es ja, wenn wir von Akzeptanz sprechen. Man muss Verluste akzeptieren, kann ihre Größe allerdings kontrollieren. Ein Trader, der das verstanden hat, macht einen guten Job!

Akzeptanz als Schlüssel zum Erfolg

Der Markt ist zu groß, um ihn manipulieren zu können. Stattdessen muss man sich unterordnen. Akzeptieren, was der Markt macht. Somit wird Akzeptanz von allem, was passiert, ein wesentlicher Schlüssel, um erfolgreich zu handeln. Statt zu versuchen, den Markt mit Indikatoren oder Linien in eine Form zu pressen, müssen wir einfach manchmal hinnehmen, dass er macht, was er will, und nicht, was uns irgendwelche Linien zeigen. Je schwerer uns das fällt, desto schwerer wird es mit dem Trading.

Aber auch Ergebnisse müssen wir lernen zu akzeptieren. Sie spiegeln nicht nur unsere Fähigkeiten wider, sondern auch häufig, welche Möglichkeiten uns zur Verfügung stehen. Als Trendfolger erlebe ich immer wieder ermüdende Phasen von Seitwärtsmärkten. Kein Trade kommt da richtig ins Laufen, mal gewinne ich, mal verliere ich, aber unter dem Strich kommt nichts Vernünftiges heraus. Da helfen auch über 20 Jahre Erfahrung nichts – wenn der Markt seitwärts ist, reduzieren sich die Möglichkeiten für einen Trendfolgeansatz. Je weniger Möglichkeiten ich habe, desto weniger kann ich verdienen. Somit muss ich bestimme Ergebnisse einfach akzeptieren, weil mehr nicht drin ist.

Natürlich kann man in solchen Phasen versuchen, auf andere Märkte auszuweichen. Aber die Gefahr ist groß, dass man ständig den Gelegenheiten hinterherläuft. Denn da, wo eben noch ein Trend war, ist vielleicht morgen schon ein Seitwärtsmarkt, und da, wo ich gestern noch im Seitwärtsmarkt war, kann heute schon wieder ein Trend sein. Ich halte nicht viel davon, auf zu vielen Hochzeiten zu tanzen. Ich bin ein Fan der Spezialisierung. Lauere in dem Markt, in dem du dich auskennst. Früher oder später gibt es genug Chancen.

Wer in einem solchen Seitwärtsmarkt nicht akzeptieren kann, dass da nichts zu holen ist, und stattdessen versucht, seine Monatsrechnungen aus dem Markt zu pressen, verzockt sein Geld mit Übertrading. Trading ist eine Kombination aus Erfahrung und Gelegenheit. Nicht immer trifft beides zusammen.

Vertrauen fördern durch Simulationen

Eine weitere Methode, Vertrauen zu gewinnen, sind Simulationen. Es gibt nur wenige Trader, die sich nicht von einer Serie von Verlusten verunsichern lassen. Ich kann mich noch gut erinnern, dass ich früher absolut verzweifelt war, wenn vier oder fünf Trades hintereinander nicht gewinnbringend waren. Das kratzt extrem am Ego. Und nichts ist frustrierender als eine Reihe von Verlusten.

Aber wie wahrscheinlich ist eigentlich so ein Ereignis? Ich stand einmal bei einem Livetrading auf der Bühne und antwortete auf eine Frage, dass erfolgreiche Trader gelernt haben, auch Verlustserien von zehn oder mehr Trades hintereinander zu verkraften, sowohl finanziell als auch mental. Sofort kam ein Einwand aus dem Publikum, dass erfolgreiche Trader wohl niemals so große Verlustserien produzieren würden, weil sie viel zu gut sind, als dass sie sich so oft Geld vom Markt abnehmen lassen.

Früher dachte ich auch so, bis mich eine Vorlesung in Statistik über Wahrscheinlichkeitsrechnung aufhorchen ließ.

Wahrscheinlichkeit von Verlustserien

Mein Professor malte an die Tafel einen Wahrscheinlichkeitsbaum. Jeder Ast ist ein mögliches Ergebnis.

Stellen wir uns dazu ein Ereignis vor, das zwei Ausprägungen haben kann, wie zum Beispiel ein Münzwurf oder aber ein Trade, der entweder mit zehn Punkten Gewinn oder mit zehn Punkten Verlust geschlossen wird. Bleiben wir beim Münzwurf. Die Wahrscheinlichkeit für Wappen beträgt 50 Prozent, für Zahl ebenfalls. Nach dem ersten Wurf haben wir nun zwei mögliche Ergebnisse. Entweder Gewinn oder Verlust. Wenn wir nun die Münze abermals werfen, beträgt die Wahrscheinlichkeit für Gewinn oder Verlust erneut 50 Prozent. Es ist also möglich, dass wir zweimal hintereinander verlieren. Wir merken uns also: Wenn ein unsicheres Ereignis einmal auftreten kann, so kann es, sofern es sich nicht selber ausschließt, auch mehrere Male hintereinander auftreten.

Ein Gewinn oder Verlust ist immer ein unsicheres Ereignis, ansonsten hätten wir eine Gelddruckmaschine und bräuchten weder Risiko noch Money-Management. Sobald die Wahrscheinlichkeit für das einzelne Ereignis bekannt ist, kann man auch mithilfe der Formel für bedingte Wahrscheinlichkeiten ausrechnen, wie wahrscheinlich eine Serie von mehreren Verlusten in Folge ist. Wem das zu mathematisch ist, der betrachte einfach nur den Wahrscheinlichkeitsbaum und merke sich, dass nur Verluste hintereinander möglich sind, wenn er dem gestrichelten Pfad folgt. Je länger die Verlustserie, desto unwahrscheinlicher ist diese. Dennoch gibt es eine Wahrscheinlichkeit. Die Wahrscheinlichkeit für vier Verluste in Folge beträgt z. B. 0,5 x 4 = 6,25 %. Das hört sich wenig an, heißt aber, dass unter 100 Versuchen eine Verlustserie von vier Verlusten in Folge sechsmal zu erwarten ist.

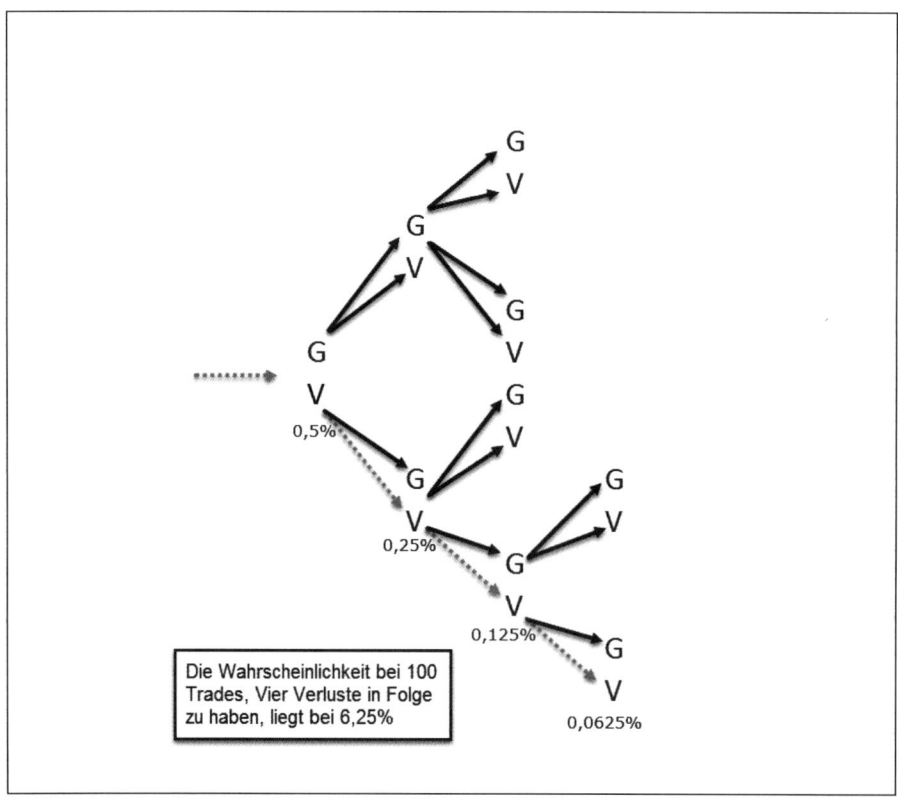

Abb. 4: Wahrscheinlichkeitsbaum

Hat der Trader, der diese Verlustserie erfahren muss, etwas falsch gemacht? Nein, er ist nur Opfer einer zufälligen Kette von Verlusten geworden. Solange er nicht aktiv eingreift und einen Trade einfach mit einem Minigewinn glattstellt, um diese Serie zu beenden, kann diese Verlustserie einfach durch die statistische Wahrscheinlichkeit bedingt sein. Greift der Trader aber ein und stellt einfach einen Minigewinn glatt, so hält er sich nicht mehr an sein Tradingsystem und läuft Gefahr, genau in diesem Moment einen größeren Gewinntrade aus dem Rennen genommen zu haben.

Mit sogenannten »Monte-Carlo-Simulationen« kann man sehr gut durchspielen, welche Verlustserien ein bestimmter Tradingstil mit sich bringt und wie lange und wie hoch typische Drawdowns sind. Wer mit Simulationen auf solche Szenarien vorbereitet ist, behält das Vertrauen in seinen Handelsstil! Er kann gelassen agieren, weil er weiß, dass das nur normale statistische Schwankungen sind. Solange die Schwankungen im Rahmen bleiben, muss er nicht am Erfolg zweifeln und sollte sein Handelssystem stringent beibehalten.

Monte-Carlo-Simulationen haben mir erheblich geholfen, als Trader auf Drawdowns vorbereitet zu sein. Wer weiß, was ihn erwartet, handelt gelassener. In diesem Buch haben wir nicht genug Raum für das Thema »Monte-Carlo-Simulationen« und können es nur am Rande behandeln. Wen es aber interessiert, der findet auf meiner Webseite www.tradac.de dazu weiterführende Programme!

Richtiges und falsches Vertrauen

Kann es auch so etwas geben wie falsches Vertrauen? Immer wieder begegnen mir Anfänger, die vom Traden leben wollen. Sie sind absolut überzeugt von dem, was sie tun, und starten mit blindem Vertrauen ihre Karriere als Trader. Natürlich ist absehbar, dass diese Menschen scheitern werden, obwohl sie vertrauen. Vertrauen ohne Fähigkeiten nützt nichts. Vertrauen ohne Reflexion kann gefährlich sein. Wenn ich hier von Vertrauen spreche und Trader ermutige, sich für Vertrauen zu entscheiden, dann tue ich dies nicht in der Überzeugung, dass Zweifel, Reflexion und kritische Auseinandersetzung nicht angebracht sind.

Natürlich ist es richtig, Zweifel zuzulassen. Aber nachdem man sich genügend mit ihnen beschäftigt hat, muss der Zeitpunkt kommen, an dem wir handeln. Und wenn wir uns zum Handeln entschlossen haben, sollten wir nicht mehr zweifeln. Wer zögert oder zaudert, verliert beim Trading. Zweifel sind etwas für ruhige Wochenenden, in denen wir uns auf unser Geschäft vorbereiten, aber in dem Moment der Tat, im Moment des Tradings, sind sie ein Gift, das jeden Erfolg killt!

Trader brauchen Feedback, um Kurskorrekturen durchzuführen. Und es ist wichtig, flexibel zu bleiben. Jemand, der vertraut, aber rigide ist, der in seinem Handeln starrsinnig und mechanisch agiert, der handelt naiv. Dieses naive Vertrauen ist das Vertrauen eines Dummkopfes.

Wer vertraut, muss kein Dummkopf sein, er darf auch kein Dummkopf sein. Wer clever ist, macht sich die Gedanken zur rechten Zeit, vertraut dann aber auch, dass er sich alle notwendigen Gedanken für sein Vorhaben gemacht hat, und handelt dann ohne Zweifel, ohne Sorgen und ohne Angst. Vertrauen ist ein Schlüssel zum Erfolg. Kein Erfolg ohne Vertrauen.

Zusammenfassung

Vertrauen ist unsere Waffe gegen Angst und Zweifel. Vertrauen in uns selbst und Vertrauen in unser Unternehmen, unser Tun und Handeln, unser Trading ist ein Schlüssel zum Erfolg. Vertrauen bedarf einer aktiven Entscheidung und ist keine Frage von Ergebnissen, denn das ergebnisabhängige Vertrauen macht uns zum Spielball externer Ereignisse. Wir können lernen, zu vertrauen, indem wir uns an unsere eigenen Regeln halten, auf den Prozess achten und nicht auf Ergebnisse schielen. Vertrauen ist keine Garantie für gute Ergebnisse, aber es macht sie wahrscheinlicher. Ein Trade voller Vertrauen wird mit einer höheren Wahrscheinlichkeit gelingen als ein Trade mit Angst und Zweifel. Wer kennt nicht diese jämmerlichen ängstlichen Trades, die wir nach ein paar Punkten Gewinn oder Verlust wieder glattstellen, nur um später festzustellen, dass der Markt zu unserem Kursziel rennt.

Wir können gute Voraussetzungen für Vertrauen schaffen, indem wir nach einer Strategie traden, die wir vorher simuliert haben, um so auf eventuelle Verlustphasen vorbereitet zu sein. Wir können mit Routinen und Ritualen eine Umgebung schaffen, in der wir uns sicherer fühlen, und wenn wir nicht zu sehr auf das Ergebnis aus sind, wenn wir gelernt haben, loszulassen, und auch Ergebnisse akzeptieren können, die nicht unseren Wünschen entsprechen, können wir voller Vertrauen befreit handeln.

Auch weil wir wissen, dass wir in der Lage sind, mit unerwünschten Ergebnissen zu leben, und darauf reagieren können. Wenn wir nicht auf ein Ergebnis angewiesen sind, lässt es sich entspannter handeln. Einfach Traden bedeutet, die Möglichkeiten, die der Markt bietet, zu nutzen, aber nicht zu versuchen, etwas zu erzwingen. Es bedeutet, Risiken zu akzeptieren und darauf zu vertrauen, dass unsere Fähigkeiten vielleicht nicht unmittelbar, aber in naher Zukunft die Ergebnisse produzieren, die unseren persönlichen Möglichkeiten entsprechen.

Naives Vertrauen hingegen erwartet, langfristig Ergebnisse zu erzielen, die über unseren Fähigkeiten liegen, oder aber Ergebnisse zu ignorieren, die zeigen, dass Veränderungen dringend notwendig sind.

Vertrauen Sie auf Ergebnisse und lassen Sie sich nicht verunsichern, wenn die Ergebnisse nicht unmittelbar eintreten. Überprüfen Sie aber regelmäßig, ob Veränderungen notwendig sind. Falls dies der Fall ist, haben Sie keine Angst, die Veränderungen durchzuführen. Vertrauen wächst in kleinen Schritten, setzen Sie deshalb Ihre Ziele nicht zu hoch, sondern unterteilen Sie in vielen kleinen Schritte, die sich nicht auf das Ergebnis fokussieren, sondern auf den Prozess.

4.2.3 Selbstvertrauen

Was auch immer beim Traden passiert, unser Gefühl wird entweder von Selbstvertrauen oder von Furcht dominiert.

Warum fällt es Tradern oft so schwer, Verluste zu realisieren, zu akzeptieren oder überhaupt erst ein Risiko auf sich zu nehmen? Weil diesen Tradern das Selbstvertrauen fehlt, die Verluste mit zukünftigen Trades kompensieren zu können. Lieber vermeiden sie den kurzfristigen Schmerz, einen Verlust hinzunehmen, anstatt zuversichtlich und geduldig auf eine bessere Gelegenheit zu warten. Schließlich besteht an den Märkten immer die Chance, dass aus einem Verlust doch noch ein Gewinn wird.

Vertrauen Sie nicht auf diese Chance, sondern lernen Sie, auf sich, Ihre Fähigkeiten und Ihre Strategie zu vertrauen. Gute Trader wissen, dass sie selbst eine Serie von Verlusten früher oder später durch andere Trades wiedergutmachen können.

Vertrauen und Furcht ist dasselbe Gefühl, nur in einer anderen Ausprägung. Übersteigertes Selbstvertrauen ist nichts anderes als große Furcht vor Versagen. Genauso wie übertriebene Furcht die vollkommene Abwesenheit von Vertrauen ist. Stellen Sie sich einen Kreis vor, auf der einen Seite Furcht, auf der anderen Vertrauen. Während des Tradens bewegen Sie sich immer auf dem Rand dieses Kreises, mal in Richtung Furcht, mal in Richtung Vertrauen. Gute Trader haben gelernt, diese Bewegungen zu kontrollieren, und pendeln nicht mehr auf diesem Kreis zwischen Furcht und Vertrauen, sondern haben einen stabilen Standpunkt auf der Seite des Vertrauens gefunden.

Wer Vertrauen hat, der fürchtet keine Verluste. Wer Verluste nicht fürchtet, ist bereit, Verlustpositionen schnell zu beenden. Wer aber zweifelt, dass er den momentanen Verlust mit zukünftigen Trades kompensieren kann, dem bleibt nur das Hoffen, dass der Markt es für ihn richtet. Dieser Mensch ist darauf angewiesen, dass andere ihm helfen. Trader müssen aber lernen, sich selbst zu helfen. Das heißt, sie agieren. Selbst zu handeln ist uns nur dann möglich, wenn wir Vertrauen haben.

Diese Lektion zu lernen ist ein Prozess, der Ihre Persönlichkeit ändern wird. Haben Sie keine Furcht davor. Selbstvertrauen lernt man nicht in einer Stunde. Es dauert, aber wer sich diesem Thema nicht stellt, wird es nie lernen.

Denken Sie immer daran: Ein Trader ist vor allem deshalb Trader, weil er bereit ist, ein Risiko einzugehen. Der Lohn dafür kann gewaltig sein.

Es ist keine große Erkenntnis, dass Trader Selbstvertrauen benötigen, um erfolgreich zu sein. Aber gerade deshalb wird häufig zu wenig darüber nachgedacht. Was bedeutet Selbstvertrauen? Nun, wie es das Wort schon sagt: Die Fähigkeit, sich selbst zu vertrauen. Und das fällt vielen Tradern schwer.

Können wir uns wirklich selbst vertrauen? Denken wir mal kurz darüber nach.

Wie oft haben Sie schon Dummheiten gemacht? Jede dieser Dummheiten ist ein Hieb für das Selbstvertrauen.

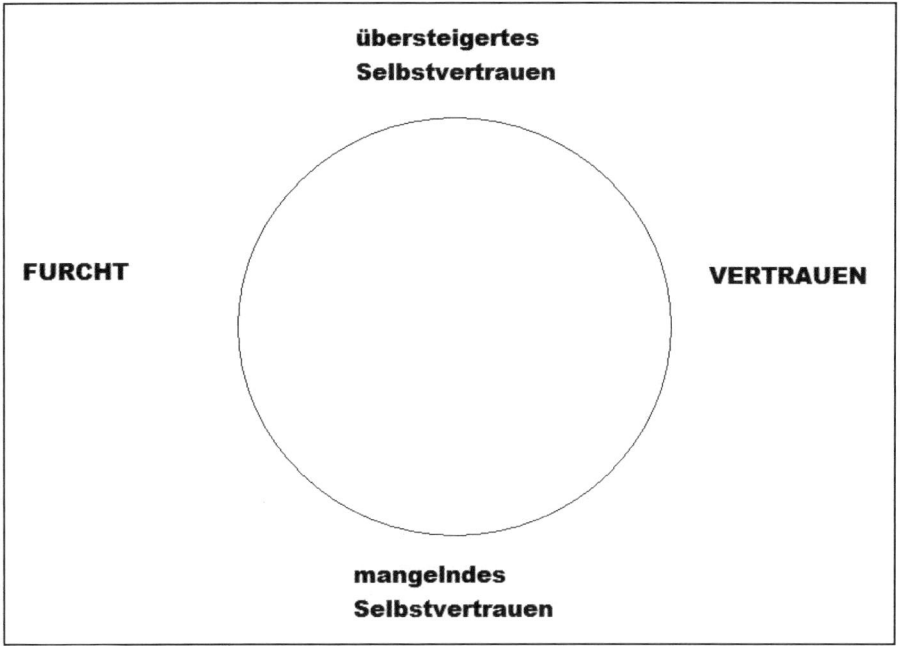

Abbildung 5: Furcht und Selbstvertrauen

Drei Varianten fehlenden Selbstvertrauens

Variante 1: Dem Trader fehlen die Fertigkeiten und Fähigkeiten. Dies ist ein typisches Anfängerproblem. Der Anfänger weiß, dass er noch nicht genug gelernt hat, um mit den Widrigkeiten der Börse fertigzuwerden. Diese Form mangelnden Selbstvertrauens kann man beheben, indem man viel übt, liest und lernt.

Variante 2: Der Trader kann sich selbst nicht trauen. Sein Handeln hat bereits einige emotionale Schäden angerichtet. Der Trader weiß, dass er schon mal undiszipliniert war, dass er seine Regeln gebrochen hat und dass er auch in Zukunft der Versuchung nicht widerstehen kann, gegen seinen Tradingplan zu handeln. Beispiele sind Traden ohne Stopp, Overtraden oder nicht befolgte Tradingsignale. Schlicht und einfach: Das Vertrauen fehlt. Wie bei jemandem, der uns schon mehrere Male betrogen hat, sind wir misstrauisch uns selbst gegenüber.

Variante 3: Wir verfügen über ausreichend Erfahrung, haben aber kein Vertrauen in unsere Fähigkeiten. Dieses Selbstvertrauen ist eher eine Frage des

Selbstwertgefühls. Unsere Wertschätzung uns selbst gegenüber ist nicht hoch genug. Wir glauben, ein Gewinn an der Börse stehe uns einfach nicht zu. Natürlich denken wir dies nicht bewusst, sondern unbewusst. Typisches Beispiel dafür sind Trader, die morgens gewinnen und nachmittags ihre Gewinne wieder verspielen. Oder Trader, die wochenlang diszipliniert handeln und dann alles mit ein, zwei Trades wieder verlieren.

Bitte beachten Sie den Unterschied zwischen der ersten und der dritten Variante. In der dritten Variante hat der Trader genug Erfahrung, kann sie aber nicht ins Spiel bringen, weil sein Selbstwertgefühl es nicht zulässt. In der ersten Variante fehlt die Erfahrung, es gibt also nichts, was er ins Spiel werfen kann.

Selbstvertrauen schafft Zutrauen

Wie kann ich zuversichtlich sein, wenn ich nicht weiß, wie meine Gewinn-Verlust-Bilanz am Ende des Tages aussieht? Wie kann ich zuversichtlich sein, wenn mein »year to date«-Profit/Loss negativ ist, und wie kann ich zuversichtlich sein, wenn ich immer wieder Niederlagen einstecken muss? Kann man Zutrauen nur erlernen, wenn man Erfolg hat?

Das sind harte Fragen, die Trader vor ein großes Problem stellen. Was war zuerst, der Erfolg, aus dem Zutrauen wuchs, oder kam der Erfolg, weil Zutrauen da war? Henne oder Ei, was war zuerst da? Und was ist, wenn wirklich Zutrauen nur aus Erfolg wächst? Würde das nicht bedeuten, dass der Zufall entscheidet, wer Zutrauen erlangen kann und wer nicht? Eine Horrorvorstellung für alle, die ein selbstbestimmtes Trading (Leben) anstreben.

Zutrauen beeinflusst die Leistung eines Traders erheblich. Viele Trader, die ich kenne, haben aufgehört, sich darüber Gedanken zu machen, woher das Zutrauen kommt, und hoffen einfach, dass dieses flüchtige Gefühl da ist, wenn sie es brauchen. Keine ganz schlechte Idee, da zu viele Gedanken über das Zutrauen automatisch Zweifel aufkommen lassen. Es ist schön, wenn wir nicht über das Zutrauen nachdenken müssen, aber leider kommt jeder Trader früher oder später an einen Punkt, an dem er dieses Problem angehen muss. Schafft er es, kann er Leistungen abrufen, die er bis dahin nicht für möglich gehalten oder nur erträumt hätte, schafft er es nicht, wird er zu den 95 Prozent der Trader gehören, die nach einigen Jahren harten Kampfes die Arena verlassen und das Abenteuer Trading beenden.

Wie gewinne ich Zutrauen?

Welche »Zutaten« braucht es nun, um Zutrauen zu schaffen?

1. Beharrlichkeit

   Es reicht nicht aus, Dinge erreichen zu wollen. Wer etwas wirklich will, muss konsequent sein. Das heißt: bereit sein, Hindernisse, die sich einem in den Weg stellen, mit allen Mitteln aus dem Weg zu räumen. Hier fällt mir der Spruch »Scheitern, nächster Versuch, scheiter besser!« ein. Professionelle Trader fürchten keine Rückschläge, weil sie wissen, dass ihr langfristiger Erfolg davon abhängig ist, wie sie mit zwischenzeitlichen Niederlagen umgehen. Zutrauen kann nur aus dramatischen Situationen entstehen. Nur wer es schafft, sich Schwierigkeiten zu stellen, und diese dann überwindet, kann echtes Zutrauen gewinnen. Allein die Beharrlichkeit ermöglicht es, Zutrauen aus Referenzerlebnissen zu gewinnen. Ich selber habe über sechs Jahre gebraucht, um erfolgreich zu traden. Sechs Jahre, in denen mein Konto mehre Male zu 100 Prozent ins Minus ging. Aber am Ende dieser sechs Jahre hatte ich gelernt, Verlustserien zu durchbrechen, dramatische Drawdowns ohne emotionalen Schaden zu überstehen und zuversichtlich den nächsten Trade anzugehen. Diese Beharrlichkeit ist unbedingte Voraussetzung, um dauerhaft erfolgreich zu werden. Erfolgreiche Trader sind zuversichtliche Trader.

2. Exakte Selbsteinschätzung

   Es ist ein fundamentales Gesetz, dass wir diejenigen Arbeiten am erfolgreichsten erledigen, bei denen wir unsere Fähigkeiten exakt einschätzen. Um dies leisten zu können, müssen wir uns selbst kennen. Wir können und sollen an die Grenzen unserer Fähigkeiten gehen, aber es wäre unvernünftig, dauerhaft über diese Grenzen zu gehen. Ein Testen dieser Grenzen ist sinnvoll und erstrebenswert, um die Fähigkeiten zu stärken und auszuweiten. Wer aber über seinen Fähigkeiten tradet, der wird zum einen ein hohes Stressniveau erleben, das ihm die Aufgabe erschwert, und zum anderen zu viele negative Feedbacks erhalten, die das Zutrauen schwächen.

3. Flexibilität

   Es bringt nichts, ein Hindernis 100 Mal auf die gleiche Art und Weise überwinden zu wollen. Wenn wir auf Schwierigkeiten stoßen, ist unsere

Kreativität gefragt. Wir müssen flexibel sein und uns der Situation anpassen. Probieren Sie neue Möglichkeiten aus und reagieren Sie unterschiedlich auf die Schwierigkeiten. Versuchen Sie herauszufinden, welches die beste Methode ist, um mit Hindernissen fertigzuwerden, die sich Ihnen entgegenstellen. Wenn Sie gelernt haben, flexibel auf Probleme zu reagieren, werden Ihnen neue unbekannte Widrigkeiten keine Probleme bereiten, weil Sie das Zutrauen erworben haben, Möglichkeiten zu finden, mit jedem Hindernis fertigzuwerden.

Wenn wir diese drei »Zutaten« – Beharrlichkeit, exakte Selbsteinschätzung und Flexibilität – mitbringen, sind wir in der Lage, Erfahrungen des Zutrauens zu machen. Und was ist, wenn wir versagen? »Unser größter Ruhm ist nicht, nie zu fallen, sondern jedes Mal wieder aufzustehen, wenn wir fallen« (Konfuzius).

Das Erreichen unserer Ziele ist immer ein Mix aus Erfolg und Versagen. Es ist eine Frage der Wahl, welche Erinnerungen wir pflegen. Auf dem Weg, ein erfolgreicher Trader zu werden, gibt es niemanden, der nicht auch Zeiten des Versagens erfahren hat. Erfolgreiche Trader erinnern sich aber an diese Phasen anders als Trader mit wenig Zuversicht. Erfolgreiche Trader entscheiden sich bewusst, sich die erfolgreichen Phasen ins Gedächtnis zu rufen, und die Phasen, die von Misserfolg und Versagen geprägt waren, als Vergangenheit und Lernphase einzuordnen.

Framing: Erfahrungen positiv deuten

Machen Sie es sich zur Gewohnheit, das Positive gegenüber dem Negativen zu bevorzugen. In der Psychologie nennt man das Framing. Das heißt den Dingen eine Bedeutung geben, die positiv ist. Erfolgreiche Menschen nutzen dies wie selbstverständlich. Wer Probleme damit hat, sollte dies unbedingt lernen.

Zur Klarstellung: Es ist unsere Entscheidung, wie wir eine Situation wahrnehmen und bewerten. Die Wahrnehmung ist ein Schlüssel zum Erfolg, wenn sie so gestaltet ist, dass wir uns aus jeder Gelegenheit einen Vorteil schaffen.

Erfolglose Trader neigen dazu, nach Gründen zu suchen, warum sie schlecht handeln. Erfolgreiche Trader fokussieren sich eher auf die Fähigkeiten, die sie gut beherrschen.

4.2.4 Geduld

Wie ich Geduld erlernte

Geduld zu lernen ist wesentliche Voraussetzung, um dauerhaft erfolgreich zu traden. Ich habe in meinem Leben immer wieder die Erfahrung gemacht, dass mir alle notwendigen Ressourcen zum Tradingerfolg – wie Kapital, Wissen, volatile Märkte – zur Verfügung standen, ja sogar, dass ich oft eine sehr gute Ahnung hatte, in welche Richtung der Markt sich entwickeln würde, und dennoch nicht erfolgreich handeln konnte. Woran lag dieses Unvermögen? Vor Markteröffnung sah ich einen Vorteil auf der Long-Seite, während des Tages stieg sogar der Markt, aber am Ende des Tages zeigte mein Profit/Loss-Statement mir ein dickes Minus. Ein detaillierter Blick auf meine Trades zeigte mir, dass ich viel gehandelt hatte, aber entweder zu früh drin oder zu früh draußen war.

Sie können sicher nachvollziehen, dass es ein sehr unbefriedigendes Gefühl ist, wenn Sie etwas hätten haben können, sich aber zu ungeschickt angestellt haben, um ihr Ziel zu erreichen. Woran lag das?

Geduld – eine wesentliche Zutat beim Traden

Nun, ich stellte fest, dass ich nicht wirklich alle Ressourcen hatte, das Ziel zu erreichen, sondern nur beinahe alle. Manchmal reicht es aus, dass nur eine Zutat fehlt, und das komplette Rezept geht daneben. So wie bei einem Kuchen, bei dem Sie das Backpulver vergessen oder einer Suppe ohne Salz. Bei der genauen Analyse dieser Tage stellte ich fest, dass die Zutat, die mir fehlte, Geduld war. Ich hatte eine Möglichkeit ausgemacht, hatte ein Ziel und wollte nun schnell dieses Ziel erreichen. Anstatt auf einen guten, möglicherweise perfekten Moment zu warten, habe ich mich einfach in den Kampf gestürzt.

Haben Sie je einer Katze bei der Jagd zugesehen? Ich hatte früher einen Hund, einen Foxterrier. Der hatte einen so starken Jagdinstinkt, dass er sich auf alles stürzte, was sich bewegte. Egal ob Wollknäuel, andere Haustiere, insbesondere unsere Katze, oder sogar Schafe. Sobald er etwas rennen sah, wetzte er hinterher. Auf alles, was in sein Beuteschema passte, stürzte er sofort los. Doch wenn er mit seinem Angriff die vermeintliche Beute nicht gerade zu Tode erschreckte, fing er gar nichts. Die Vögel flogen einfach hoch, die Katzen waren viel schneller als er und Kaninchen waren ruck, zuck in ihrem Bau verschwunden. So war mein Hund den ganzen Tag auf der Jagd, aber er fing nichts. Gut, dass er von uns etwas zu essen bekam.

Ganz anders unsere Katze. Wenn die auf Jagd war, suchte sie aufmerksam nach einer geeigneten Beute. Ein Vogel hoch im Baum war uninteressant, aber wehe, der arme Vogel hatte sich Äste oder Zweige in der Nähe des Bodens ausgesucht. Die Katze pirschte sich vorsichtig heran. Dann, wenn sie nah, aber nicht zu nah an ihrer Beute war, blieb sie still sitzen, immer den Vogel im Blick. Nun wartete sie auf den perfekten Moment. Ich kann Ihnen nicht genau sagen, wie dieser perfekte Moment aussieht, weil ich keine Katze bin, aber eines war sicher: Wenn dieser Moment kam, gab es keine Chance mehr für den kleinen Vogel. Die Katze sprang in Richtung Beute, ihre Pfoten schnellten hervor und der arme Vogel wurde von den Krallen zu Boden gerissen. Kurze Zeit später war er tot.

Manchmal sind wir als Trader wie mein Foxterrier. Wir haben einen unglaublichen Jagdinstinkt, uns fehlt aber die Geduld der Katze, um diesen Instinkt gewinnbringend einzusetzen.

Ich gebe zu, dass ich leider eher ein ungeduldiger Mensch bin. Warum? Weil ich Ziele, die ich mir gesetzt habe, schnell erreichen möchte. Dafür mache ich Kompromisse. Ich lege nicht so viel Wert auf Perfektion, ich vernachlässige andere Aufgaben, ich nehme billigend Probleme in Kauf, ich bereite mich häufig nicht genügend vor usw. All das nur, um meine Ziele schnell zu erreichen.

So ein Verhalten ist natürlich häufig nicht sinnvoll und Sie stellen sich zu Recht die Frage, ob es das wert ist. Wozu die Eile? Warum nicht ein Ziel nach dem anderen geduldig anstreben?

Zeit als Kriterium bei der Bewertung von Leistungen

Weil Zeit für mich ein Kriterium ist, Leistungen zu bewerten. Toll, wenn jemand beim Golf Handicap 0 hat. Aber nach 40 Jahren Spielen sehe ich das als selbstverständlich an (natürlich ist es das nicht unbedingt, aber ich möchte mit meiner subjektiven Denkweise das Problem hier erläutern). Sie haben eine Million Euro in 20 Jahren verdient. Gut, aber noch besser fände ich es, wenn Sie das in fünf Jahren geschafft hätten, genial, wenn Ihnen das in einem Monat oder einem Jahr gelungen wäre. Vielleicht verstehen Sie mich nun, wenn ich schreibe, dass Zeit ein wesentliches Kriterium für mich ist, eine Leistung zu bewerten. Ich will nur, dass Sie mich verstehen. Sie müssen mir nicht zustimmen, denn natürlich kann man Leistung mit anderen Kriterien messen.

Warum auch immer, Zeit ist für mich wichtig beim Bewerten von Leistung. Deshalb neige ich auch zur Ungeduld. (…Warum habe ich eigentlich so lange für dieses Buch gebraucht?☺)

Bin ich nun ein schlechter Trader, weil ich ungeduldig bin?

Ich finde, Ungeduld ist eigentlich kein schlechtes Gefühl, weil es uns antreibt, unsere Ziele zu erreichen. Die eindeutige Botschaft hinter Ungeduld ist, DU musst JETZT DRINGEND etwas unternehmen, um dein Ziel zu erreichen! So ein Signal aus unserem Unterbewusstsein ist an sich nicht falsch, nur oft vergessen wir dabei, dass zwar dringender Handlungsbedarf besteht, wenn wir unser Ziel zeitnah erreichen wollen, aber entweder die Möglichkeiten zur Handlung fehlen oder (noch) nicht bekannt sind oder aber der von uns anvisierte Zeitrahmen einfach nicht realistisch gewählt wurde. Und das kann beim Traden fatale Folgen haben. Deshalb begrenzen wir unser Potenzial erheblich, wenn wir als Trader ungeduldig sind. Ich musste also lernen, geduldiger zu werden. Aber wie geht das?

Folgen der Ungeduld

Um einen besseren Umgang mit unserer Ungeduld zu lernen, mag es hilfreich zu sein, das Gefühl zu verstehen. Das Problem bei diesem Gefühl liegt in seiner Natur, nämlich dass wir glauben, sofort handeln zu müssen, da die Zeit eng wird, unser Ziel zu erreichen. Wir geben unserem Ziel eine hohe Priorität, haben aber gleichzeitig nur einen sehr kleinen bzw. begrenzten Zeitrahmen, es zu erreichen. Ein Ziel sofort oder in einem begrenzten Zeitrahmen zu erreichen ist aber häufig nicht möglich, weil das Ziel zu groß ist, um es innerhalb einer gegebenen Zeitspanne zu verwirklichen.

Wenn wir ungeduldig sind, wollen wir nicht warten, bis ein Hindernis, das sich uns in den Weg stellt, verschwindet, sondern wir wollen unmittelbar zum Ziel. Ein solches Hindernis könnte zum Beispiel der Mangel an wirklich guten Chancen sein. Es könnte aber auch ein Mangel an Möglichkeiten oder Fähigkeiten sein.

Ich erinnere mich noch gut an eine Begebenheit aus den Anfängen meiner Traderkarriere. Ich hatte bereits ein Konto vernichtet, aber mithilfe meines Unternehmergeistes hatte ich mir durch die Organisation von Partys wieder Geld für ein kleines Tradingkonto verdient. Es muss so 1994 gewesen sein und ich konnte es kaum abwarten, mit dem Handel wieder zu beginnen. Somit ist es nicht verwunderlich, dass ich direkt meine Bank anwies, die ersten Trades durchzuführen, sobald das Geld auf meinem Tradingkonto gebucht war. Zu dieser Zeit betrieb ich noch nicht aktives Daytrading, sodass ein guter Trade sich eigentlich dadurch ausgezeichnet hätte, auf eine perfekte Gelegenheit zum Einstieg zu warten und dann zu kaufen. Stattdessen machte ich den Einstieg von dem Moment abhängig, in dem das Geld auf dem Konto zur Verfügung stand.

Sie haben es sicherlich selbst schon bemerkt, wie unwahrscheinlich es ist, dass dieser Moment gerade auch mit einer guten Einstiegschance einherging. Aber versetzen Sie sich in meine Lage. Ich war über das Stadium des Verlangens zu traden längst hinweg. Monatelang konnte ich wegen Geldmangel nicht handeln und nun endlich war dieses Problem gelöst. Ich WOLLTE nicht nur handeln, nein, ich MUSSTE, und zwar schnell. So als ob es nie wieder eine Gelegenheit zum Handeln gegeben hätte. Schließlich hatte ich ja Nachholbedarf, weil ich monatelang nur am Markt zuschauen konnte und natürlich immer nur Trades gesehen hatte, mit denen ich garantiert Geld verdient hätte.

Ich glaube, ich brauche nicht zu erwähnen, dass der Trade schiefging. Damit war natürlich das Problem meiner Ungeduld nicht gelöst. Vielmehr intensivierte sich das Gefühl, weil ich realisierte, dass der Weg zum Ziel nun noch weiter weg war. Somit war klar, dass der nächste Trade nicht lange auf sich warten ließ. Im Gegensatz zum ersten Trade schien sich dieser glücklicherweise zu einem Gewinner zu entwickeln. Erneut machte ich aber aufgrund meiner Ungeduld einen Fehler. Statt die Gewinne laufen zu lassen, wollte ich die Gewinne möglichst schnell sichern, um sie dann in einen vermeintlich noch besseren Trade stecken zu können. Ich realisierte einen Gewinn, der meinen Verlust aus dem ersten Trade gerade überstieg, sodass ein kleines Plus übrig blieb. Dies war der einzige Grund für meinen Ausstieg, denn der Markt lief stabil weiter in meine Richtung. Leider seit meiner Gewinnmitnahme ohne mich. Ich hätte mein Geld mühelos verdoppeln können, wenn ich nicht so ungeduldig aus dem Trade ausgestiegen wäre. Somit hatte mich meine Ungeduld zweimal Geld gekostet. Einmal weil ich unüberlegt und schnell einfach in den Markt gesprungen bin, danach, weil ich zu schnell aus einem Trade ausgestiegen bin.

Ungeduld, ein typisches Problem von Tradern

Das Problem der Ungeduld ist ein typisches Problem vieler Trader. Trader sind Entscheider, Menschen, die es gewohnt sind, zielorientiert zu handeln. Wenn sich dann wegen der Marktlage oder aber auch wegen schlechten Tradings die Fortschritte des Kontos in Grenzen halten, werden wir schnell ungeduldig. Wir wollen schneller unser Ziel erreichen. Das wiederum geht aber zulasten einer guten TRADESELEKTION. Typisches Merkmal ungeduldiger Trader ist eine hohe Tradefrequenz bzw. eine kurze durchschnittliche Verweildauer der Trades im Markt.

Ich weiß nicht, wie oft ich mich in einer Situation wiedergefunden habe, in der ich eine super Chance am Markt aus folgenden Gründen nicht mehr wahrnehmen konnte:

1. Das Konto war aufgrund von Verlusten mit schlechten Trades zu stark dezimiert.

2. Ich war mental aufgrund von zu vielen Trades (meist schlechten) blockiert.

Wenn es Ihnen genauso geht, wird es höchste Zeit, das Problem zu beheben. Ich entschloss mich jedenfalls, dass ich solch eine Situation nicht mehr erleben wollte. Es kostete mich zu viel Performance. Ich musste lernen, geduldig zu werden.

Wenn Sie eine unproduktive oder nicht angemessene Emotion verändern wollen, die zu einem unerwünschten Verhalten führt, dann müssen Sie sich vor allem erst einmal klar werden, welche Emotion genau die Reaktion ausgelöst hat.

Wie unterscheidet sich Ungeduld von dem Gefühl, etwas zu verpassen?

Ungeduld ist dem Gefühl, etwas zu verpassen, sehr ähnlich. Der wesentliche Unterschied liegt darin, dass wir bei Ungeduld den zeitlichen Aspekt als Kriterium verwenden – es geht uns nicht schnell genug –, während wir beim Gefühl des Verpassens den Fokus auf die Chance richten, die sich uns womöglich in dieser Form bald nicht mehr bieten wird. Wenn wir lernen wollen, mit Ungeduld umzugehen, müssen wir zuerst lernen, sie von dem Gefühl, etwas zu verpassen, zu unterscheiden. Denn das Gefühl des Verpassens lässt unsere Sinne sehr wach werden, damit wir eine potenzielle Chance ergreifen. Gekoppelt mit dem Gefühl der Ungeduld führen diese beiden Stimmungen den Trader direkt ins Desaster.

Prüfen Sie zuerst, ob es im Wesentlichen darum geht, kurzfristig Ihre Ziele zu erreichen, oder ob Sie Angst haben, eine wichtige Chance zu verpassen. Natürlich gibt es Situationen, in denen beide Kriterien erfüllt sind, was – wie gerade erwähnt – die negativen Implikationen dieser Gefühle noch wahrscheinlicher macht. In diesem Fall empfiehlt es sich, die Emotionen getrennt voneinander zu ändern.

Halten wir noch einmal fest: Ein wesentlicher Bestandteil des Gefühls »Ungeduld« ist der Fokus auf den Zeitrahmen.

Als ich meinen Weg als Trader begann, fehlte es mir natürlich an entsprechenden Fähigkeiten, gewinnbringend am Markt zu agieren. Ich hatte nur eine vage Vorstellung davon, welche Methoden notwendig waren, um profitabel zu handeln. Mein Ziel war klar und deutlich formuliert: Reich werden, Geld verdienen. Allerdings habe ich dieses Ziel mit dem kleinen Adjektiv »schnell« versehen. Ich wollte schnell reich werden, schnell Geld verdienen. Was heißt schnell, ich wollte sofort Geld verdienen. Ich wollte nicht warten. Gehen Sie sofort über Los und ziehen Sie 4000 DM ein. Genau diese Ereigniskarte hatte ich im Kopf, als ich die ersten Trades über meine Sparkasse platzierte.

»Sofort« ist selbstverständlich ein wirklich sehr kurzer Zeitrahmen. Somit ist klar, dass Ungeduld bereits programmiert war. Ich hatte mir gar keine Gedanken darüber gemacht, wie lange das Projekt »erfolgreich traden« wohl dauern könnte.

Es spricht überhaupt nichts dagegen, dass wir uns wünschen, unsere Ziele schnell zu erreichen. Ich würde dies sogar als ein sehr produktives Gefühl betrachten. Problematisch ist nur, dass wir dabei häufig natürliche oder selbst geschaffene Hindernisse nicht beachten wollen. Diese Hindernisse können mangelnde Fähigkeiten, zu wenig Zeit oder einfach fehlende Möglichkeiten in dem vorgegebenen Zeitraum sein. Wir sind so stark auf unser Ziel programmiert, dass wir übersehen, dass der Wunsch alleine nicht ausreicht, Hindernisse zu überwinden, sondern es auch Zeit braucht.

Wenn wir unsere Ungeduld besiegen wollen, müssen wir an dem Kriterium Zeit arbeiten. Dazu später mehr.

Wie aus Verlangen Ungeduld wird

Dass aus Verlangen (dem Wunsch ich möchte Geld verdienen) Ungeduld wird (ich will Geld verdienen), ist nur ein kleiner Schritt. Es ist nicht die Frage, wie intensiv das Gefühl ist, entscheidend ist vielmehr, dass ich beim Verlangen meinen Fokus eher auf das Ziel richte, während ich bei der Ungeduld realisiere, was mich vom Ziel trennt, bzw. sehe, wie weit ich noch vom Ziel entfernt bin. Diese kleine Verschiebung im Fokus macht aus Verlangen Ungeduld.

Die Probleme, die aus Ungeduld erwachsen, sind schwerwiegend.

1. Überstürztes, nicht überlegtes Handeln

2. Aktivität dort, wo sie nicht angebracht ist

3. Das Gefühl, die Kontrolle zu verlieren, da die Zeit verrinnt

Durch Ungeduld bewegen wir uns häufig noch weiter weg vom Ziel und geraten damit in einen Teufelskreis. Da unser Fokus ja auf die Diskrepanz zwischen dem Status quo und dem Ziel gerichtet ist, bedeutet jede Vergrößerung dieses Unterschiedes eine Verstärkung des Gefühls, ein Ansteigen der Intensität. Je ungeduldiger wir werden, desto stärker werden die Probleme, die aus unserem ungeduldigen Verhalten resultieren, und wir entfernen uns immer weiter weg vom Ziel. Die Intensität des Gefühls nimmt weiter zu. Gleichzeitig wird die Zeit, die uns bleibt, um das Ziel zu erreichen, immer kürzer.

So besiegen Sie Ihre Ungeduld

Wenn Sie sich aus einem ungeduldigen Zustand befreien wollen, konzentrieren Sie sich nicht auf die Zeit, die Ihnen noch vermeintlich verbleibt, um Ihr

Ziel zu erreichen. Machen Sie einen Schritt weg vom Gefühl der Ungeduld hin zum Zustand des Verlangens, indem Sie sich ausschließlich auf das Ziel konzentrieren und sich die Frage stellen: Was muss ich tun, um dieses Ziel zu erreichen?

Als sehr hilfreich habe ich es, immer wenn ich ungeduldig war, gefunden, mein Ziel in noch kleinere Teilschritte zu zerlegen (Chunkgrößen). Da wir nur dann ungeduldig werden, wenn wir unsere Aufmerksamkeit auf die Diskrepanz zwischen dem Erreichten und dem Ziel richten, können wir durch kleiner gewählte Einheiten das Gefühl der Ungeduld vermeiden.

Sinnvoll ist es, das Signal hinter der Ungeduld zu verstehen. Warum muss ich ein Ziel sehr schnell erreichen? Warum ist das für mich so wichtig? Stehen dahinter Zwänge materieller Natur oder entspringt der Zeitdruck nur meiner Vorstellungswelt?

Es gab Jahre, in denen musste ich 3000 bis 4000 Euro im Monat verdienen, um meine Rechnungen und Miete zahlen zu können. Anderenfalls hätte ich die Fixkosten nur von meinem Tradingkapital zahlen können, was natürlich für meinen Job verheerend gewesen wäre. Somit stand ich unter Druck, Performance zu machen. Dieser Leistungsdruck machte mir nichts aus. Immerhin geht es vielen selbstständig arbeitenden Menschen so, dass sie aus unsicheren Erlösen ihre Rechnungen bezahlen müssen. Das Problem war, dass

▶ ich wusste, dass ich etwas unternehmen musste, um mein Ziel (ich will die Rechnungen am Ende des Monats bezahlen) zu erreichen,

▶ ich diesem Ziel hohe Priorität einräumte (wenn ich meine Rechnungen nicht bezahle, hätte ich bald noch ganz andere Probleme),

▶ ich mich darauf konzentrierte, was ich noch nicht erreicht hatte und was zwischen mir und meinem Ziel steht (ein Augenmerk lag also auf der Diskrepanz zwischen Status quo und Ziel und den Dingen, die mich abhielten, mein Ziel zu erreichen),

▶ ich immer noch an das vollständige Ziel dachte (also an die Summe aller Rechnungen, die ich zu zahlen hatte),

- ich mir einbildete, dass ich schnell vorgehen musste (also keine anderen Lösungswege oder Alternativen in Betracht zog),

- es Hindernisse gab, mein Ziel zu erreichen (z. B. waren Verluste für mich ein Hindernis auf dem Weg zum Performanceziel, das ich nicht akzeptieren wollte),

- die Zeit, das Ziel zu erreichen, begrenzt war.

Unter diesen Voraussetzungen war es unvermeidlich, dass ich ungeduldig wurde.

Prioritäten checken

Bei Ungeduld stellt sich irgendetwas zwischen mich und mein Ziel. Nehmen wir als Beispiel eine Besorgung bei der Post, so ist das Hindernis die Warteschlange vor mir, der Schalter mein Ziel. Ich könnte sagen: Gut, ich komme ein anderes Mal wieder, wenn es nicht so voll ist; aber oft haben wir nicht die Gelegenheit, die Prioritäten zu ändern. Oft besteht aber doch die Möglichkeit, durch eine Anpassung des Ziels die Ungeduld verschwinden zu lassen. Als ich mit dem Traden anfing, war mein wichtigstes Ziel, schnell reich zu werden. Dieses Ziel habe ich auch nicht aufgegeben, aber ich habe gemerkt, dass es noch Ziele mit höheren Prioritäten gab – nämlich z. B. entsprechendes Know-how zu erwerben, um durch Trading reich zu werden. Dieses Ziel – Know-how – hatte ich vorher nicht berücksichtigt. Dadurch, dass es sich nun in meiner Prioritätenliste an die erste Stelle schob, verlor das Ziel »schnell reich werden« an Priorität. Somit konnte ich geduldiger werden.

Irgendwann hatte ich das Know-how-Problem dann überwunden und mein höchstes Ziel war wieder »reich werden«.

Wenn ein Ziel eine hohe Priorität hat, die wir nicht einfach verändern können, weil wir z. B. am Ende des Monats Rechnungen bezahlen müssen, oder nicht ändern wollen, weil es für uns sehr wichtig geworden ist, dann haben wir die Möglichkeit, die Struktur des Gefühls zu ändern.

Die Struktur des Gefühls ändern

Wie wir bereits wissen, hat jedes Gefühl eine Struktur, sozusagen Bausteine, aus denen es sich zusammensetzt. Je nachdem, welche Bausteine wir verwenden, kommt ein anderes Gefühl dabei heraus. Da Verlangen und Ungeduld in ihrer Struktur sehr ähnliche Gefühle sind, können wir durch das Ändern der Bausteine das ganze Gefühl in ein anderes überführen. Schauen wir uns mal an, worin sich Verlangen und Ungeduld unterscheiden und welche Bausteine gleich sind. (Siehe Kasten: Gegenüberstellung Ungeduld und Verlangen)

Wie wir erkennen, ist vor allem die Modalität, der Glaube an die Notwendigkeit, ein wesentlicher Unterschied, ob ich etwas verlange oder ungeduldig bin. Während beim Verlangen der Wunsch (ich möchte) im Vordergrund steht, dominiert bei Ungeduld der Zwang (ich muss).

Weiterhin gibt es einen wesentlichen Unterschied im Fokus: Wenn ich ungeduldig bin, konzentriere ich mich auf die Lücke, die mich von meinem Ziel trennt, während ich mich beim Verlangen vollständig auf mein Ziel konzentriere!

Fassen wir noch einmal zusammen. Ungeduld hat ihre Motive. Es gibt verschiedene Gründe, ungeduldig zu sein.

Sie können ungeduldig sein, weil

- Zeit für Sie ein wichtiges Kriterium ist, um Leistungen zu bewerten,
- Sie gierig sind und möglichst viel in kurzer Zeit erreichen wollen,
- Ihnen nur ein begrenzter Zeitrahmen zur Verfügung steht,
- Sie keine realistischen Einschätzungen über die Dauer des Prozesses zur Erreichung Ihres Ziels haben,
- Sie sich mit anderen vergleichen, die dieses Ziel bereits erreicht haben,
- Ihnen das Vertrauen fehlt, innerhalb eines Zeitraums Ihr Ziel zu erreichen.

Ungeduld

Modalität (Glaube an die Notwendigkeit, Möglichkeit, Erwünschtheit): »Ich will mein Ziel erreichen.«

»**Ich muss** (Druck) etwas unternehmen, um das wichtige Ziel zu erreichen« (Notwendigkeit).

Tempo: sehr schnell, ungleichmäßig, unruhig

Fokus-Vergleich: potenzieller Fortschritt zum Ziel und tatsächlicher Fortschritt (Nichtübereinstimmung) sowie Zeit, die schon verstrichen ist, um das Ziel zu erreichen, mit der Zeit, die dafür noch bleibt.

Kriterium (Maßstäbe): Zeit, die mir noch verbleibt!

Intensität: stark

Beteiligung: aktiv – »Ich will mein Ziel **jetzt** erreichen.«

Zeitrahmen: jetzt

Chunkgröße: groß

Verlangen

Modalität (Glaube an die Notwendigkeit, Möglichkeit, Erwünschtheit): »Ich möchte (Wunsch) mein Ziel erreichen.«

Tempo: sehr schnell, ungleichmäßig, unruhig

Fokus-Vergleich: Wie viel habe ich schon erreicht?

Kriterium (Maßstäbe): ob ich das Ziele erreiche

Intensität: stark

Beteiligung: nicht entscheidend, kann aktiv oder passiv sein

Zeitrahmen: jetzt

Chunkgröße: groß

Manchmal können wir die Gründe beseitigen, um geduldiger zu werden. Meistens aber müssen wir unseren Fokus ändern, unser Denken. Wir haben folgende Möglichkeiten, geduldiger zu werden, wobei diese Auflistung keinen Anspruch auf Vollständigkeit erhebt:

▶ Ungeduld in Verlangen wandeln (Änderung der Struktur des Gefühls)

▶ Zeit einplanen, Hindernisse zu überwinden oder zu beseitigen (auch für noch nicht bekannte Hindernisse)

▶ herausfinden, ob es Grund für einen Zeitdruck gibt

- einen realistischen Zeitrahmen wählen (notfalls den Zeitrahmen erweitern)

- Ziele in Zwischenziele zerlegen (wenn wirklich nur Ungeduld im Spiel ist)

- Prioritäten überprüfen (möglicherweise besteht Spielraum, die Vorrangigkeit des Ziels zu ändern)

Wie wir erkennen können, gibt es im Umgang mit Gefühlen immer mehrere Alternativen. Nicht immer funktioniert jede Herangehensweise. Dann ist es der Job des Traders, neue Wege und Möglichkeiten zu finden. Nicht empfehlenswert ist es, sich seinen Gefühlen tatenlos auszuliefern. Wenn wir Marionetten unserer Gefühle sind, können wir keine erfolgreichen Trader werden. Das bedeutet nicht, dass wir keine Gefühle spüren sollen, sondern dass wir uns aktiv mit ihnen auseinandersetzen und Mittel und Wege finden, sie für unsere Ziele arbeiten zu lassen.

4.2.5 Frustration

Zuerst einmal: Was sind Frustrationen? Frustration ist ein Zustand oder eine Stimmung. Wenn wir etwas nicht bewältigen oder nicht bekommen, was wir wollen, stellt sich der Zustand der Frustration ein. Das können nicht erfüllte Wünsche oder Ziele sein, aber auch verpasste Chancen.

Somit sind Frustrationen ein ganz klares Indiz, dass sich der Trader im Zustand des »Habenwollens« befindet. Dieser Zustand ist extrem geprägt von der Polarität Haben und Nichthaben und führt in jedem Fall zu einer emotionalen Achterbahnfahrt. Die Stimmung des Traders ist vollkommen abhängig von Ergebnissen. Stellen sich die Ergebnisse nicht ein, sind wir frustriert, und nur wenn wir sie tatsächlich erreichen, besteht die Chance auf Glück und Zufriedenheit.

Traden ist Verhaltenskontrolle

Leider können wir unsere Ergebnisse nicht vollständig kontrollieren, da es eine wesentliche Komponente im Trading gibt, die sich Risiko nennt. Deshalb sollten wir uns darauf konzentrieren, den Prozess des Tradens zu kontrollieren. Traden ist Verhaltenskontrolle. Die Ergebnisse kommen von alleine, gute wie schlechte, es hängt von Ihrem Verhalten ab.

Je ungeduldiger ein Trader ist, desto leichter werden sich Frustrationen einstellen, da ihm immer wieder klar wird, dass er selbst gesteckte Ziele nicht in dem von ihm gewünschten Zeitrahmen erreicht hat. Deshalb ist Geduld eine wesentliche Voraussetzung, um sich nicht schnell frustrieren zu lassen.

Prozessziele statt Ergebnisziele

Ein Trader ist gut beraten, wenn er sich »Prozessziele« anstelle von »Ergebniszielen« setzt. Prozessziele sind auch deshalb sehr hilfreich, weil wir Ergebnisse als Feedback und nicht als endgültiges Resultat interpretieren können.

Beim Golf gibt es ein Handicap, eine Zahl, die die Spielstärke des Golfers angibt. Wenn der Golfer eine Runde spielt, die besser als sein Handicap ist, erhält er ein positives Feedback und sein Handicap verbessert sich. Genauso verhält es sich im negativen Fall, wenn der Golfer sein bereits erreichtes Handicap nicht mehr spielen kann. Ein Golfer weiß somit nach jeder Runde, auf welchem Niveau er sich gerade befindet.

Ein solch klares Feedback bekommt auch der Trader vom Markt. Sein Profit/Loss ist immer ein Feedback. Wir können einen negativen P/L als Indiz dafür deuten, dass wir ein selbst gestecktes Ziel nicht erreicht haben (was unweigerlich zu Frustrationen führt), oder aber als Zeichen dafür, dass wir derzeit noch nicht die Stärke haben, dieses Ergebnis kontinuierlich zu erzielen. Das wäre dann ein Hinweis darauf, dass wir den Prozess des Tradens noch weiter abwandeln müssen. Sie werden eine Menge Frustrationen abbauen, wenn Sie ehrlich zu sich selbst sind und gegenwärtige Grenzen zur Kenntnis nehmen. Sie haben eine Grenze erreicht, na und? Es ist Ihre Entscheidung, wie Sie damit umgehen – ob Sie sich frustrieren lassen und diese Grenze akzeptieren oder ob Sie bereit sind, an sich und Ihrem Trading zu arbeiten, um diese Grenze zu überwinden.

Erreichbare (realistische) Ziele setzen

Ich hasse es, meine Ziele zu ändern oder kleiner zu machen, weil ich überzeugt bin, sie erreichen zu können. Doch manchmal ist eben einfach noch nicht die Zeit für diese Ziele gekommen. Es hilft dann nicht, härter und härter zu kämpfen, um das gewünschte Ergebnis doch noch zu erreichen, sondern loszulassen – die Ziele kleiner zu machen, erreichbarer und somit das Gefühl der Frustration zu umgehen. Sobald es mir gelingt, die neuen Ziele zu erreichen, kann ich meinen Anspruch wieder vergrößern. Genauso wie ich sie verkleinere, kann ich im richtigen Moment meine Ziele vergrößern. Deshalb gibt es Zeiten, zu denen ich meine Erwartungen deutlich reduziere, kleinere Schritte gehe, weil ich noch nicht so weit bin oder im Moment nicht so weit bin, die großen Schritte zu gehen. Es ist nichts Falsches dabei, zu bestimmten Zeitpunkten weniger erreichen zu wollen. Ich bleibe trotzdem (oder gerade deshalb) ein guter Trader.

Ich erinnere mich an eine Zeit, als der Markt sehr starke Bewegungen machte. Es war der Spätsommer 2007 und die europäischen Märkte hatten bereits ihre Highs – möglicherweise für das Jahrzehnt, so dachte ich damals – erreicht. Da ich es liebe, Trends zu traden, kamen mir die großen Bewegungen gerade recht. Sie bedeuteten eine fantastische Möglichkeit, große Gewinne zu realisieren. Leider kam ich mit der Bewegung nicht so gut zurecht, wie ich es mir vorstellte. Meine Gewinner wurden häufig break-even oder nur mit kleinem Gewinn ausgestoppt, die Verlierer erreichten aufgrund der schnellen Bewegungen im Dax oft umgehend den Initial Stop, sodass mir keine Gelegenheit blieb, die Position zu verkleinern.

Ich wurde zuerst nervös und ungeduldig, ein Gefühl, das ich aus der Anfangszeit meines Tradens nur zu gut kannte. Normalerweise stoppe ich dann sofort das Traden, weil ich in diesem Zustand den Rhythmus des Marktes nicht finde. Aber die großen Bewegungen waren zu verlockend und mein Ziel war, ein paar von diesen Monsterausschlägen zu erwischen. Mit nur einem Trade hätte ich schnell einen Monatsverdienst reinholen können.

So blieb ich weiter aktiv im Markt und verlor konstant. Die Gewinne der Vormonate wurden geradezu weggesägt. Rein, raus, long, short, doch niemals konnte ich die große Bewegung erwischen.

Ich sprang in Bewegungen rein, wenn sie gerade im Extrem waren und ein Rücklauf sehr wahrschlich war, weil ich nichts verpassen wollte. Sobald ich drin war, stoppte mich der Rücklauf aus, nur um Sekunden später wieder in Richtung meiner Position zu drehen.

Je öfter ich rausflog, umso größer wurde der Druck in meiner Brust. Ich saß verspannt vor dem Computer, konnte mich nicht mehr richtig fokussieren, geschweige denn konzentrieren, und sobald ich das Traden stoppte, weil der Markt geschlossen war oder weil ich eine Handelspause einlegte, spürte ich tief in mir das Gefühl der Frustration. Selbst die Fähigkeit, meine Verluste klein zu halten, konnte mir nicht das Gefühl nehmen, vollkommen meine Ziele verfehlt zu haben. Zu gerne hätte ich das Handeln gestoppt. Mir war auch auf der rationalen Ebene bewusst, dass dies die einzig richtige Entscheidung war, aber sobald ich aufhörte zu handeln, übermannte mich das Gefühl der Frustration. Ich handelte also weiter, um dieses miese Gefühl zu vermeiden.

Innerlich sagte ich zu mir: »Birger, wenn du jetzt nicht handelst, lässt du riesige Chancen liegen, möglicherweise kannst du dir das nicht leisten. Du handelst seit Jahren erfolgreich, also solltest du einfach dranbleiben. Früher oder später wirst du ihn (den Trade) erwischen.«

Ich handelte weiter und es änderte sich nichts. Es war wie verteufelt, als ob alles, was mich einmal als Trader ausgemacht hatte, plötzlich verschwunden war. Ohne konsequentes Risk Management hätte ich zu diesem Zeitpunkt das Konto leergetradet. Dafür war ich dann aber doch Profi genug, wenngleich der Rest meines Verhaltens wie das eines absoluten Anfängers war. Die Verluste ließen mich einfach nicht los. So ging es ungefähr zwei Wochen lang, ohne dass ich mich wirklich beruhigte.

Inflection Point: Weichenpunkt

Als ich dann auch noch wegen eines Handelsfehlers eine Position nicht richtig glattstellte und so einen fünfstelligen Tagesverlust erlitt, realisierte ich endlich, dass ich an einem Inflection Point (Weichenpunkt) angekommen war. Entweder ich vertraute auf das Glück, dass der Markt mir ein paar große Gewinne schenken würde, oder ich musste meine Einstellung ändern.

Auch wenn es einfacher klingt: Die zweite Alternative ist die deutlich schwerere. Ich verabschiedete mich von meinen Zielen, eine große Bewegung mitzunehmen. Vielmehr konzentrierte ich mich darauf, ruhig zu bleiben, kleine Risiken zu nehmen, wenig zu traden und somit einfach ein bisschen Geld in all dem Chaos zu machen.

Whoom! Der ganze Druck verschwand wie Luft aus einem Ballon, in den man ein Loch sticht. Was soll es, soll der Markt sich doch 300 Punkte am Tag bewegen. Mein Ziel ist nicht mehr, möglichst viel Geld mitzunehmen, sondern wieder Tritt zu fassen, mich emotional zu stabilisieren und, wenn alles gut läuft, möglicherweise dabei auch noch ein paar Euro zu verdienen.

Wie das geht? Ich begann, mich wieder auf den Prozess des Tradens zu konzentrieren und nicht mehr auf das Ergebnis. Ich machte meine Positionen lächerlich klein und startete mit fünf Bund Futures und einem Dax-Wert. Ich limitierte mich vorläufig auf vier Transaktionen am Tag. Das sollte sicherstellen, dass ich nicht übertradete. Da ich nichts mehr verpassen konnte, weil mein Ziel nicht mehr war, eine große Bewegung zu erwischen, und weil ich auf vier Transaktionen limitiert war, wurde der Handel ruhiger. Somit gelang es mir, mich leichter zu fokussieren. Ich entschied mich, nur Situationen mit einem Chance-Risiko-Verhältnis von 3 : 1 oder besser zu traden.

Die Kontrolle zurückgewinnen

Das Gefühl der Frustration verschwand, obwohl sich in meinem P/L nichts geändert hatte. Aber ich hatte die Kontrolle zurückgewonnen und nach einigen Tagen kehrte mein Selbstvertrauen ebenfalls zurück. Nach einigen weiteren Handelstagen fühlte ich mich plötzlich wieder vollkommen sicher und begann, sukzessiv die Positionsgröße zu erhöhen. Dann kam sie plötzlich – die Gelegenheit, bei der ich bereits mit meiner Anfangsposition im Gewinn war, der Stopp auf Break-Even und der Markt brach durch eine wichtige Unterstützung. Ich verdoppelte die Position und der Markt kam weiter ins Rutschen. An nur einem Tag gelang es mir plötzlich, alle Verluste der vergangenen vier Wochen mit nur einem pyramidisierten Trade reinzuholen.

Sie scheitern nicht persönlich, nur fachlich

Frustrationen führen häufig dazu, dass wir uns selbst infrage stellen. Dies ist ein wesentlicher Punkt, denn er wirkt sich direkt auf unser Selbstbewusstsein aus. Mit einem geringen Selbstwertgefühl handelt es sich nicht gut. Vielmehr ist ein geringes Selbstwertgefühl eine Garantie dafür, am Markt zu verlieren. Es fällt uns schwer, zwischen dem, was wir machen, und dem, was wir sind, eine Grenze zu ziehen. Somit sehen wir uns bewusst oder unbewusst als

Verlierer, wenn wir Verluste machen. Diese Grenze lässt sich nicht einfach aufheben, wenn wir uns bewusst machen, dass unser Scheitern nur fachlich und nicht persönlich ist. Wir haben uns häufig zu stark mit unserer Tätigkeit als Trader identifiziert, als dass wir diese Grenze mit ein paar Gedankentricks aufheben könnten. Mir gelingt das jedenfalls nicht.

Erfolgserlebnisse außerhalb des Tradings helfen, Frustration abzubauen

Ich habe eine andere Strategie, die sehr gut funktioniert. Ich konzentriere mich auf Dinge, die ich außerhalb meines Tradings gut kann und mag. Schaffen Sie sich Erfolgserlebnisse außerhalb des Tradings. Jeder Mensch kann irgendetwas gut. Konzentrieren Sie sich darauf. Das hilft, Frustrationen abzubauen, und stärkt Ihr Selbstwertgefühl.

Beschäftigen Sie sich nur mit den Sachen, die Ihnen Freude bereiten und die Sie gut können. Gewinnen Sie aus dieser Beschäftigung Energie und Selbstvertrauen.

Vergleichen Sie sich nicht mit anderen, nur mit sich selbst

Wie kann es sein, dass ich in dieser Phase Geld verliere, wenn alle um mich herum Geld verdienen? Ein schrecklicher Gedanke, oder? Diese Vergleiche mit anderen werden Ihnen nicht helfen, sie werden Sie vielmehr verrückt machen.

Erstens ist es unwahrscheinlich, dass Ihnen Ihre Umwelt die volle Wahrheit erzählt. Niemand spricht gerne von seinen Verlusten. Und im Vergleich mit anderen werden Sie immer jemanden finden, der besser als Sie ist – allerdings auch eine Menge Leute, die schlechter sind. Konzentrieren Sie sich nicht darauf. Lernen Sie von den besseren und vermeiden Sie Kontakt zu den schlechteren.

Neid, und nichts anderes entsteht aus dem Vergleich mit anderen, ist ein klares Indiz dafür, dass Sie im Zustand des Habenwollens gefangen sind. Emotionale Balance ist in diesem Zustand nahezu ausgeschlossen. Machen Sie es sich nicht unnötig schwer beim Traden, es gibt auch so genügend Schwierigkeiten, die Sie bewältigen müssen.

Akzeptieren Sie es, frustriert zu sein

Lassen Sie Frustrationen zu, sie sind ein Hinweis, dass Ihnen noch Teile fehlen, um das große Puzzle zu lösen. Sie sind ein klares Signal des Unterbewusstseins, dass Veränderungen notwendig sind. Sie müssen möglicherweise noch was Neues lernen oder Ihren Handelsstil umstellen. Frustration ist ein Zeichen, dass etwas nicht so läuft, wie es soll. Eine gute Idee ist in solchen Situationen, einen neuen oder weiteren Weg zu finden, seine Ziele zu erreichen. Trader sind flexibel. Sie beharren nicht auf einer Methode. Wenn sich etwas als funktionsfähiger oder besser darstellt, nehmen sie es gerne an, weil es ihnen nicht ums Rechthaben geht, sondern darum, Gewinne zu machen.

Frustration hilft Ihnen sogar, Ihre Anstrengungen, ein Ziel zu erreichen, zu intensivieren. Es ist ein Gefühl, das im Gegensatz zu Enttäuschung dafür sorgt, dass wir unsere Anstrengungen aufrechterhalten. Nur wenn es um ein Ziel geht, das Sie besser aufgeben sollten, ist Frustration kein angemessenes Gefühl. Solange es sinnvoll ist, Ihr Ziel, ein besserer Trader zu werden, aufrechtzuerhalten, akzeptieren Sie es, frustriert zu sein, weil dieses Gefühl Ihnen hilft, sich Mühe zu geben und sich dadurch zu verbessern.

Wenn ich mich schlecht fühle, habe ich gelernt, dieses Gefühl zu akzeptieren. Denn was ist dieses Gefühl mehr als ein Feedback? Es sagt mir klipp und klar: Birger, du bist hier an eine Grenze gelangt oder du erbringst eine Leistung, mit der du nicht zufrieden bist. Akzeptiere, dass deine Fähigkeiten bisher noch nicht für ein besseres Ergebnis ausreichen. Wenn du mehr willst, musst du dich eben mehr anstrengen oder du musst es auf eine andere Art und Weise versuchen, aber so, wie du dich im Moment verhältst, ist es nicht möglich. Akzeptiere das, begrüße das Gefühl, das dir sagt, du bist noch nicht so weit. Du musst einfach noch etwas lernen oder ändern, um deine Ziele zu erreichen.

Jedes Ergebnis, das wir produzieren, ist ein Feedback und zeigt an, auf welchem Level des Erfolgs wir gerade sind. Nicht immer können und werden wir auf dem höchsten Niveau agieren. Das ist aber auch nicht schlimm. Kein Mensch kann das – aber Profis reagieren, sobald sie merken, dass sie keine Spitzenperformance leisten. Sie wissen, dass jedes Feedback ein Hinweis ist, welche notwendigen Schritte sie gehen müssen.

Auch ein schlechtes Ergebnis kann motivieren

Ein schlechtes Ergebnis muss nicht unbedingt frustrierend sein, auch wenn es sich im ersten Moment sicher so anfühlt. Häufig kann so ein Frust gepaart mit Akzeptanz sehr motivierend wirken. Bei mir ist das jedenfalls so. Ich fokussiere mich dann darauf, wie ich mein altes (oder nächsthöheres) Leistungslevel erreichen kann. Würde ich mich ständig mit externen Ursachen meiner Leistungsschwäche aufhalten, hieße das, im Modus der Ablenkung zu verharren.

Der Modus der Ablenkung ist beliebt. Im Extremfall lenken wir uns mit Konsum ab: Fernsehen, Videospielen, Essen, Trinken etc. Es gibt tausend Dinge, von denen man sich ablenken lassen kann, und jeder Mensch hat da seine eigene Strategie. Häufig merkt man noch nicht mal, dass man im Ablenkungsmodus unterwegs ist.

Erkenne ich aber, dass ich das Problem bin, das zu den ungewollten Leistungen führt, liegt die Lösung auf der Hand. Wenn ich das Problem bin, bin ich auch die Lösung. Dazu muss ich nur akzeptieren, dass ich selbst der Grund bin, warum die Performance nicht stimmt.

Eine Wachstumsspirale in Gang setzen

Diese Akzeptanz fällt am Anfang schwer, da sie unser Selbstbild des erfolgreichen Gewinnertypen sabotiert. Sobald wir aber erkennen, dass dieser Typ auch so toll ist, sobald wir also lernen, uns selbst zu akzeptieren mit all den Ergebnissen, die wir produzieren – den guten wie den schlechten Leistungen –, haben wir ein Fundament gelegt, um wirklich eine Wachstumsspirale in Gang zu setzen.

Entscheiden Sie also: Wollen Sie in der Ablenkungsspirale verharren oder möchten Sie in eine Wachstumsspirale eintreten? Es ist Ihre Entscheidung!!!

In der Wachstumsspirale geht es darum, sich weiterzuentwickeln, neue Fertigkeiten zu lernen, neue Denkweisen, andere Verhaltensformen in unser Leben zu integrieren. Die Wachstumsphase ist das Gegenteil der Ablenkungsschleife. Während diese uns immer wieder zurück an den Ausgangspunkt bringt, wird die Wachstumsspirale uns auf ein neues Level der Erfahrung und des Wissens katapultieren. Um die Ablenkungsschleife zu verlassen, müssen wir Akzeptanz lernen.

Durch Akzeptanz auf ein neues Erfahrungslevel

Wie können wir Akzeptanz erreichen? Vor allem dadurch, dass wir lernen, auf Bewertungen zu verzichten. Es hilft meist wenig weiter, zu bewerten, ob etwas gut oder schlecht ist. Meine ersten Verluste empfand ich als schlimm (Bewertung). Rückblickend würde ich sie als wichtig und als eine Zeit des Lernens betrachten. Wir sehen also, dass ein und dasselbe Ereignis durch den Wechsel der Perspektive eine unterschiedliche Bewertung erhält. Wenn aber die Perspektive für die Bewertung entscheidend ist, dann kann eine Bewertung niemals die Wahrheit sein, sondern nur eine Wahrheit von vielen – nämlich die aus einer bestimmten Perspektive heraus. Somit sind alle Bewertungen sehr relativ und ihr Wert und ihr Nutzen gering. Sie produzieren zwar extreme Gefühle wie Euphorie und Frust, tragen aber kaum dazu bei, eine Balance zu finden.

Wenn wir aufhören zu bewerten, was gut oder schlecht ist, wird es uns leichter fallen, zu akzeptieren, wie wir sind.

Ich bin schlecht, ich bin böse, ich bin schuldig, ich bin dick ... das sind alles Bewertungen. Genauso wie positive Bewertungen schaffen sie kein stabiles Selbstbild. Denn immer nur wenn die Bedingungen, unter denen wir die Bewertungen treffen, erfüllt sind, können wir das Selbstbild auch akzeptieren. Da die Bedingungen aber schwanken, wird auch unser Selbstbild schwanken.

Erst wenn wir damit aufhören, alles zu bewerten, erreichen wir Akzeptanz. Nur mit Akzeptanz erreichen wir ein stabiles Selbstbild. Nur wenn wir ein stabiles Selbstbild haben, erreichen wir Kontinuität in unserer Arbeit. Akzeptanz bedeutet: Ich bin zwar für das Ergebnis verantwortlich, aber ich BIN nicht das Ergebnis und erst recht nicht bin ich die relative Bewertung des Ergebnisses. Das Ergebnis gibt mir höchstens einen Hinweis, in welche Richtung ich gehen soll, wenn ich weiter wachsen will!

4.3 Umgang mit Gefühlen

4.3.1 Verluste

Dass ein Trader, der langfristig Erfolg haben will, lernen muss, Verluste zu akzeptieren, habe ich in den vorangegangenen Kapiteln beschrieben. Doch worin liegen die Schwierigkeiten im Umgang mit Verlusten? Schauen wir gemeinsam noch mal näher hin.

Wenn wir mit unserem Konto im Gewinn sind, fällt es meist nicht schwer, auch mal einen Trade mit Verlust zu schließen. Wir fühlen uns danach immer noch gut.

Das Problem im Umgang mit Verlusten ist meist situativer Natur. Ich trade tagelang diszipliniert und mache stetig Gewinne, selbst wenn mal ein Verlusttag dazwischenliegt. Dann aber gibt es Tage, an denen ich mir eine gedankliche Umwelt (Realität) schaffe, die es mir schwer macht, mit Verlusten umzugehen. Diese Tage enden dann oft tatsächlich mit einem Minus.

Lässt es sich doch hervorragend diszipliniert traden, solange man gewinnt, so ist die ganze Persönlichkeit des Traders in dem Moment gefragt, in dem Verluste sich häufen. Die Qualität eines Traders wird vor allem dann erkennbar, wenn er Verluste macht.

Gedankliche Umwelt, die den Umgang mit Verlusten erschwert

Wie könnte so eine gedankliche Umwelt aussehen? Nehmen wir an, ich habe drei Wochen hintereinander gut gehandelt und wöchentlich einen Gewinn von ca. 5000 Euro erzielt. An einem Freitag kurz vor Ende der Woche liegt das Konto bei +3200 Euro. Es »fehlen« also 1800 Euro, um das unbewusste oder mittlerweile bewusste Ziel von 5000 Euro pro Woche zu erreichen. Nun mache ich einen Gewinn von 800 Euro, verliere mit den nächsten zwei Trades aber in der Summe 1000 Euro. Damit steigt also der Betrag, der fehlt, um die anvisierte Summe zu erreichen. Üblicherweise hätte ich nach diesen zwei Verlusten weniger aggressiv am Markt agiert, aber ich habe immer noch dieses verdammte Ziel vor Augen, das ich nur so knapp verpasst habe. Deshalb pushe ich jetzt, um es doch noch zu erreichen und – schwupp – kommt ein weiterer Verlust dazu. Ich bewege mich weiter weg vom Ziel.

Während ich sonst keine Probleme habe, Verluste zu akzeptieren, fällt es mir in dieser Situation schwer. Das macht es aber so dramatisch, denn in dem Moment, in dem ich aufhöre, Verluste zu akzeptieren, verliere ich eine Grundeigenschaft, um erfolgreich zu traden. Diese veränderten Bedingungen lassen sich einzig und allein darauf zurückführen, dass ich mir selber einen Druck auferlegt habe, der mich nun beim Handeln behindert. Meine gedankliche Umwelt macht es mir plötzlich unmöglich, einen Verlust hinzunehmen, da in meinem Kopf ein imaginäres Ziel existiert und jeder Verlust mich von dieser Vorstellung wegbringt. Das selbst gewählte Ziel fixiert meine Gedanken und beeinflusst sie in einer negativen Art und Weise. Mit einem Ziel im Kopf habe ich etwas, das ich vermeintlich verlieren kann, obwohl ich es noch gar nicht besitze.

Schaffen Sie sich eine gedankliche Umwelt, die den Umgang mit Verlusten erleichtert

Wir können uns den Umgang mit Verlusten erleichtern, indem wir unsere Gedanken und Pläne ändern. Ziele zu haben ist wichtig, denn wir müssen wissen, wohin wir unsere Energie und Aktivität steuern. Aber Ziele können uns auch behindern, wenn sie zu sehr in den Vordergrund geraten und man plötzlich zu viel Energie aufwenden muss, um dieses Ziel zu erreichen. Bitte berücksichtigen Sie, dass das Ergebnis beim Traden sehr abhängig von den Marktbedingungen ist. Sie können nicht aus jedem Markt eine x-beliebige Summe herausquetschen. Nur weil Sie ein bestimmtes Tages- oder Wochenziel haben, heißt das nicht, dass der Markt Ihnen das auch ermöglicht. Selbst wenn die passenden Marktbedingungen vorliegen, kann es Hunderte andere Gründe geben, warum Sie ein Ergebnis nicht eingespielt haben. Akzeptieren Sie das. Es wird Zeiten geben, in denen Sie ein Vielfaches Ihrer durchschnittlichen Gewinne herausholen, und zu anderen Zeiten noch nicht mal die Hälfte. Deshalb helfen Ergebnisziele beim Traden nicht weiter und schaffen eine gedankliche Realität, die uns in die Irre führt.

Jedes gedankliche Umfeld, das uns zwingt zu handeln, ist schädlich und provoziert geradezu Verluste. Viele Trader fühlen sich aufgrund ihrer sozialen Konditionierung nicht wohl, wenn sie einfach dasitzen und nichts machen. Also beginnen sie zu traden einzig aus dem Grund, etwas zu tun. Witzigerweise hängt die Entlohnung beim Traden weder mit der Mühe noch mit der Zeit zusammen, die wir aufwenden. Dieses Entlohnungskonzept ist sehr ungewöhnlich und passt nicht in unsere Gedankenwelt. Es fällt uns schwer, einen Lohn zu akzeptieren, wenn wir keine Mühe oder Zeit dafür aufwenden mussten, weil es gegen unseren Gerechtigkeitssinn verstößt.

Traden funktioniert nicht nach bekanntem Entlohnungskonzept

Sie glauben mir nicht und denken: Was ist dabei, viel Geld zu verdienen? Dann sagen Sie mir, ob folgende Situation mit Ihrem Wertesystem übereinstimmt: Sie arbeiten in einer Agentur freiberuflich an einem Projekt. Sie erhalten dafür 5000 Euro. In der Mitte des Projektes wird die Zeit knapp und der Projektleiter stellt einen weiteren Mitarbeiter ein. Als das Projekt abgeschlossen ist, bekommen Sie Ihren vereinbarten Lohn, erfahren aber auch, dass der Mitarbeiter, der nur die Hälfte der Zeit gearbeitet hat, den gleichen Lohn bekommt. Finden Sie das immer noch gerecht?

Dieses Beispiel zeigt, wie stark in uns der Gedanke wirkt, dass wir für einen hohen Lohn entsprechend Zeit und Arbeit aufwenden müssen. Beim Traden kann diese Logik aber auf den Kopf gestellt werden. Sie können, selbst wenn Sie ein kleineres Risiko als andere Trader eingehen, höher entlohnt werden. Den Markt interessieren solche Vergütungsmodelle nämlich nicht.

Fühlen wir uns also aufgrund sozialer (gedachter) Konditionierung zum Handeln gezwungen, bewegen wir uns in einem Gedankensystem, das den Umgang mit Verlusten erschwert. Denn natürlich gibt es auch den negativen Fall – obwohl wir viel Zeit und Mühe investiert haben, verlieren wir Geld am Markt. Das empfinden wir möglicherweise unbewusst als nicht gerecht. Wenn wir etwas als nicht gerecht empfinden, neigen wir zu Rachegefühlen. Dem Markt wird es egal sein, ob wir uns rächen, unser Konto wird aber darunter leiden.

Vollkommene Erwartungsleere

Wir sehen also, wie wichtig unser gedankliches Umfeld ist. Es muss so beschaffen sein, dass wir nichts erwarten, weder durch unsere eigene Zielsetzung noch in Form von Vorstellungen, welcher Lohn uns zusteht. Diese vollkommene Erwartungsleere ist für die meisten Menschen ein sehr ungewohnter Zustand. Meiner Einschätzung nach ist es aber eine wesentliche Komponente für Erfolg, ohne Erwartungen jeglicher Art in den Handel zu gehen. Schaffen Sie sich also ein gedankliches Umfeld, das dieser Bedingung entspricht. Sobald Sie merken, dass Ihre Gedanken um Ziele oder Geld (Lohn) kreisen, sind Ihre mentalen Bedingungen ungünstig. In diesem Fall sollten Sie den Handel stoppen oder die Positionsgrößen drastisch reduzieren – so lange, bis Sie wieder in einem Zustand der Erwartungsleere und damit günstiger mentalen Bedingungen sind.

Erwartungen, in welcher Form auch immer, erzeugen Druck.

Materielle Umwelt, die den Umgang mit Verlusten erschwert

Umso schlimmer ist es natürlich, wenn dieser Druck nicht selbst gemacht ist, indem man sich etwa zu ehrgeizige Ziele gesetzt hat, sondern der Druck von außen kommt. Wenn ich das Geld, den Wochengewinn, zum Beispiel dringend brauche, um meine Rechnungen zu bezahlen. In diesem Fall haben wir nicht nur selbst gedanklich eine Realität konstruiert, die den Umgang mit Verlusten erschwert, sondern es gibt auch einen materiellen Grund, warum wir Verluste nicht hinnehmen können. Ich spreche hier nicht von einer realen Umgebung oder tatsächlichen Realität, weil die Notwendigkeit, Rechnungen zu bezahlen und Verbindlichkeiten zu erfüllen, zwar enormen Druck auf uns ausübt, aber keinen lebensbedrohlichen Zustand bedeutet. Somit liegen zwar materielle Gründe vor, aber immer noch sind wir es, die gedanklich diesen Gründen einen so hohen Stellenwert zuordnen, dass sie uns belasten. Eigentlich passiert nämlich nichts existenziell Schlimmes, wenn Sie Ihre Rechnungen nicht bezahlen. Im schlimmsten Fall wären Sie insolvent, würden aber, zumindest in Deutschland, nicht verhungern.

Der Verlust an Status ist letztendlich auch nur ein gedankliches Konstrukt. Dennoch unterscheide ich diese Situation von einem rein gedanklichen Umfeld im Sinne von selbst auferlegtem Druck, weil materielle Gründe sich meist nicht einfach durch ein Reframing korrigieren lassen. Die materiellen Zwänge sind tief sitzende Überzeugungen, welche Werte für uns oder unsere Gesellschaft wichtig sind. Einem buddhistischen Mönch wäre es wahrscheinlich egal, welchen materiellen Status er genießt. Für die meisten von uns, insbesondere Menschen, die einen Beruf gewählt haben, bei dem Geld im Vordergrund steht, ist der materielle Status von Bedeutung und hat somit Einfluss auf unser Handeln und Tun. Die Vorstellung, den materiellen Herausforderungen des Lebens nicht gewachsen zu sein, löst in uns (möglicherweise zu Unrecht) Ängste und Sorgen aus, die uns belasten. Verluste verstärken diesen Druck, da der Verlust als eine unmittelbare Bedrohung unseres Lebensmusters wahrgenommen wird.

Existieren materielle Zwänge, wird das Traden zu einer doppelten Herausforderung, denn Verluste lösen automatisch psychische Abwehrreaktionen aus.

Stresssymptome beim Traden

Wie ich im Kapitel »Angst« schon beschrieben habe, reagieren Menschen auf Bedrohungen unterschiedlich. Deutlich wahrzunehmen sind dabei oft Stresssymptome, die sich in einem typischen »Flucht/Angriff«-Verhalten äußern. Entweder reagiert der Trader mit überhöhter Aktivität, was meist in einem wilden Übertraden auch auf dem Konto sichtbar wird, oder aber der Trader entwickelt »Ladehemmungen«. Er kann einfach den Knopf nicht drücken und lässt Chancen, aber auch Notwendigkeiten (bei Glattstellung von Verlusten) ungenutzt an sich vorüberstreichen.

Dabei muss der Trader nicht auf eine dieser Verhaltensweisen fixiert sein. Häufig wechselt er zwischen zu viel Traden (Aktionismus) und übervorsichtiger Passivität, natürlich meist im falschen Moment. So verspielt er im schlechtesten Fall sein Geld mit schlechten Chancen, verfällt dann in Passivität und lässt die wirklich guten Bewegungen an sich vorüberziehen, ohne mit einem Trade in den Trend einzugreifen. Dieses Verhalten ist nicht darin begründet, dass der Trader sein Handwerk nicht versteht. Es mangelt ihm oft nicht an der fachlichen Qualifikation, sondern seine psychischen Abwehrreaktionen machen es ihm in Form von Stresssymptomen unmöglich, sein Know-how gewinnbringend am Markt einzusetzen.

Dieser Stress kann sich sogar noch verstärken, wenn der Trader auch noch Schuld und Schamgefühle verspürt, dass er sich so »dämlich« verhalten hat und sein Können nicht richtig einsetzt. In der Konsequenz führen diese Schuldgefühle zu einem verminderten Selbstwertgefühl, das den Trader nun zusätzlich daran hindert, mit den Verlusten und Stressreaktionen fertigzuwerden.

Nichts macht mich beim Traden so fertig, wie wenn ich eine Chance verspiele, weil ich mich zu passiv verhalten habe aus Angst, zusätzliche Fehler zu machen, oder aber bereits mein Pulver in unbedeutenden Marktbewegungen verschossen habe. In diesen Momenten spüre ich ein Gefühl tiefer Beklemmung und Spannung in mir. Es hat mich Jahre gekostet, mit solchen Situationen umgehen zu können.

Extreme Gefühle wie Wut, Aggression, aber auch das Gefühl der Hilflosigkeit, Scham oder Schuld belasten die Psyche des Traders. Damit verlagert sich das Problem von einer rein verhaltensorientierten Basis auf eine emotionale. Dies ist eine völlig normale Reaktion unserer Psyche auf die durch den Verlust ausgelösten Ängste. Auch der Versuch, diese Verluste und damit die Reaktionen zu verdrängen, ist keine Lösung des Problems, da meist nur eine Verschiebung der Schwierigkeiten auf eine andere Ebene – z. B. die körperliche – stattfindet.

Aus diesem Grund ist es fast unmöglich, erfolgreich zu traden, wenn wir materielle Belastungen mit dem Traden loswerden wollen. Die Regel »Trade nur mit Geld, das dir zur vollkommen freien Verfügung steht und das du notfalls vollständig verlieren kannst« ist wohl die beste Tradingregel, die es gibt, und die Grundlage für einen dauerhaften Erfolg an der Börse.

Trading löst keine Geldprobleme

Leider treffe ich immer wieder Tradinganfänger, die Geldsorgen haben und ihre Probleme mit Trading lösen wollen. Ich rate ihnen dringend davon ab, mit dem Trading zu beginnen. Die einzige Motivation darf sein, dass es einem Spaß macht, zu traden. Wer Geldprobleme damit lösen will, wird scheitern. Darauf würde ich jede Wette eingehen!!

Diese Erkenntnis hatte auch schon Jesse Livermore, einer der bekanntesten und erfolgreichsten Trader zu Beginn des vergangenen Jahrhunderts. Durch Fehlspekulationen hatte er Schulden von fast einer Million Dollar bei verschiedenen Gläubigern. Er wusste, dass er nur wieder erfolgreich handeln konnte, wenn er bereit war, sich von dieser materiellen Belastung zu befreien, und ging deshalb den schweren Schritt, Konkurs anzumelden. Damit hatte er zwar keine Mittel zum Traden, aber auch keine finanziellen Belastungen mehr. Dies reichte als Befreiungsschlag, denn ein befreundeter Broker erlaubte ihm, einen Trade mit 500 Aktien seiner Wahl zu machen. Monatelang wartete Jesse auf seine Chance, dann endlich kam sie. Er kaufte 500 Bethlehem-Steel-Aktien bei 98 Dollar, als die Aktie kurz davor war, die 100 zu knacken. Schon wenige Tage später notierte die Aktie bei 112 Dollar und Jesse konnte seinen Gewinn als Margin nutzen und die Position auf 1000 Aktien verstärken. Kurz darauf verkaufte er die Aktien bei 146 Dollar und hatte somit ein Startkapital von knapp 50000 Dollar. Frei von allen Sorgen nutze er sein Tradingtalent und Know-how und baute sich wieder ein Millionenvermögen auf. Die Forderungen der Gläubiger, vor denen er aufgrund des Konkurses geschützt war, konnte er bereits kurz nach dem Konkurs mit Zinsen zurückzahlen.

Auch ich hatte schon ähnliche Situationen durchzustehen. Zwar musste ich keinen Konkurs anmelden, aber ich kam dieser Situation gefährlich nahe. Wochenlang kämpfte ich dann am Markt bis zu dem Punkt, an dem ich nicht mehr konnte. Erst dann begann ich, nach Lösungen außerhalb des Marktes für meine Geldprobleme zu suchen. Es war so verlockend, sich am Markt mit einem Schlag aller Sorgen entledigen zu können. Aber so funktioniert es nicht. Der Markt ist nicht dazu da, unsere Rechnungen zu bezahlen. Hatte ich dann Lösungen gefunden, war ich auch am Markt wieder befreiter und handelte gleich besser.

Sie sind immer dann am besten, wenn Ihnen eigentlich alles egal ist. Warum? Weil Sie dann bereit sind, loszulassen.

Ängste, die den Umgang mit Verlusten erschweren

Wesentliches Prinzip im Umgang mit Verlusten ist die Bereitschaft, loszulassen. Loszulassen von Zielen und Wünschen und sich dem materiellen Druck zu entziehen.

Wir suchen in Anpassung Schutz und Geborgenheit. Anpassung an das gesellschaftliche Umfeld, in dem Status immer eine wichtige Rolle spielt. Deshalb sind für uns materielle Dinge so unglaublich wichtig: weil sie uns das Gefühl der Akzeptanz vermitteln. Wir fühlen uns geborgen, zahlen dafür aber einen extrem hohen Preis.

Unsere Angst vor Verlusten resultiert häufig aus dem Bedürfnis nach Sicherheit. Solange wir diesem Sicherheitsdenken verschrieben sind, gibt es keinen Weg, Verlustängste zu überwinden. Wir können sie nur verdrängen oder Konzepte entwickeln, die uns eine scheinbare Sicherheit vorgaukeln.

Wir glauben an das Risk Management, aber das Risk Management verteilt einen Verlust nur in kleine Portionen. Es kann keinen Verlust verhindern. Die kleinen Portionen machen es wesentlich einfacher, mit dem Verlust umzugehen, doch früher oder später bekommen wir so viele kleine Dosen Verlust verabreicht, dass sie uns – oder unser Denken – doch vergiften. Ich will damit nicht sagen, dass Risk Management Quatsch ist. Es ist eine wesentliche Grundlage beim Traden, aber selbst das beste Risk-Management-System wird uns nicht davor schützen können, dass wir irgendwann in eine Serie von Verlusten geraten. Und spätestens dann müssen wir uns mit unserem Verhältnis zu Verlusten auseinandersetzen.

Kein Trader kommt um den Punkt herum, an dem er sich intensiv mit seinem Verhältnis zu Verlusten beschäftigen muss.

Die Angst vor einem Verlust ist niemals die Angst, einfach nur Geld zu verlieren. Es steckt immer mehr dahinter. Anders ist es nicht zu erklären, warum Menschen beginnen, irrational zu handeln, wenn sie einen Verlust hinnehmen mussten, oder warum sie dann teilweise körperliche Stressreaktionen zeigen, die dem Verhalten in lebensbedrohlichen Situationen ähnlich sind.

Wie wir mit Verlusten umgehen, ist unter anderem bestimmt durch die Frage, wie viel Sicherheit wir brauchen.

Wie groß ist unser Sicherheitsbedürfnis? Ist es so groß, dass wir nicht den Mut zum Scheitern haben? Menschen, die Sicherheit suchen, haben beim Traden nichts verloren. Wenn Sie sich mit einer Million auf dem Konto besser, weil sicherer fühlen, wird die Angst vor Verlusten früher oder später eine Rolle in Ihrem Traderleben spielen.

Dabei sollten wir es besser wissen, denn nur der Tod und die Steuern sind sicher.

Sicherheit und Risiko

Das Prinzip des Risikos ist das Prinzip der Unsicherheit. Risiko kann es nur geben, wenn der Ausgang einer Sache nicht sicher ist. Die Bereitschaft eines Traders, Risiken auf sich zu nehmen, somit in einen Zustand der Unsicherheit zu gehen, kollidiert mit unserem instinktiven Wunsch nach Sicherheit. Diesen Konflikt trägt jeder Trader in sich. Und nur wer diesen Widerspruch löst, wird dauerhaft ein erfolgreicher Trader werden.

Fassen wir zusammen: Ein Verlust trifft unsere innersten Werte, wie den Wunsch nach Anerkennung, Sicherheit oder Schutz. Deshalb ist der richtige Umgang mit Verlusten eine Herausforderung unserer Persönlichkeit.

Mut als Waffe gegen Verluste: Committen Sie sich selbst

Unter allen Tugenden ist Mut wohl die wesentlichste. Sie ist die Grundlage für alle anderen Tugenden, für Ehrlichkeit, für Tapferkeit. Mut ist die bewusste Entscheidung, nicht nach Sicherheit zu streben, sondern ins Risiko zu gehen, sich einer Situation auszusetzen, die die Gefahr birgt, etwas zu verlieren – unseren Status oder andere Dinge, die wir besitzen; im schlimmsten Fall unser Leben. Diesen Mut aufzubringen ist eine Herausforderung. Mut bedeutet, loszulassen und bereit zu sein, zu verlieren. Dieser Mut entsteht nicht aus Berechnung nach der Formel »Ich kann das und jenes gewinnen, wenn ich bereit bin, dies zu verlieren«. Solche kaufmännischen Überlegungen haben nichts mit Mut zu tun.

Mut bedeutet, etwas zu tun oder zu unterlassen, weil wir überzeugt sind, dass wir richtig handeln und dass die Sache den Einsatz wert ist, egal was wir dafür riskieren und verlieren können, und ohne den »Lohn« zu kennen. Damit steht Mut im Widerspruch zur Sicherheit, bei der wir uns auf den Schutz unseres Geldes, unserer Familie, unseres Status, der Gesellschaft etc. verlassen.

Deshalb wird ein Trader nur erfolgreich sein, wenn er »committet« ist. Es gibt ein schönes Bild für das Wort committet. Beim Frühstück »IIam with Eggs« ist das Schwein committed, das Huhn nur involviert. Committed sein ist mehr, ,als sich nur mit einer Sache zu beschäftigen. Es ist völlige Hingabe, der Mut, das Risiko des Scheiterns einzugehen, alle Brücken hinter sich abzubrechen.

In dem von mir sehr geschätzten Buch *Die Kunst des Krieges* wird dem Feldherrn geraten, seine Soldaten in eine Position zu bringen, aus der es keinen Fluchtweg gibt. Nur wenn der Rückweg abgeschnitten ist, kann er erwarten, dass seine Kämpfer alles geben. Wenn sie keine Hilfe erwarten, werden sie hart kämpfen. So bleiben die Soldaten, ohne Befehle zu erhalten, ständig wachsam.

Den Rückweg abschneiden

Um alles zu geben, wirklich committet zu sein, müssen Sie also den Rückweg abschneiden. Im übertragenen Sinne bedeutet dies, sich beim Traden von seinem Status oder anderen Dingen, die einem bisher wichtig schienen, loszumachen. Nur wenn Sie frei von diesen Sicherheiten sind, können Sie nichts mehr verlieren und nur dann haben Sie keine Angst vor Verlusten. Dann werden Sie gelassen handeln.

Wenn Sie diese Sicherheiten aber nur aus Berechnung aufgeben, haben Sie diese tatsächlich nie aufgegeben, sondern nur versteckt, weil sie immer noch wichtig für Sie sind. Wenn es drauf ankommt, werden Sie Ihr Versteck plündern. Und somit wird es Ihnen nicht wirklich dabei helfen, gelassen zu werden.

Der richtige Umgang mit Verlusten erfordert einen gelassenen Trader. Losgelöst von Erwartungen, Hoffnungen. Dies ist sozusagen der Idealzustand eines Traders. Nur häufig sind wir noch nicht bereit für diese hohe Stufe des Denkens und Seins. In solch einem Fall geht es darum, Verlustsituationen so zu bewältigen, dass aus ihnen idealerweise ein Wachstumsprozess entsteht oder sie zumindest tolerierbar bleiben.

Der Umgang mit Verlusten ist immer eine schwierige Situation, da – auch wenn es »nur« um Geld geht – immer innere Werte mitbetroffen sind. Deshalb ist es eine starke Leistung, wenn es dem Trader gelingt, sich Verlusten zu stellen, sie zu tolerieren.

Selbstsicherheit im Umgang mit Verlusten

Selbstsicherheit wächst in dem Maße, wie die Angst verschwindet. Wenn Sie selbstsicher werden wollen im Umgang mit Verlusten, müssen Sie sich den Ängsten stellen. Wenn Sie den Verlust akzeptieren, kann er Ihnen keine Angst mehr machen. Es geht darum, die unangenehme Angst zu erfahren, sich ihr zu stellen, ihr nicht auszuweichen, sondern sie vollkommen zu akzeptieren.

Dann können Sie ruhig und selbstsicher traden. Das wird nicht verhindern, dass Sie Verluste machen, möglicherweise sogar große Verluste. Aber diese

Verluste werden Sie nicht beeindrucken. Sie passieren einfach, so wie ein Gewitter im Sommer plötzlich hereinbricht, und sie verschwinden genauso schnell. Man wird nass, aber normalerweise nicht vom Blitz erschlagen.

Trader, die Angst haben, einen Verlust zu realisieren, und deshalb keinen Stopp haben, sind Menschen ohne Selbstvertrauen. Sie trauen es sich nicht zu, mit dem nächsten oder übernächsten Trade genügend Geld zu verdienen, um die realisierten Verluste kompensieren zu können. Deshalb verharren sie in ihrem Verlusttrade und sehen sich als Opfer des Marktes.

Zusammenfassung

- Schaffen Sie ein gedankliches Umfeld, das Ihnen den Umgang mit Verlusten erleichtert. Es ist gekennzeichnet von einer Erwartungsleere.

- Vermeiden Sie Situationen, in denen die materielle Umwelt Einfluss auf das Trading hat.

- Committen Sie sich selbst für das Trading. [siehe oben]

- Finden Sie heraus, welche Werte, die Sie anstreben, durch Verluste berührt werden.

- Entwickeln Sie ein Wertekonzept, das es Ihnen ermöglicht, Verluste zu akzeptieren.

- Testen Sie, ob Sie tatsächlich Verluste akzeptieren können.

- Reifen Sie mit jedem Verlust.

- Stellen Sie sich Ihren Ängsten und werden Sie selbstsicher im Umgang mit Verlusten.

4.3.2 Stufen zur Toleranz

Toleranz

Der richtige Umgang mit Verlusten führt über verschiedene Stufen. Der Anfänger muss überhaupt erst einmal lernen, Verluste zu tolerieren. Das fällt schwer, denn Verluste stehen dem entgegen, was wir ursprünglich beim Traden wollten, nämlich gewinnen. »Ab jetzt keine Verluste mehr« oder »Ich hasse Verluste« sind wohl Parolen, die sich jeder Trader einmal selbst mit auf den Weg gegeben hat. So löblich auch die Entschlossenheit dieser Trader ist, so unmöglich ist doch ihr Ziel, weil Traden ohne Verluste nicht geht. Es ist, als wolle man atmen, ohne auszuatmen. Probieren Sie es mal, es geht nicht.

Traden ohne Verluste ist nicht möglich

In dem Moment, in dem ich beginne, Verluste zu tolerieren, erkenne ich die Möglichkeit eines Verlustes an. Aber das hilft mir noch nicht im Umgang mit ihnen und führt noch nicht zu einem Entwicklungsprozess des Traders. Es ist die unterste Stufe, die wir erklimmen müssen, um eine höhere zu erreichen. Toleranz ist etwas Vorübergehendes. Wir hoffen und glauben, dass, wenn wir bereit sind, Verluste in einem gewissen Rahmen zu tolerieren, der Zustand des Verlierens übergeht in einen Zustand des Gewinnens. Dies passiert auch häufig, aber eben nie so lange, dass wir es als dauerhaft bezeichnen können.

Entwickeln wir uns nicht von der Stufe »Toleranz« zu einem besseren Umgang mit Verlusten, fangen wir immer wieder von vorne an und müssen immer wieder lernen, uns in Toleranz zu üben, wenn die unleidlichen Verluste nach einer Gewinnserie auftreten. Dieser Prozess kann Jahre dauern. Der Trader weiß, dass er nicht um Verluste herumkommt, und ist deshalb bereit, sie zeitweise zu tolerieren – aber Tolerieren löst häufig in uns ein Gefühl der Spannung aus, weil es nicht der Zustand ist, den wir uns wünschen.

Typisch sind Tradingsituationen, in denen ein Trader anfänglich diszipliniert tradet, aber je mehr Verluste er macht, desto schwerer fällt es ihm, diszipliniert zu sein. Das führt zu inneren Spannungen. Es wird immer schwerer, Toleranz zu üben! Diese Spannungen führen dann beim Trader zu emotionalem Druck, und je länger eine Verlustphase dauert, desto schwieriger wird es für ihn, diese noch zu tolerieren. Irgendwann lösen sich die Spannungen in einem Kurzschluss. Und entweder hat der Trader Glück und produziert dabei zufällig Gewinne, oder aber im schlimmsten Fall ist sein Konto vernichtet.

Eine solche Kurzschlussreaktion bezeichnet man im Pokern als »Tilt«. Dieser Ausdruck beschreibt den Fall, in dem jemand plötzlich ohne Sinn und Verstand agiert, weil er einen Verlust hinnehmen musste. Toleranz schützt uns vor diesen Situationen nicht.

Toleranz bedeutet nur vorübergehendes Gleichgewicht

Toleranz ist also ein nicht stabiler Gleichgewichtszustand. Temporär befindet sich der Trader im Gleichgewicht, weil er Verluste toleriert, aber er ist ständig in Gefahr, dass dieses Gleichgewicht kippt.

Toleranz ist ein Rückzug, eine Flucht in eine Art Waffenstillstand. Tu du mir nichts, tu ich dir nichts. Man hofft, durch diesen Rückzug Zeit zu gewinnen. Zeit wofür? Externe Hilfe? Es erfolgt keine wesentliche Änderung der Einstellung. Dieses disziplinierte Vorgehen, das Ertragen von Verlusten auf der Ebene der Toleranz, zeugt von Respekt und Achtung für die Gefahren, die sich mit dem Eingehen von Risiken ergeben. Man arrangiert sich mit den Umständen so lange, bis aus irgendeinem Grunde dieses Arrangement, dieses künstliche Gleichgewicht, wackelt. Und ich garantiere Ihnen, es wird irgendwann wackeln und dann zerbrechen, weil Toleranz nur duldet.

Dulden hängt aber von Bedingungen ab. Voraussetzungen, die sich ändern können. Bedingungen wie »Ich toleriere Verluste, solange sie xy nicht überschreiten«, »Ich toleriere Verluste, wenn nicht mehr als xy hintereinander auftreten«, »Ich toleriere Verluste, wenn ich am Ende des Monats, Tages, Jahres im Gewinn bin«. Alle diese Wenns, diese Bedingungen, sind wacklig und werden das Übereinkommen mit sich selbst, Verluste zu dulden, weil es ratsam ist, irgendwann sprengen. Wenn dies passiert, kommt der Trader an einen Punkt, an dem er große Herausforderungen bewältigen muss. Es ist ein »Inflection Point«/Weichenpunkt, der viele Trader für immer aus dem Spiel wirft.

4.3.3 Stufen zur Akzeptanz

Deswegen sollte man ein weiteres Ziel anstreben, nämlich die Akzeptanz von Verlusten. Bevor es zur Akzeptanz kommt, durchläuft der Trader häufig fünf Stadien, eigentlich eine Gliederung des Sterbeprozesses von Elisabeth Kübler-Ross:

1. Verdrängen

2. Wut und Zorn

3. Verhandeln

4. Depression

5. Akzeptanz

Stufe 1: Verdrängen

Wenn Verluste zum ersten Mal auftreten, wollen wir sie nicht wahrhaben. Meist tun wir sie als ein zeitliches Phänomen ab, das mit genügend Willen und Ausdauer schon verschwinden wird. Wenn diese Negierung nicht länger aufrechtzuerhalten ist, beginnen die Verluste, unsere Emotionen zu beeinflussen.

Ich hatte einen fantastischen Start ins Jahr, dann plötzlich ohne Vorwarnung veränderte sich etwas. War es der Markt, war ich es? Was auch immer, meine Equitykurve begann zu fallen. Nicht einen Tag, nicht zwei Tage, sondern stetig. Phase 1 des Drawdowns ist es, nicht wahrhaben zu wollen, dass man sich in einem Drawdown befindet. Man war doch gerade noch so gut, verdiente sein Geld mit Leichtigkeit – und plötzlich soll das alles anders sein? Wahrscheinlich nur ein paar missglückte Trades, mehr nicht. Dieses Verdrängen kann unterschiedliche Ursachen haben. Es kann das Ego des Traders sein, das nicht wahrhaben will, dass der Gewinner plötzlich ein Verlierer ist. Aber viel öfter als dieser Kampf des Egos zeichnet den Beginn eines Drawdowns ein Mangel an Aufmerksamkeit aus.

Der Trader ist einfach nicht aufmerksam genug, um all die wesentlichen Details zu bemerken. Deshalb tut er die Verluste als vorübergehend ab. Schon der nächste Trade soll Abhilfe bringen. Doch er verliert weiter, weil er nicht aufmerksam ist, nicht aufmerksam genug gegenüber dem Markt, sich selbst und seinen Trades. Die Phase der Gewinne hat ihn weich gemacht, seinen Blick benebelt. Möglicherweise verstellt sogar Gier seine Sicht auf die Realität. Wie dem auch sei, der Trader hat den anfänglichen Verlusten nicht genug Aufmerksamkeit geschenkt und nun steckt er fest.

Stufe 2: Wut und Zorn

Plötzlich rütteln ihn die Verluste aus seinem Verdrängungsschlaf wach. Wut kommt auf. Wut auf den Markt, sich selbst, Wut, dass man erst so spät reagiert, dass man Verluste macht, dass der Markt keine Trends zeigt, dass der Markt einen verarscht und, und, und. Der Trader ist ärgerlich. Wie hat es bloß so weit kommen können? Plötzlich ist die Aufmerksamkeit zurück. Aber zu fokussiert. Sie lässt keinen Raum mehr für anderes. Der Trader ist plötzlich erfüllt von schlechten Gefühlen. Er schläft vielleicht schlecht, beginnt, ängstlich zu traden, oder geht größere Risiken als üblich ein. Egal was er auch macht, er tradet nicht in einem balancierten Zustand. Er verkrampft; die Verluste halten ihn in Schach. Das Gefühl der Kontrolle fehlt. Plötzlich fühlt sich der Trader gezwungen zu reagieren. Der Wunsch, zu handeln, ist der Wunsch nach Kontrolle, entspringt aber der Abhängigkeit. Deshalb kommt es in dieser Phase häufig zu einem Kontrollverlust.

Der Trader ist neidisch auf die, die Erfolg haben. Er kann nicht verstehen, dass er, gerade er, verliert.

Kennzeichen der zweiten Stufe sind Wut darüber, dass unser Status verletzt ist, und Zorn auf all diejenigen, die daran beteiligt waren, uns selber eingeschlossen, aber auch Zorn auf abstrakte Dinge wie den Markt oder das Internet, das nicht schnell genug gelaufen ist.

Diese Emotionen sind Signale unseres Unterbewusstseins, dass wir handeln müssen. Und so kommt es, dass wir beginnen zu verhandeln. Wir verhandeln mit dem Glück, dass es nur einmal klappen muss, oder mit uns selbst, dass die Verluste verschwinden, wenn wir diese oder jene Anstrengung unternehmen oder uns an diese oder jene Regel halten. Und siehe da, tatsächlich sind sie manchmal schon mit dem nächsten Trade verschwunden. Leider kommen sie früher oder später wieder, weil keine noch so gute Regel, keine Verhaltensmaßnahme uns vor Verlusten oder einer Serie von Verlusten schützen kann.

Plötzlich ist das ganze Leben beeinträchtigt von den Verlusten. Der Trader nimmt die Verluste mit nach Hause, in seine Freizeit, seine Familie, seinen Schlaf. Er wird unruhig. Immer wieder ist da dieser Drang, etwas gegen die Verluste zu tun. Unmittelbar möchte er etwas unternehmen. Selbst das Wochenende bringt keine Pause, weil dann der Markt geschlossen ist und somit die Möglichkeit fehlt, in irgendeiner Form zu agieren. Der Drang, nicht tatenlos zuzusehen, etwas zu tun, wird übermächtig.

Bereits in dieser Phase kommt es häufig dazu, dass der Trader seinen Setups nicht mehr traut. Dass er nach neuen Setups sucht. Neue Systeme – neues Glück. Der Drawdown hält an, Tradingpausen sind nur Unterbrechungen, aber es geht nicht nach oben. Der Stress wird in dieser Phase immer stärker.

Der Druck wächst

Immer mehr steht der Trader unter Druck. Mit jedem Verlust bewegt er sich weiter weg von seinen Zielen. Immer größer müssen nun die Gewinne werden, um wieder in die Break-Even-Zone zurückzukommen. Das Traden verkrampft zusehends. Trades, die im Gewinn sind, werden entweder nicht rechtzeitig geschlossen und laufen zurück in die Verlustzone oder aber der Trader macht aus lauter Angst, dass der nächste Trade wieder ein Verlust wird, so kleine Gewinne, dass es nicht ausreicht, die Equitykurve wesentlich zu stabilisieren. Egal ob der Trader zu defensiv mit der Gewinnmitnahme ist oder zu aggressiv beim Handeln, er steckt in der Patsche, weil er nicht in einem ausgeglichenen Zustand ist. Der Stress führt dazu, dass sich die Entscheidungen verschlechtern. Einige Trader beginnen nun zu übertraden, andere hingegen sind so zögerlich, dass sie erst dann in den Markt einsteigen, wenn die Bewegung schon gelaufen ist oder jede gute Chance verpasst.

Der Stress macht den Trader fertig. Er fühlt sich so schlecht, dass er nicht mehr weiterweiß. Nur mit Traden kommt er aus der Situation nicht heraus; er weiß, dass er mehr ändern muss als nur seinen Tradingstil. Er muss etwas an sich verändern.

Stufe 3: Verhandeln

Der Trader ist bereit für Verhandlungen. Er fühlt sich schuldig und möchte dagegen etwas unternehmen. Er schließt Deals mit sich selbst. Meist funktionieren sie nicht. Egal was wir uns versprechen, ob wir sagen, wir sind so diszipliniert, wir machen Sport, um fit zu sein, oder belohnen uns, wenn wir einen Gewinn machen; wir besuchen Seminare oder wir spenden etwas von unseren Gewinnen.

Die Verhandlungen führen wahrscheinlich nicht zum Erfolg. Somit kommt der Trader an den Punkt der Verzweiflung.

Stufe 4: Depression

Sobald sich unsere Regeln, der Markt oder Fortuna nicht mehr auf Verhandlungen einlassen und sich die Verluste ausweiten, kommen wir in die dramatischste Phase. Es ist die Phase der Depression. Wir haben den Spaß am Traden verloren, oft aber auch an allen anderen Dingen im Leben. Nichts gefällt uns mehr, ständig müssen wir nur noch an den Markt, die Verluste, das Konto denken. Konzentrationsschwäche, Isolation und Unentschlossenheit, Angst, zu agieren, kennzeichnen diese Phase.

Der Trader ist deprimiert, er glaubt, er schafft es nie, oder aber nimmt an, dass niemand langfristig erfolgreich traden kann.

In dieser Phase besteht die größte Gefahr, dass der Trader endgültig die Kontrolle verliert. In der Phase der Depression ist ihm alles egal. Der Markt muss doch irgendwann für ihn laufen. Irgendwann dreht der Markt, also darf er nicht einfach ausgestoppt werden. Harakiri traden!

Die meisten Trader, die ich kenne, haben irgendwann in ihrer Traderkarriere diese Schritte zur Akzeptanz durchlaufen und sind auch in die Phase der Depression gekommen. Wie lange man dort zeitlich verweilt, hängt sehr von der psychischen Beschaffenheit des Traders ab, aber irgendwann endet diese Phase damit, dass wir den Verlust akzeptieren.

Diese Phase kann das Ende des Kontos bedeuten oder aber auch das Ende der Krise. Manchmal durch einen glücklichen Gewinn, der den Trader aber nicht auf Dauer von seinem Problem befreit, denn der nächste Drawdown, die nächsten Verluste warten schon auf ihn. Aber wer diese Phase durchsteht, ohne durchzudrehen, wird früher oder später in eine Situation der Akzeptanz gelangen.

Es kann sein, dass sich einige Trader mit der Akzeptanz vollkommen aus dem Geschäft zurückziehen und nie wieder handeln. Andere hingegen durchlaufen diese Phasen und wachsen daran. Sie wissen nun endlich, was es bedeutet, zu verlieren, und dass Toleranz nicht ausreicht, sondern dass wir Verluste akzeptieren müssen. Wieder andere haben aus dem Prozess nichts gelernt und fangen von vorne an.

Stufe 5: Akzeptanz

Der Trader akzeptiert, dass er derzeit nicht in der Lage ist, Gewinne zu generieren. Er akzeptiert den Drawdown als ein Feedback seiner Leistung. Er akzeptiert, dass nicht immer mehr Druck, mehr Kampf aus dem Drawdown führt, sondern dass er einfach loslassen muss. Das Wollen ausschalten. Das Haben ausschalten, das Tun, den Wunsch nach Aktivität. Nicht verdrängen, sondern ausschalten. Dieser Prozess ist nicht zu vergleichen mit aufgeben.

Das Erreichen der Stufe »Akzeptanz« ist keine Garantie dafür, dass der Trader nicht irgendwann in seiner Kariere erneut diesen Prozess durchmachen muss. Aber wer einmal gelernt hat, eine Situation zu meistern, wird selbstsicher und bewältigt beim zweiten Mal die Situation schneller und einfacher.

Akzeptanz bedeutet Versöhnung mit der Situation. Gegenspieler der Akzeptanz ist die Angst. Doch wer Verluste akzeptiert, kann keine Angst mehr vor ihnen haben. Die Angst verschwindet, weil mit dem Annehmen des Verlusts ein zukünftiger Verlust, so wie er sich in der Angst widerspiegelt, bereits antizipiert und verarbeitet wird. Wir haben immer nur Angst vor Dingen, die noch passieren werden. Was bereits passiert ist, kann keine Angst mehr in uns hervorrufen. Wenn wir deshalb antizipieren und akzeptieren, kann die Angst nicht mehr unser Gegenspieler werden.

Dieses Antizipieren und Akzeptieren darf nicht allein auf intellektueller Ebene erfolgen nach dem Motto »Na gut, ich geh mal davon aus, dass ich verliere, dann kann ja nichts mehr schiefgehen«, sondern muss auch die unbewussten Verlustängste miteinschließen. Auf intellektueller Ebene versuchen wir erneut nur wieder ein Tauschgeschäft: Wir tauschen die Vorwegnahme von Verlusten gegen Angst. Dieses Verhandeln ist, wie wir wissen, eine Stufe weit vor der ehrlichen Akzeptanz.

Akzeptanz ist der Gegenspieler von Angst

Ehrliche Akzeptanz muss von ganzem Herzen kommen, also alles Unbewusste miteinschließen. Was bedeutet dieser Verlust wirklich für uns? Das ist mehr als nur Geld. Verlust an Status, Verlust an Vertrauen, Verlust an Selbstvertrauen, Verlust an Sicherheit. Sie brauchen ein Verständnis Ihrer inneren Werte und der damit korrespondierenden Verlustängste. Wenn Ihnen Sicherheit ein wesentlicher Wert ist, bedeutet Verlust für Sie weniger Sicherheit. Wenn Ihnen Anerkennung ein wichtiger Wert ist, sind Verluste für Sie Ablehnung Ihrer Person oder Ihrer Kompetenz.

Wenn Sie den Betrag, den Sie in Ihrem nächsten Trade riskieren, herschenken können, ohne dafür etwas zu bekommen, dann sind Sie wirklich bereit, diese Summe zu verlieren. Prüfen Sie mal, ob Sie das geplante Risiko wirklich irgendjemandem ohne Hintergedanken und Eigennutz schenken würden. Wenn Sie diesen Test bestehen, haben Sie einen riesigen Fortschritt in Bezug auf Verluste gemacht.

Ich habe in meinem Büro einen Glastresor, in dem ich Spenden für die Kinderkrebshilfe und Kindernothilfe sammle. Bei meinen Coachings begegnet mir immer wieder die Situation, dass Trader sagen, der Verlust von xy macht ihnen gar nichts aus. So frage ich dann: Wirklich gar nichts? Wenn daraufhin der Schüler bei seiner Behauptung bleibt, bitte ich ihn, doch eine Spende in Höhe des nächsten Risikos, meist 500 bis 1000 Euro, in den Tresor zu geben.

Wenn der Schüler sich überrumpelt vorkommt, ist dies ein Zeichen, dass er Verluste noch nicht vollkommen akzeptiert. (Natürlich zwinge ich niemanden zu einer Spende, aber indem ich die Person in diese Situation versetze, mache ich ihr klar, was Akzeptanz bedeutet: Hergeben, ohne Gegenleistung zu erwarten.)

Es reicht nicht, sich diese Kapitel durchzulesen und sich dann fest vorzunehmen: »Okay, wenn Birger meint, Verluste zu akzeptieren ist wichtig, dann mache ich das«, sondern Sie müssen diesen Wachstumsprozess durchlaufen und lernen, Verluste ehrlich zu akzeptieren. Womit wir wieder beim Thema Mut sind. Es gehört Mut dazu, sich auf diesen Prozess einzulassen. Verluste zu akzeptieren ist ein Reifeprozess, den Sie natürlich beschleunigen können, wenn Sie offen sind und bereit, zu reifen.

Aber wie jeder Reifeprozess ist es eine Sache, die Sie sich erwerben müssen. Möglicherweise haben Sie diesen Prozess in anderen Lebensbereichen schon durchlaufen, sodass Sie nur Übertragungen auf den Bereich Trading machen müssen, aber ich behaupte: Wer glaubt, ohne diesen Reifegrad dauerhaft erfolgreich zu traden zu können, wird sein persönliches Waterloo erleben.

Akzeptanz als Ergebnis eines Reifeprozesses

Mit dem Verständnis des Reifeprozesses soll Ihnen dieses Kapitel dabei helfen, ihn leichter zu durchlaufen. Auch ist es wichtig, dass Sie die Voraussetzungen dafür verstehen. Ein Verlust weckt in uns Abwehrreaktionen. Diese können, wie im Kapitel »Angst« beschrieben, aggressiv oder regressiv sein. Beides befreit uns aber nicht von unseren Verlustängsten. Diese können wir nur überwinden, wenn wir den Schritt von der Toleranz hin zur Akzeptanz gehen.

Dieser Schritt ist mutig und erfordert Selbstvertrauen. Ich muss das Vertrauen aufbringen, dass ich weiterhin existieren kann, wenn ich ihn gehe. Gelingt uns das, setzt ein Reifeprozess ein, der gleichzeitig das Selbstvertrauen weiter wachsen lässt und uns in zukünftigen Situationen den Umgang mit Verlusten erleichtert. Deshalb ist es wichtig, die verschiedenen Stufen bewusst zu erfahren, aber die Stufe 1 (Negierung) durch Toleranz zu ersetzen, die Stufe 2 (Wut, Aggression) durch Konfrontation und Veränderungswillen. Die dritte Stufe (Verhandeln) betreten wir, indem wir uns öffnen für neue Wertvorstellungen, und die vierte Stufe (Depression) durch das Aufgeben von Wertkonzepten, die uns daran hindern, Verluste anzunehmen. So können wir dann die Stufe der Akzeptanz erreichen.

Wenn ich an diesen Punkt gelangt bin, habe ich nicht mehr das Gefühl, dass ich handeln muss. Ich lasse den Tag einfach auf mich zukommen. Ich finde zurück in eine entspannte Haltung. Vielleicht kommt heute eine Tradingmöglichkeit, vielleicht nicht. Ich habe keine Angst mehr, den Monstertrade zu verpassen, der meinen Drawdown im Nu beenden würde. Ich brauche nichts Externes mehr (wie einen Gewinn), um mich besser zu fühlen.

Der Trader erkennt, dass er unendlich viel Zeit hat, den Drawdown zu beenden. Dass es eigentlich keinen Drawdown gibt, denn die Verluste sind bereits Vergangenheit. Sie sind passiert. Der Versuch, die Verluste auszugleichen, ist, als ob man die Vergangenheit ändern will. Ein zweckloses, sinnloses Unterfangen. Wozu? Die Verluste sind passiert, Gewinne machen sie nicht rückgängig.

Die Gegenwart ist der entscheidende Moment

Die Zukunft liegt vor uns. Es ist eine Illusion, sie kontrollieren zu können. Es kommt der Moment, in dem der Trader erkennt, dass die Gegenwart entscheidend ist. Das, was wir jetzt tun, ist weder Vergangenheit noch Zukunft. Zukunft wird vorgestellt, Vergangenheit erinnert, aber beides ist nicht real. Wir erinnern uns an eine ganz bestimmte Vergangenheit. Möglicherweise an eine Vergangenheit, in der wir verloren haben, vielleicht erinnern wir uns aber in fünf Jahren an dieselbe Vergangenheit als eine Zeit, in der wir gelernt haben. Was für ein Unterschied, oder? Und doch dieselbe Vergangenheit.

Die Zukunft, die wir uns vorstellen, der Wunsch, mit Gewinnen den Drawdown zu beenden, ist unsicher. Und die Zukunft bleibt immer eine Vorstellung, weil sie immer nur vor uns liegt. Witzigerweise (oder ironischerweise) wird die vorgestellte Zukunft nie Vergangenheit. Möglicherweise wird sie Realität, aber nie Vergangenheit. Wenn der zukünftige Moment verstrichen ist, verstreicht auch die Vorfreude, die Sorge oder Angst vor der Zukunft und verwandelt sich in ein Gefühl der Enttäuschung, Begeisterung, Scham, Wut oder Ähnliches, mit dem wir die Vergangenheit abspeichern. Das, was wir erfahren, hängt von der Erkenntnisfähigkeit unseres Geistes ab und verändert ständig seine Form, abhängig davon, wie wir es betrachten.

Was bleibt, ist der Moment der Gegenwart. Der ist echt und weder erinnert noch vorgestellt. Es geht darum, dass der Trader seinen Geist leer macht von Wünschen und Vorhaben. Es geht nicht ums Gewinnen oder Verlieren, es geht nicht darum, einen Drawdown zu beenden. Sich aus dem Zustand des Habenwollens zu befreien geht nicht, indem ich mir den Zustand des Seins wünsche. Denn dieser Wunsch ist schon wieder ein Habenwollen. Vielmehr muss ich einfach darauf vertrauen, dass ich in diesen Zustand zurückkomme.

Die Gegenwart ist weder vorgestellt noch erinnert. Der Moment der Gegenwart, der Augenblick zählt. Diese Erfahrung, dieses Bewusstsein, holt den Trader aus dem Zustand des Habenwollens (vorgestellte Zukunft), der Angst (vorgestellte Zukunft), der Wut (erinnerte Vergangenheit), des Zweifels (Angst vor der unsicheren Zukunft) oder der Sorge (Wunsch nach Kontrolle in der Zukunft) in die Gegenwart. Hier hat der Trader Kontrolle. Nur für diesen Moment. Sobald er nach vorne oder hinten denkt, verliert er die Kontrolle. Menschen, die im Flow sind, im Zustand des Seins, befinden sich vollkommen in der Gegenwart. Sobald der Trader hier angelangt ist, verschwinden Bewertungen, Urteile, Emotionen und auch die Verluste und der Drawdown. Dafür muss er aber durch die Erfahrung des Akzeptierens. Akzeptieren, dass er im Moment nicht in der Lage ist, zu gewinnen, er nicht bereit dazu ist und nicht fähig. Vielleicht ist er das in der vorgestellten Zukunft oder war es in der erinnerten Vergangenheit, aber er muss akzeptieren, dass es in diesem Moment einfach nicht möglich ist.

Diese Akzeptanz entspannt. Sie nimmt den Stress aus dem Traden. Es folgt ein Moment auf den nächsten. Und der Moment, in dem wir nicht in der Lage waren, zu gewinnen, verstreicht genauso schnell wie der Moment, in dem wir gewinnen. Und so führt die Akzeptanz zur Gelassenheit, weil die Erfahrung des Verlusts bereits hinter uns liegt und sich nicht ändern lässt. Was zählt im nächsten Moment? Aufmerksamkeit, Achtsamkeit für den Moment. Diese Aufmerksamkeit, in der der Geist nicht gefangen von Wünschen und Vorhaben ist, an denen er haftet, hilft bei der Bewältigung von Problemen. Es kommt der Moment, in dem der Trader wieder frei ist.

Akzeptanz führt zu Gelassenheit

Dies ist kein Trick. Denn wer versucht, durch wie auch immer geartete Deals einen Zustand der Akzeptanz herzustellen, um in der vorgestellten Zukunft zu gewinnen, der befindet sich noch in der Phase der Verhandlung. Akzeptanz bedeutet, ohne zukünftige mögliche Benefits und ohne Trauer über bereits Geschehenes die Situation zu erleben. Somit muss die Akzeptanz wirklich sein. Wer sich nur vornimmt »Na gut, akzeptiere ich eben, dass ich im Drawdown bin«, damit er zukünftig gewinnen kann, verhandelt und akzeptiert nicht. Und wer sich einfach nur gehen lässt, ohne zu akzeptieren, befindet sich noch in der Phase der Depression. Er hat eine Egal-Haltung, die ihn nicht aufmerksam für den Moment werden lässt.

Akzeptanz ist ein gutes Gefühl. Wir genießen das Feedback. So ist das also. Werden wir eines Tages wieder gewinnen können? Vielleicht. Wenn nicht, ist das auch nicht schlimm. Empfinden wir es als schlimm, sind wir noch nicht bereit, zu akzeptieren. »Schlimm« ist eine Wertung, ein Urteil, genauso wie »gut«. Diese Urteile verkleben den Geist, der dann nicht mehr frei und flexibel ist.

Durch Achtsamkeit Kontrolle zurückgewinnen

Ist das nicht ein vollkommen gleichgültiger Zustand? Sicher nicht! Dem Gleichgültigen fehlt die Aufmerksamkeit. Er ist passiv. Der Trader, der akzeptiert, bleibt aktiv. Er schenkt dem Moment Aufmerksamkeit und ist fähig zu reagieren. Er gewinnt durch seine Achtsamkeit Kontrolle zurück.

> »An einer Seele, die völlig frei von Gedanken und Erregungen ist, findet selbst der Tiger keine Stelle, seine Krallen einzuheften.« (*Takuan Sōhō*)

Kann man etwas dafür tun, Akzeptanz zu erreichen?

Natürlich, denn es geht hier um die innere Haltung des Traders. Das Überwinden der Angst, ein zentrales Motiv beim Traden, aber auch in der Kampfkunst, kann nur erreicht werden, wenn unser Geist unser Bewusstsein loslässt und nicht »anhaftet«. Der Geist ist ohne Emotionen, Wunschvorstellungen und Vorurteile, aber auch frei von allen Urteilen, denn nur so ist es ihm möglich, den Augenblick, die Realität, zu erfassen ohne eine falsche Sicht der Wirklichkeit. Ich habe schon viel darüber geschrieben, wie Glaubenssätze, Überzeugungen uns steuern. Aber jede Überzeugung in unserem Kopf verzerrt die Wirklichkeit ein Stück, und je stärker unser Geist an Vorstellungen klebt, umso mehr verzerren wir die Realität. Wir haben Vorstellungen über alles, über den Markt, die Umwelt, uns selbst, unsere Identität, über Werte und Gott. Alle diese Überzeugungen sorgen dafür, dass wir die Vergangenheit in einer bestimmten Form erinnern. Wir schämen uns für den Verlust oder sind stolz auf den Gewinn, wir sind wütend oder ärgerlich über Ereignisse oder dankbar für eine Lernerfahrung – je nachdem, welcher Überzeugung unser Geist anhaftet.

So werden wir das Spiel der Spiele nicht gewinnen können. So sind wir nur verwirrt und ständig damit beschäftigt, den unterschiedlichen Überzeugungen in uns gerecht zu werden. Es ist vorstellbar, dass wir stolz auf einen Gewinn sind, gleichzeitig aber ein Teil von uns überzeugt ist, wir hätten weniger oder mehr verdient. Das kann sehr kompliziert werden in unserem Kopf. Wie kann unser Geist beiden Überzeugungen gerecht werden?

Doch es ist nicht einfach, loszulassen, nicht an Vorstellungen festzuhalten. Der Profi hat bereits gelernt, Überzeugungen, die ihn behindern, gegen Überzeugungen auszutauschen, die ihn unterstützen. Ich habe dazu in meinem ersten Buch ein Kapitel geschrieben. Das ist sicher der erste Schritt, dass der Trader seine Überzeugungen identifiziert und Glaubenssätze, die ihn behindern, gegen produktive Überzeugungen austauscht. Aber es ist eben nur die Stufe eines Profis, noch nicht die eines Meisters.

Den Geist von allen Vorstellungen befreien

Der Meister muss einen Schritt weiter gehen. Er befreit seinen Geist von allen Vorstellungen. In dem Moment, in dem ihm das gelingt, gibt es weder Sieg noch Niederlage.

Schon die Feststellung »Dieser Markt befindet sich in einem Aufwärtstrend« ist eine Vorstellung und damit eine Verzerrung der Wirklichkeit. Heißt das, dass die Kurse nicht fallen können? Ist es möglich, dass Preise in einem Aufwärtstrend fallen? Das ist sicher möglich.

Der Meistertrader reagiert einfach auf den Moment. Er sieht, handelt, nimmt wahr, ohne zu bewerten. Er verlässt sich auf die Techniken, die er gelernt hat. Aber in dem Augenblick, in dem er an Sieg oder Niederlage auch nur denkt, verhindern seine Gedanken, dass die Technik situationsbezogen eingesetzt wird. Mal ist es richtig, einen Gewinn nach nur sieben Ticks einzustreichen, mal muss der Stopp sofort nachgezogen werden. Ein anderes Mal ist es besser, den Stopp weit weg zu setzen, den Gewinn über Tage laufen zu lassen, obwohl der Trader ein Daytrader ist. Wie soll das gehen? Ist der Trader dann nicht konzeptlos und wenig strukturiert?

Jemand, der glaubt, wir hätten es mit einem strukturierten Umfeld zu tun, mit einer sich immer wiederholenden identischen Situation, der ist konsequent, wenn er fordert, sich immer gleich zu verhalten. Der Markt ist aber organisch, ständig im Wachsen, Entstehen. Das wesentliche Element ist Veränderung und der Trader muss dies wahrnehmen. Er muss ständig aufmerksam sein. Er kann sich nicht zurücklehnen.

Die Situation gleicht einem Schwertkampf. Natürlich haben die Schwertkämpfer verschiedene Techniken gelernt. Techniken, den Gegner anzugreifen, Techniken, um Angriffe abzuwehren. Techniken, wie sie schlagen, stehen, drehen und stechen sollen. Gute Kämpfer beherrschen all diese Techniken, aber niemand würde glauben, dass in einem echten Kampf schematisches Anwenden der Techniken zum Erfolg führen würde.

Kenntnis der Techniken, Anpassen an die Marktsituation

Der erfolgreiche Trader verfügt über eine Kenntnis der Techniken. Er hat verschiedenartige Setups. Er beherrscht all seine Setups perfekt und dennoch muss er in der Situation am Markt variieren, anpassen, reagieren. Dies fällt ihm umso leichter, je weniger Vorstellungen er über den Markt, das Ergebnis (Sieg oder Niederlage, Gewinn oder Verlust) hat.

Welche Schritte muss er also gehen?

Zuerst müssen wir uns bewusst machen, dass wir bestimmten Vorstellungen anhaften. Dies ist der Moment der Erkenntnis. Wir müssen wissen, dass unser Geist bereits voll ist mit Vorstellungen über die Vergangenheit und Zukunft. Wir sind verzweifelt bemüht, den Moment, die Gegenwart, so zu gestalten, dass sie in unser Bild von Vergangenheit und Zukunft passt. Denn nur so können wir unseren Vorstellungen gerecht werden und ein Kontinuum zwischen Vergangenheit, Gegenwart und Zukunft schaffen.

Unser Selbst ist ständig damit beschäftigt, die Gegenwartserfahrungen so einzuordnen, dass sie in unser Weltbild passen. Man kann sich leicht vorstellen, dass wenige Ressourcen übrig bleiben, wenn unser Geist mit dieser Aufgabe beschäftigt ist. All die Vorstellungen über uns selbst müssen zu einem stimmigen Gesamtbild des gegenwärtigen Moments zusammengefügt werden. Erfahrungen oder Wahrnehmungen, die dazu nicht passen, müssen verdrängt werden. Es ist der Wunsch nach Stabilität und Sicherheit, der unser Selbst dazu treibt, dieses Puzzlespiel immer wieder neu zusammenzusetzen. Jeder Augenblick ist ein zusätzliches Puzzlestück und muss in das stimmige Bild über uns und die Welt eingefügt werden. Ob dieses Bild positiv, negativ, optimistisch, pessimistisch oder sonst wie ist, zählt dabei nicht. Wichtig ist, dass wir den Augenblick und alle zukünftigen Augenblicke einordnen können.

Vertrauen statt Stabilität und Sicherheit

Wir brauchen diese Stabilität und Sicherheit, weil uns das Vertrauen fehlt. Das Bild, gewachsen aus Überzeugungen, Vorstellungen und Erinnerungen, gibt uns Sicherheit. Wenn wir darauf vertrauen könnten, dass wir die Gegenwart, den jetzigen Augenblick, meistern können, ohne ständig den Moment einzuordnen und zu bewerten, dann wären wir ein Stück weiter. Warum fehlt dieses Vertrauen?

Es fehlt, weil der Geist gefangen ist. Vorstellungen über Sieg oder Niederlage, über Gewinn oder Verlust haben von uns Besitz ergriffen und wir glauben, wir müssten den Augenblick kontrollieren. Ein vollkommen unmögliches Unterfangen, weshalb wir uns darauf verlegt haben, wenigstens die Vorstellung des Augenblicks, unsere Illusion der Realität, zu kontrollieren. Dieser Aufgabe sind wir gewachsen. Dies machen wir ständig, wenn unser Geist voll mit Vorstellungen ist.

Den Wunsch nach Kontrolle aufgeben

Wer aber den Wunsch unseres Selbst nach Kontrolle aufgibt, der kann seinen Geist befreien. Das ist sicher eine sehr schwirige Aufgabe. Denn gerade als Trader erachten wir es doch als wichtig, jederzeit die Kontrolle zu behalten.

Wir müssen verstehen, dass Kontrolle nicht notwendig ist, wenn wir vertrauen können. Wenn wir uns und unseren Fähigkeiten vertrauen können, werden wir jede Situation meistern.

Die Blume macht sich weder Gedanken, ob sie schön ist, noch Sorgen, ob eine Biene vorbeikommt und sie bestäubt. Wir lachen möglicherweise, klar, die Blume hat ja auch kein Bewusstsein, deshalb ist sie nicht in der Lage, Angst zu haben, dass sie nicht schön ist, dass sie nicht gut genug riecht, dass möglicherweise keine Biene sie bestäubt. Aber genau darum geht es in diesem Bild: Wir müssen sein wie die Blume. Sie existiert von Augenblick zu Augenblick, solange ihr Zeit beschieden ist. Die Blüte öffnet sich und schließt sich genau im richtigen Moment.

So muss der Trader sein. Er macht sich keine Sorgen, ob er einen Gewinn machen wird. Er hat keine Angst, dass der Trade nicht kommt, er hat keine Sorgen, ob er gut genug ist oder es verdient, zu gewinnen. Er wird einfach im richtigen Moment handeln, so wie die Blume sich öffnet und schließt. Alles, was er dazu weiß, hat er während seiner Ausbildung gelernt.

Dieser Trader ist ein Meister, der gelernt hat, seinen Geist zu befreien. Der entscheidende Schritt ist also, zu vertrauen. Die Kontrolle aufzugeben, während wir gleichzeitig ein tiefes Vertrauen in uns wachsen lassen, dass wir oder irgendetwas in uns weiß, was zu tun ist.

Das ist keine Garantie für Gewinne. Das sollte es auch nicht sein. Es ist eine Einstellung, die es dem Trader ermöglicht, den Augenblick zu meistern. Vielleicht gab der Augenblick nicht die Möglichkeit für einen Gewinn her und trotzdem wird der Trader existieren. Er wird weiteratmen und den nächsten Moment zu meistern haben, bis seine Zeit gekommen ist. Der Trader wird auf diese Weise Erfahrungen machen und Feedbacks erhalten, die zu einer echten Lernerfahrung werden können.

Wohin der Weg führt

Die Stufe des Meisters zu erreichen wird vielen wahrscheinlich nicht sofort möglich sein, wobei das nicht komplett ausgeschlossen ist. Der eine wird möglicherweise als Meister geboren, der andere braucht 20 Jahre zum Lernen und manche werden es nie. Aber um zu einem Ort zu gelangen, brauchen wir eine Vorstellung über den Ort. Die haben wir nun. Wir wissen, wohin der Weg gehen kann.

Ich habe Jahre gebraucht, bis ich mir vertrauen konnte. Und selbst dann gab es Phasen, in denen ich aufgrund von Gewinnen aus einem Zustand des Seins in den Zustand des Noch-mehr-haben-Wollens wechselte. Genau in dem Moment begann der Drawdown. Ohne dass ich es merkte, verlor ich die Achtsamkeit und meine Gedanken waren nur noch gefangen von dem Ziel, mehr Gewinne zu machen.

Ich habe diese Spirale Verlust der Achtsamkeit, Zorn, Verhandlung, Depression Dutzende Male durchmachen müssen. Einige Male ging mein Konto zu Bruch. Einige Male war ich kurz davor, ganz aufzugeben, und ich glaubte, niemand könne langfristig erfolgreich traden. Doch jedes Mal, wenn es mir gelang, das Geschehene zu akzeptieren, war ich bereit für einen unbeschwerten Neuanfang. Solange ich kämpfte, konnte ich mich mit viel Kraft manchmal selbst an den Haaren aus dem Sumpf ziehen, aber niemals das Moor verlassen. Schon kurze Zeit später steckte ich wieder fest. Es hat Jahre gedauert, bis ich herausfand, dass eine Drawdownphase erst dann beendet ist, wenn wir alles, was geschieht, akzeptieren. Auch, dass wir gerade verlieren.

Unser rationaler Geist, unser Selbst, rät uns, in dieser Situation zu kämpfen. Dagegen anzukämpfen, dass wir verlieren, etwas zu ändern, damit uns ein Verlust in Zukunft erspart bleibt. Ein Verlust ist aber ein Feedback und wir können aus einem Feedback, einer Kritik nur lernen, wenn wir sie annehmen. Dazu dürfen wir keine Entschuldigungen finden, warum wir verlieren, sondern müssen einfach akzeptieren, dass wir verlieren. Entschuldigungen, warum wir verlieren, gibt es viele. Der Markt passt nicht zu unserer Strategie, wir sind schlecht drauf, wir haben Stress, wir waren abgelenkt …

Das alles können Gründe sein, warum wir verlieren. Aber das Entscheidende ist, zu akzeptieren, dass wir verlieren und wir in einem Zustand waren, der uns kein anderes Ergebnis ermöglicht hat. Allein die Tatsache, dass wir uns anders hätten verhalten können, es aber nicht getan haben, ist Beweis genug.

Wie soll ich aber existieren ohne ein Bewusstsein, das mich beschützt? Die Antwort liegt auf der Hand. Wir müssen lernen loszulassen, haben aber Angst davor, die Kontrolle zu verlieren. Wir haben gelernt, dass unser Bewusstsein Überzeugungen produziert mit Handlungsanweisungen, wie wir unser Leben zu gestalten haben. Unser Bewusstsein hat Grenzen gezogen. Grenzen, innerhalb deren wir meinen existieren zu können. Grenzen, was wir glauben, leisten zu können. Doch gibt es diese Grenzen wirklich? Oder sind sie nur Produkt unseres Bewusstseins?

Warum sollen wir achtsam und aufmerksam sein? Im Laufe unseres Lebens haben wir Gewohnheiten aufgebaut. Diesen Gewohnheiten liegen Überzeugungen zugrunde. Jede Gewohnheit hat eine positive Absicht. Aber häufig ist dies eben nur eine Seite der Medaille und die Gewohnheit hat auch Nebenwirkungen. Wir können uns vornehmen, etwas zu tun oder zu unterlassen, eine bewusste Entscheidung treffen, aber wenn wir nicht aufmerksam sind, nicht achtsam, wird die Gewohnheit sofort wieder durchbrochen. Bewusstsein und Aufmerksamkeit reichen häufig, um negative Gewohnheiten zu bekämpfen.

5.
EXPERTENTIPPS

In der Einleitung deutete ich schon an: Beim Traden geht es eher um Prinzipien als um Regeln. Die folgenden Handlungsanweisungen sind allgemeiner Natur, es sind teilweise alte Börsenweisheiten oder aber Merksätze, die komplexe Zusammenhänge in sehr komprimierter, aber einprägsamer Form vermitteln.

Ich habe diese meine Leitsätze mit einigen wenigen Worten erläutert. Sie ergänzen das Thema »Mentale Stärke« um ganz bestimmte Aspekte.

Diese Aspekte sind: Entscheidungsfindung an wichtigen Weichenpunkten, Umgang mit Verlusten sowie Gewinnen, Haltung im Wettkampf und Vermittlung der richtigen Perspektive unseres Tuns.

All diese Punkte sind nicht nur beim Traden entscheidend, sondern auch beim Sport und im täglichen Leben. Die Ideen entstammen daher auch zum Teil aus diesen Bereichen, lassen sich jedoch hervorragend auf das Trading übertragen!

Wer es schafft, diese Grundsätze zu verinnerlichen und sein Leben danach zu gestalten, der wird zufriedener und auch erfolgreicher agieren können.

5.1 In der Stunde der Wahrheit: Think outside the box

Kennen Sie das scheußliche Gefühl, wenn nichts klappt? Alles scheint sich gegen Sie verschworen zu haben. Solch ein Punkt kann ein sogenannter »Inflection Point« sein. Das bedeutet, es kann sich um einen Weichenpunkt handeln. An dieser Stelle ist es Ihre Entscheidung, welche Strecke Sie nehmen, wie Sie die Weiche stellen.

In diesem Kapitel geht es um sogenannte Inflection Points: Weichenpunkte, an denen eine Entscheidung zu treffen ist. In der Mathematik ist ein Inflection Point ein Wendepunkt. Jeder kennt diese Momente im Leben, in denen eine Entscheidung den Dingen eine neue Richtung gibt. Das Besondere an einem Inflection Point ist, dass es kein Zurück gibt oder es zumindest extrem schwer werden würde. Wir können uns das ruhig wie eine Eisenbahnschiene vorstellen. Je nachdem, wie die Weiche gestellt ist, geht es in die eine oder andere Richtung und eine Umkehr ist nicht möglich.

Sie sind angezählt, deshalb sollten Sie ganz wenig traden. Denn sollte weiterhin etwas schieflaufen, steigt die Gefahr, dass Sie außer Kontrolle geraten. Ein »Tilt« steht möglicherweise bevor. Wenn das passiert, ist es zu spät, weil wir unsere Selbstkontrolle dann völlig verlieren und sie wahrscheinlich erst wiedererlangen, wenn wir auf einem riesigen Berg Verluste sitzen.

Bevor ich lernte, dass es nach einem Inflection Point kein Zurück gibt, habe ich häufig mal die falsche Abbiegung genommen. Heute versuche ich, diese Punkte im Voraus zu identifizieren. Wenn einem das nicht gelingt, ist es meistens zu spät, umzukehren.

Weichenpunkte im Voraus identifizieren

Besonders teuer war in den 1990er-Jahren einmal ein Tag, an dem ich vollkommen die Kontrolle verlor und die Abbiegung verpasste, einfach mit dem Traden für den Tag aufzuhören. Zu dieser Zeit habe ich noch per Telefon geordert, d. h., jede Order wurde per Telefon dem Broker mitgeteilt, dann habe ich mir ein Orderticket erstellt und dieses Orderticket auf einen kleinen Spieß auf meinem Schreibtisch aufgespießt. Ich handelte damals sehr aktiv den Dax, dessen Punktwert in den 1990ern noch 100 DM war. Damit war der Dax ein riesiger Kontrakt. Nur wenige Punkte Bewegung konnten einen Gewinn, aber auch einen Verlust von 1000 DM bringen.

Ich hatte gerade eine Phase sehr erfolgreicher Trades hinter mir, was mich leider etwas leichtsinnig und übermütig werden ließ. Meine Tickets waren für das Konto recht groß, sprich, ich handelte vier bis zehn Kontrakte mit einer Order. Somit hebelte ich jeden Daxpunkt auf 400 bis 1000 DM. Heutzutage weiß ich, dass das viel zu groß war für mein Konto, aber damals meinte ich, unbedingt diese Risiken eingehen zu müssen.

Ich erwartete für den Tag eine große Abwärtsbewegung und wollte diese aggressiv handeln. Schon kurz nach der Eröffnung fiel der Dax und ich platzierte meine erste Order im Markt. Weil ich so große Positionen handelte, musste ich einen relativ engen Stopp verwenden, damit ich nicht zu viel Geld verlor, wenn der Trade schieflief. Dass dies keine vernünftige Idee ist, war mir damals noch nicht klar. Der Stopp muss sich eher am Markt orientieren als am Konto, und wenn der Markt einen weiten Stopp vorschlägt, muss eben die Position kleiner sein. Ich wollte aber keine kleinen Positionen traden und dachte mir, dass ich mit einem kleinen Stopp schon irgendwie durchkommen würde.

Es war ein bisschen wie beim Mogeln in der Schule. Man verstößt gegen eine Tradingregel, aber irgendwie glaubt man, damit durchzukommen. Und da es ab und zu klappt, wird man ermutigt, es ständig zu tun. Je öfter man aber mogelt, desto wahrscheinlicher ist es auch, dass sich dieses Verhalten negativ auswirkt. Sei es, dass man erwischt wird oder aber riesige Lücken im Lernstoff anhäuft. Genauso ist es beim Traden. Entweder der Markt erwischt einen, oder aber es schleicht sich ein Handelsstil ein, der langfristig nicht profitabel ist. Wie auch immer, damals dachte ich, ich komme mit großen Positionen, aber kleinen Stopps durch.

Meine erste Position lebte nicht lange und wurde mit einem Verlust ausgestoppt. Ich weiß nicht mehr die genaue Größe des Verlustes, aber ich erinnere mich, dass ich wie besessen war, den Tag mit einem Gewinn abzuschließen. Nur wenige Minuten später fand ich mich erneut mit einer Position im Markt wieder. Der Markt selbst machte starke Schwankungen, aber irgendwie konnte ich nicht davon profitieren. Stattdessen wuchs der Stapel mit den Ordertickets auf meinem Schreibtisch auf ein beträchtliches Maß. Ich hatte mindestens schon zehn oder zwölf Trades gemacht und das Schlimmste war, ich wusste nicht, wo ich stand. Wie groß war mein Verlust? Ich wusste nur, dass ich einen Verlust gemacht hatte. Aber anstatt Bilanz zu ziehen, fesselte mich der Wunsch, meine Verluste zu kompensieren. Den ganzen Tag ging ich rein und raus aus dem Markt. Nicht jeder Trade war ein Verlust. Häufig hatte ich kleine Gewinner die einen oder zwei Verlusttrades kompensierten, aber intuitiv wusste ich, dass ich hinten lag. Der ganze Tag war ein großer Kampf. Ich saß vor meinem Computer, verfolgte die Kurse und feuerte die Orders über das Telefon nur so in den Markt.

Der Stapel an Ordertickets wuchs stündlich. Irgendwann klingelte die Schlussglocke und der Markt schloss für den Tag. Ich wusste, dass ich hinten lag, aber nicht, wie viel. Damals kamen die Auszüge noch nicht per Mail, sondern wurden jeden Morgen gefaxt. Am Ende des Tages ging ich niedergeschlagen und müde ins Bett, mit einem letzten Blick auf meinen Orderstapel. Ich wusste, ich hatte Geld verloren, aber wie viel konnte ich mir beim besten Willen nicht vorstellen. Etwa gegen vier Uhr morgens sprang mein Fax an, da um diese Zeit die Kontoauszüge gefaxt wurden. Ich hatte, wie es damals üblich war, ein Fax mit Thermopapier, das auf einer Rolle aufgespannt war. Durch das Rattern des Faxes wurde ich aus meinem sowieso unruhigen Schlaf geweckt. Normalerweise dauerte das Empfangen der Kontoauszüge 30 bis 60 Sekunden. Doch diesmal schienen unendlich viele Seiten zu kommen. Das Fax ratterte und ratterte und druckte meterlange Auszüge aus.

Noch immer wagte ich es nicht, auf meine Kontobilanz zu schauen. Ich wusste nur, dass ich sehr viel – garantiert zu viel – getradet hatte und dass ich verloren hatte. In welcher Höhe, war mir nicht bekannt. Ich versuchte, noch ein wenig zu schlafen, was mir kaum gelang.

Am Morgen war dann die Stunde der Wahrheit gekommen. Ich musste mich ihr stellen. Nach meinem Frühstückskaffee ging ich zum Fax, riss den Kontoauszug ab und schaute mir meinen P/L an.

Mein Atem stockte. Ich hatte über 160 000 DM verloren. Das waren mehr als 70 Prozent meines Kontos. Alles innerhalb von nur zwölf Handelsstunden! Zuerst dachte ich, das könnte nicht sein. Ich begann, jede Transaktion mit dem Stapel Ordertickets abzugleichen. Ich strich jeden Trade auf dem Auszug durch, den ich auch auf dem Orderticket hatte, und hoffte, irgendwo würde ich einen Fehler finden. Aber nein: nichts. Nachdem alle Tickets verarbeitet waren, war jeder Trade auch auf dem Auszug markiert. Ich hatte am Vortag die Arbeit von knapp zwei Jahren zunichte gemacht. Alles nur, weil ich die Kontrolle verloren hatte. Noch schlimmer aber war, dass ich mich nun in eine sehr missliche Lage gebracht hatte. Mein Selbstvertrauen war zerstört, mein Konto ebenfalls, und ich würde monatelang nicht mehr so handeln können wie vorher. Der Verlust hatte also gleich mehrfach negative Auswirkungen.

Positive und negative Inflection Points

Hätte man diesen Verlust mit einem Tagesloss-Limit vermeiden können? Vielleicht. Denn auch ein Tagesloss-Limit ist nur eine selbst gesteckte Grenze, die wir nach Belieben überschreiten können. Viel wichtiger ist es, zu erkennen, dass, wenn wir einmal einen Punkt überschritten haben, häufig keine Rückkehr mehr möglich ist.

Inflection Points sind nicht immer leicht zu erkennen, und selbst wenn wir sie erkennen, gehört sehr viel Disziplin dazu, die richtige Entscheidung zu treffen.

Solche Weichenpunkte kann es auch im positiven Bereich geben. Die richtige Abbiegung zu nehmen kann ein Meilenstein auf dem Weg zum Erfolg sein.

Leider hatte ich nie einen Mentor. Schon die Entscheidung für den richtigen Mentor kann einen Inflection Point in einer Tradingkarriere darstellen. Ein wesentlicher Meilenstein auf dem Weg zum Erfolg war bei mir die Entscheidung, damit aufzuhören, nach dem besten Einstieg oder System zu suchen, sondern einfach mein bestehendes System so zu verbessern, dass ich größere Erfolge erzielen konnte.

Nachdem ich in den ersten Jahren nur Geld verloren hatte, kam irgendwann der Punkt, an dem meine Erfahrung ausreichte, dass ich break-even traden konnte. Ich gewann im Laufe des Jahres etwas Geld, verlor es dann aber wieder in anderen Monaten. Am Ende des Jahres stand dann eine schwarze Null auf dem Konto, was zwar ein Fortschritt war, aber eingedenk der vielen Arbeit immer noch nicht zufriedenstellend.

Statt wie zuvor nach besseren Einstiegen, intelligenteren Systemen oder anderen externen Verbesserungsmöglichkeiten zu suchen, fragte ich mich, was ich selbst besser machen musste. Ich stellte fest, dass ich Phasen hatte, in denen ich gut mit dem Markt zurechtkam, und in anderen Phasen lief es einfach nicht.

Marktbedingungen und mentale Einstellung

Statt nun neue Systeme zu suchen, die in allen Marktphasen funktionieren (ich weiß heute, dass es so etwas nicht gibt), konzentrierte ich mich darauf, die Unterschiede zu identifizieren, wann ich erfolgreich war und wann nicht. Ich stellte recht schnell fest, dass die Marktbedingungen und auch meine mentale Einstellung wesentlich für meinen Erfolg waren. In einem Seitwärtsmarkt tat ich mich schwer. Kam dann noch dazu, dass ich mental schwach war, endete das in einem Desaster. In Trendmärkten, besonders in Abwärtstrends, war ich dafür sehr gut. Auch hier gewann ich nicht immer, aber in diesen Fällen war ich oft nicht diszipliniert.

Ich traf dann eine Entscheidung, die bis heute einer der wesentlichen Bausteine meines Erfolgs ist. Ich fragte mich: Warum handle ich in jeder Situation die gleichen Risiken, die gleiche Positionsgröße? Statt die Risiken in Marktphasen, in denen es nicht so gut für meinen Handelsstil lief, herunterzufahren und sie, wenn ich merke, dass ich nicht gut drauf war, ebenfalls zu reduzieren, hatte ich bisher immer die gleiche Positionsgröße. Damit sollte nun Schluss sein.

Anpassung des Risikos durch wechselnde Positionsgrößen

Ich entwickelte einen Positionsgrößen-Algorithmus, der abhängig war von den Marktbedingungen und meinen mentalen Umständen, und wechselte so, abhängig von der Lage, meine Risiken. Es ist ähnlich wie beim Autofahren. Wir können der beste Lenker der Welt sein – wenn wir Gas und Bremse nicht bedienen können, werden wir nicht gut Auto fahren. Manchmal haben wir gute Sicht, freie Straßen und es ist trocken. Manchmal sind die Straßen eng, es ist glatt und neblig. Niemand würde auf die Idee kommen, dann genauso schnell zu fahren, wie wenn es sonnig ist und die Straße breit und leer. Warum traden wir dann so oft die gleiche Positionsgröße? Weil wir es nicht anders gelernt haben. Besser ist es, situativ zu agieren. Ich entwickelte damals die erste Version meines Risk Managers. Auch heute habe ich diesen Risk Manager noch in Gebrauch (siehe Abbildung 2). Er gibt mir für jede Situation das richtige Risiko an – ein Meilenstein in meinem Trading.

Das war ein absoluter Inflection Point im positiven Sinne.

Umgang mit Inflection Points

Nicht immer ist uns klar, dass wir vor einem Weichenpunkt stehen. Aber wir sollten jede Situation daraufhin überprüfen. In der alltäglichen Routine vergessen wir oft, uns zu fragen: Kann dies ein Inflection Point sein oder werden? Wenn die Antwort Ja ist, gilt es, der Entscheidung eine besondere Aufmerksamkeit zu widmen!

Nicht immer fallen Entscheidungen an Inflection Points einfach oder sind klar. In der Rückschau sieht alles immer so aus, als läge die Entscheidung auf der Hand. Häufig sind aber diese Punkte mit Risiken verbunden. Es geht dann nicht darum, die Risiken zu vermeiden. Mit Entscheidungen sind Risiken verbunden. Es gilt hier eine einfache Regel im Umgang mit Risiken: Wir sollten uns die Frage stellen, ob wir es ertragen können, wenn uns das Risiko trifft. Ist der Worst Case akzeptabel? Wenn ja, sollten wir den Weg des Risikos gehen.

Es gibt keinen Inflection Point ohne Risiken. Es gibt aber oft mehr Möglichkeiten, als wir denken, um Lösungen zu finden. Es gilt hier der Spruch:

»Think outside the box.«

Ich stand mehrere Male in einer Situation, in der ich alles verloren hatte. Mein kleines (viel zu kleines) Handelskonto war platt und ich konnte nicht mehr weitertraden. Ich kenne viele Trader, die in so einer Situation vor der Entscheidung standen: aufhören oder weitermachen? Diejenigen, die aufhörten, waren wahrscheinlich nicht für diesen Beruf bestimmt. Aber auch nicht alle, die weitermachten, wählten den richtigen Weg. Viele von ihnen entschieden sich, einen Kredit bei einer Bank oder bei Freunden und Verwandten aufzunehmen und damit zu spekulieren. Ich gebe zu, dass ich auch daran gedacht habe, aber irgendwie fühlte ich mich nicht wohl dabei. Ein Kredit ist ein scheinbar einfacher Weg, an Geld zu kommen. Doch wir sollten nicht vergessen, warum wir gescheitert sind, und ein erneutes Scheitern einkalkulieren.

Ich hatte einen Praktikanten, der mit 50 000 Euro an der Börse sehr viel Geld verdient hat. Dann hat er einen Kredit aufgenommen, um noch mehr Geld zu verdienen. Mit dem Platzen der Internetblase verlor er sein Eigenkapital und auch noch das Geld, das er sich geliehen hatte. Plötzlich stand er als Student mit fast 100 000 Euro Schulden da. Wie viele Jahre brauchte er, sich aus dieser Situation zu befreien? Ein Kredit ist meist nicht die richtige Lösung, um sein Tradingkonto zu kapitalisieren.

Aber wie sollte ich als Student sonst an Geld kommen?

Mit einer normalen Arbeit würde ich maximal, wenn ich 40 Stunden die Woche arbeitete, 2500 bis 3000 DM verdienen können. Und so einen Job zu finden war sicherlich auch nicht leicht. Irgendwann kam mir aber eine klasse Idee. Ich war an einer Uni mit mehr als 20 000 Studenten eingeschrieben. Was machen Studenten lieber als studieren? Party! Also musste ich nur eine gute Party organisieren und konnte über die Eintrittsgelder mein Konto wieder kapitalisieren. Mein Vorteil war, dass ich eine mobile Disco hatte, mit der ich vor meinem Studium in Dorfsälen etc. schon Partys gemacht hatte. Doch diesmal sollte es eine richtig große Party mit mehr als 1000 Besuchern werden. Wenn ich an jedem Besucher 10 DM Gewinn machte, verblieben mir 10 000 DM für meinen neuen Start ins Trading-Business. Natürlich war mit so einer Entscheidung ein Risiko verbunden. Wenn die Party nicht funktionierte, würde ich im Worst Case weiteres Geld verlieren. Aber ich war bereit dazu. Und im Nachhinein muss ich sagen: Es war eine sehr gute Entscheidung.

Wenn wir an einem Inflection Point sind, müssen wir immer auch ein Scheitern einkalkulieren. Wir müssen ein Risiko übernehmen. Dazu braucht man Selbstvertrauen. Es kann immer passieren, dass wir scheitern, aber solange wir das ertragen können und wir nach dem Scheitern wieder aufstehen, ist es meiner Einschätzung nach das Risiko wert.

5.2 Kümmere dich um deine Verluste, dann kümmern sich deine Gewinne um dich!

Ich bin ein absoluter Fan von alten Börsenweisheiten. Ob das altmodisch ist im Zeitalter von Hochfrequenzhandel, Algotrading und neuronalen Netzen? Keine Ahnung ... es ist mir auch egal, denn mittlerweile weiß ich, wie viel Wahrheit in diesen Weisheiten steckt.

So zum Beispiel die alte Börsenregel: Kümmere dich um deine Verluste, dann kümmern sich deine Gewinne um dich!

Früher dachte ich, diese Börsenregel ist eher etwas für Trader, die nicht wissen, wie man Gewinne macht, wie man richtig Geld verdient, die einfach ein schlechtes System haben. Die müssen sich nicht nur um ihre Verluste kümmern, sondern sogar sorgen. Ich habe gedacht, wenn ich nur genug Gewinne mache, sind ein paar Verlusttrades auch egal.

Was für eine blöde Börsenregel. Heute, nach über 20 Jahren als Berufstrader, weiß ich: Nicht die Börsenregel ist blöd, sondern ich war blöd. Diese Börsenweisheit ist so simpel und doch hat es lange gedauert, bis ich sie verstanden habe.

Als Tradinganfänger wollte ich vor allem eines, nämlich Gewinne machen. Die Konzentration auf Gewinne führte oft dazu, dass ich bereit war, größere Verluste zu tolerieren. Ich war der Überzeugung, wer viel gewinnen will, muss eben auch viel riskieren.

Dass dieser Glauben genau das Gegenteil der Börsenweisheit »Kümmere dich um deine Verluste ...« war, habe ich vor 20 Jahren nicht verstanden.

Ich machte eine Menge Meinungstrades. Trades, bei denen ich von einer bestimmten Marktrichtung überzeugt war. Lag ich richtig, machte ich sehr viel Geld. Allerdings verlor ich alles wieder, wenn ich falschlag.

»Kümmere dich um deine Verluste« bedeutet: Achte auf deine Verluste. Trage Sorge dafür, dass sie nicht zu groß werden. Doch wie funktioniert das und was ist ein zu großer Verlust? Sind 1000 Euro zu viel, 1 Prozent oder 2 Prozent? Welcher Verlust ist noch tolerabel, welcher ist bereits zu groß?

Wann sind Verluste zu groß?

Ich habe drei Merkmale gefunden, wann ein Verlust zu groß ist.

Ein Verlust ist in dem Moment zu groß, wenn

- ▶ er einen Einfluss auf den mentalen Zustand (Stimmung) hat,
- ▶ ein durchschnittlicher Gewinntrade nötig ist, um den Verlust zu egalisieren,
- ▶ der Verlust genauso groß ist wie der zu erwartende Gewinn aus dem Trade oder sogar noch größer.

Diese Definition hilft uns besser als eine Prozentzahl. In dem Moment, in dem ich darauf achte, dass meine Verluste niemals im Sinne dieser Definition zu groß werden, kommen die Gewinne automatisch.

Wenn ein Verlust Einfluss auf unser Wohlbefinden oder unsere Stimmung hat, bringt er den Trader aus dem Takt. Im Geiste ausgeglichen und balanciert zu sein hat für einen Toptrader äußerste Priorität. Nur so lassen sich gute Entscheidungen treffen. Entscheidungen unbeeinflusst von Angst oder Gier, von der Sorge vor weiteren Verlusten, von dem Wunsch, schnell den letzten Verlust zu kompensieren, vom Ärger über den Markt, der einem den schmerzlichen Verlust zugefügt hat. Hat ein Verlust Einfluss auf unsere Stimmung, ist dies immer ein Zeichen, dass wir innerlich nicht bereit waren, das Risiko eines Verlustes einzugehen. Um erfolgreich traden zu können, müssen wir aber wie jeder Unternehmer ein Risiko eingehen. Kein Gewinn ohne Risiko. Gehen wir jedoch Risiken ein, die zu groß sind, rächt sich dies in einem emotionalen Feedback.

Plötzlich beginnt ein Verlust, Entscheidungen im nächsten Trade zu beeinflussen. Möglicherweise stellen wir unseren Gewinntrade genau dann glatt, wenn der Gewinnbetrag den letzten Verlustbetrag erreicht. Wahrscheinlich ist dies aber nicht der optimale Zeitpunkt und wir hätten uns anders verhalten, wenn wir vorher keinen Verlust hingenommen hätten. So kommt es dazu, dass Trader immer wieder gute Trades zu früh glattstellen, weil sie nur daran denken, den letzten Verlust zu kompensieren.

Neunzig Prozent meiner Trades bringen keinen großen Gewinn oder Verlust. Die Verluste gleichen die Gewinne aus. Aber mit 10 Prozent meiner Trades mache ich 90 Prozent meiner Gewinne! Wann die großen Gewinne kommen, weiß ich leider vorher auch nicht. Aber wenn ein Trade sich nicht so entwickelt, wie ich es geplant habe, achte ich immer darauf, den Verlust klein zu halten.

Nicht jeder Trade ist ein großer Gewinn. Das muss auch nicht sein, aber wir müssen zumindest sicherstellen, dass wir noch dabei sind, wenn uns der Markt die Möglichkeiten gibt. In meinem Tradingraum (www.tradac-livetradingroom.de), in dem ich im Internet ein reales 100 000-Euro-Konto öffentlich trade, habe ich 2012 nur 87 größere Intraday-Gewinne (d. h. über 1000 Euro pro Trade) gemacht. Bei insgesamt 1500 Trades sind das sogar weniger als 10 Prozent. Allerdings gelang es mir trotzdem, 50 Prozent in diesem Jahr zu verdienen, bei einem durchschnittlichen Risiko von 650 Euro.

An dieser Stelle noch ein Zitat aus dem Buch *Magier der Märkte*: »Wer tradet, um reich zu werden, wird das Spiel verlieren, wer allerdings tradet, um im Geschäft zu bleiben, kann davon eventuell sehr gut leben.« (Victor Sperandeo)

5.3 Never play not to lose – Trade niemals, um nicht zu verlieren

If you play not to lose, you lose

Es gibt Zeiten im Leben eines jeden, da wissen wir genau: Es kann nichts schiefgehen, wir können alles erreichen. Zu diesem Zeitpunkt fühlen wir uns kraftvoll, unschlagbar, unverletzlich und jedes Ziel scheint erreichbar. Das ist ein einzigartiger Moment, in dem Angst nicht existiert. Es gibt keine Zweifel an dem, was wir tun, und erst recht nicht daran, ob wir Erfolg haben werden.

Wir gehen Risiken ein, ohne diese zu fürchten. Manch einer würde dieses Verhalten wohl unbedarft nennen, wir selbst sind uns aber einfach nur unserer Sache sicher.

Ich beschreibe einen Moment, den wir als Kinder und Jugendliche möglicherweise oft erlebt haben. Doch je mehr Niederlagen und Misserfolge wir erleben mussten, desto vertrauter wurde das Wort Angst. Wir begannen, nicht mehr an Erfolg zu denken, sondern an Sicherheit. Sicherheit ist das Gegenteil von Angst. Wie fühlen wir uns, wenn wir nicht ängstlich sind? SICHER! Deshalb ist Angst automatisch im Spiel, wenn wir uns Sicherheit wünschen. Denn wir können nicht an das eine denken, ohne das andere mitzudenken.

Sicherheit und Angst

Wie oft haben wir im Sport ein Team aggressiv und spielfreudig gesehen, bis es in Führung war? Dann plötzlich ging es nicht mehr darum, den Sieg auszubauen, sondern nur noch darum, ihn zu halten. Es wird auf Sicherheit gespielt. In diesem Moment dreht sich oft das Spiel. Denn plötzlich nagt jeder misslungene Spielzug am Selbstbewusstsein der führenden Mannschaft, weil sie weiß, dass Fehler sie den Sieg kosten können. Man spielt plötzlich nur noch, um Fehler zu vermeiden.

Man wartet auf die eindeutige Chance, will kein Risiko mehr eingehen.

Im Sport ist es eine wesentliche Taktik, niemals zu spielen, um nicht zu verlieren, sondern immer auf Sieg zu spielen. Wer spielt, um nicht zu verlieren, wird verlieren, weil er zu sehr auf Sicherheit bedacht ist. Wer auf Sicherheit bedacht ist, erspielt sich keine Chancen.

Genauso geht es vielen Tradern. Sobald sie einen Tagesgewinn verbuchen können, haben sie Angst, dass er ihnen wieder genommen wird. Sie stellen ihren Handelsstil um, handeln plötzlich nur noch auf Sicherheit. Vor allem wenn sie gerade eine Serie von Verlusten hinter sich haben und nun mit einem ersten Tagesgewinn aufwarten, fürchten sie, nun erneut einen Verlust zu produzieren.

Oder schauen wir uns den Trader an, der einige Zeit lang erfolgreich war und plötzlich Angst bekommt, dass er diese Gewinne wieder abgeben könnte. Er ändert seinen direkten Tradingstil und wird vorsichtiger. Das Ergebnis: Die großen Gewinne bleiben aus.

Noch schlimmer ergeht es denen, die glauben, sich keinen weiteren Verlust mehr leisten zu können, die in keinem Fall mehr verlieren wollen. Die Angst vor einem Verlust lässt sie erstarren. Sie verlieren ihre Flexibilität. Wenn sie ein Signal am Markt sehen, warten sie auf die Bestätigung der Bestätigung. Zu diesem Zeitpunkt ist meist ein Großteil der Bewegung gelaufen.

Oder nehmen wir Trader, die auf Sicherheit handeln wollen und Chance um Chance verstreichen lassen. Irgendwann wird der Leidensdruck dann so groß, dass sie wahllos irgendeine Chance ergreifen und damit schon einen schlechten Einstieg erwischen.

Diese Trader wollen kein Risiko hinnehmen. Sie haben vollkommen vergessen, welches ihr Job ist. Als Trader haben wir nur eine Aufgabe: kurzfristig Risiken einzugehen. Entweder werden wir dafür mit Gewinnen belohnt oder das Risiko wendet sich gegen uns und wir verlieren. Auch das ist Teil des Jobs.

Trader sind Risikomanager

Wer meint, sich keinen weiteren Verlust leisten zu können, hat am Markt nichts verloren. Trader sind Risikomanager. Ein Risiko beinhaltet die Möglichkeit des Scheiterns, des Verlusts. Das ist kein Problem, solange wir diese Risiken kontrollieren.

Ab und zu laufen die Dinge nicht rund. Trades gehen schief. Aber es ist unsere Entscheidung, wie wir damit umgehen. Sich nach einer Verlustserie defensiver als gewöhnlich zu verhalten ist ratsam, aber es geht weiter darum, das Spiel zu spielen, um zu gewinnen, und nicht, um Verluste zu vermeiden.

Wer Verluste vermeiden will, provoziert sie erst recht!

Conservative approach, aggressive execution

Wer zaudert, hat verloren. Es ist absolut vernünftig, bei der Auswahl der Tradinggelegenheiten sorgfältig und konservativ zu agieren, sobald aber die Entscheidung getroffen ist, müssen wir aggressiv vorgehen.

Zaudern und Zögern öffnet eine kleine Tür in unserem Kopf zu nicht hilfreichen Gedanken. Es entstehen Emotionen, die uns hindern, direkt und zielorientiert zu handeln. Gedanken daran, was schiefgehen könnte, Gedanken an Verluste. Könnte es sein, dass dieser Trade nicht funktioniert? Sollten wir nicht lieber warten, um ganz sicherzugehen? Der Markt ist schnell und trickst uns oft aus. Wenn wir nicht im richtigen Moment handeln, ist es oft schon zu spät. Dieser Moment, die passende Gelegenheit, existiert oft nur für Sekunden. Hier gilt es, gnadenlos zu agieren.

Warum handeln Menschen in einer Simulation gut und mit echtem Geld nicht? Weil sie in der Simulation straight agieren. Sie haben keine Angst, etwas zu verlieren. Also handeln sie zügig, ohne zu zaudern.

Wenn uns etwas egal ist, stören uns keine negativen Gedanken, weil wir den Misserfolg nicht oder nicht mehr fürchten.

Ich kann mich gut daran erinnern, wie ich 1997 fast pleite war. Ich hatte Verluste gemacht, gekämpft, dann, als alles egal war, aus 30 000 DM 250 000 DM gemacht. Wie? Ich habe einfach aufgehört zu denken, aufgehört, mir Sorgen zu machen. Um was sollte ich mich noch sorgen, wenn ich doch schon fast alles verloren hatte? Ich würde sicherlich nicht verhungern, selbst wenn ich auch noch das restliche Geld verlieren würde. Und als ich erst einmal aufgehört hatte, mir Sorgen zu machen, fühlte ich mich auch nicht mehr schlecht. Statt meine Vergangenheit linear nach vorne zu schreiben, entschloss ich mich, einfach gedanklich bei null zu beginnen. Ich drückte den Reset-Knopf in meinem Kopf. Das wirkte unheimlich befreiend. All der Druck löste sich und plötzlich schien mir wieder alles zu gelingen.

Wer sich Sorgen macht, der will auf Nummer sicher gehen. Der will noch eine oder mehrere Bestätigungen abwarten, bevor er sich für seinen Trade entscheidet. Doch diese Versicherungen kosten Geld.

Klar könnten wir warten. Aber wenn wir uns entschieden haben, long zu gehen, wann wäre dafür der beste Moment? Natürlich möglichst früh, noch bevor der Markt schon nach oben gelaufen ist (siehe Grafik »Der beste Moment«).

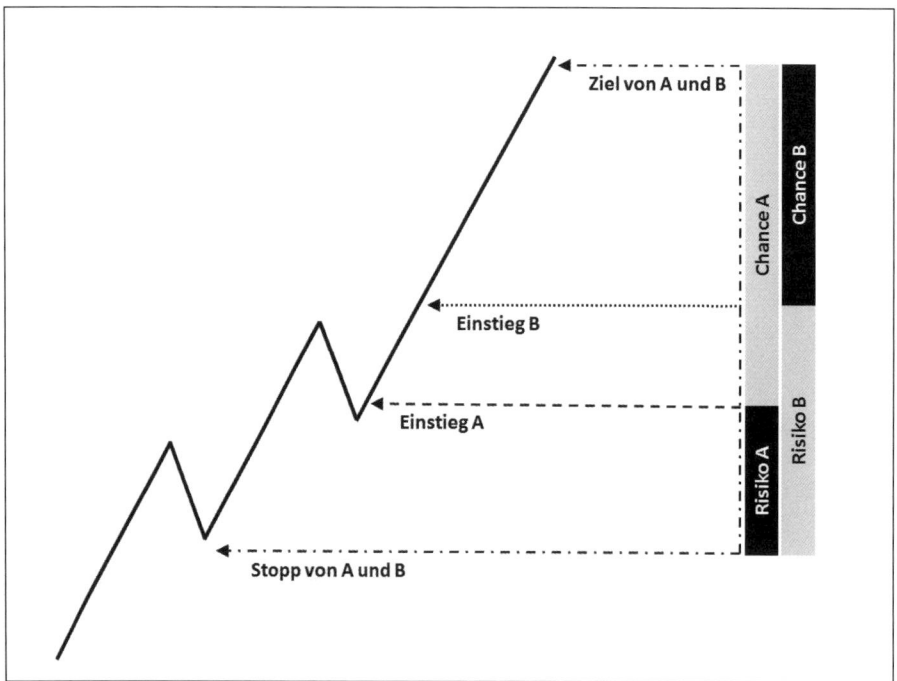

Abbildung 6: Der beste Moment

Das Abwarten kostet Performance. Machen Sie sich immer klar: Selbst wenn Sie auf eine Bestätigung warten, der Markt kann immer drehen. Deshalb ist die aggressive Herangehensweise die vorteilhafteste.

Es fehlt die Konsequenz im Handeln, die einen Gewinner auszeichnet, wenn wir uns dafür entscheiden, nicht verlieren zu wollen.

Zu verlieren ist eine der Urängste eines Traders. Erfolgreich sein bedeutet, auch den Mut zum Scheitern zu haben!

5.4 Das Ergebnis ist nicht das Spiel!

Bei jedem Wettkampf zählt nur das Ergebnis. Sicher?

Das Spiel war gut, das Ergebnis nicht ... oder das Ergebnis spiegelt nicht den Spielverlauf wieder. Bestimmt kennen Sie solche Schlagzeilen. Warum schauen Sie sich ein Fußballspiel an, wenn das Ergebnis das Entscheidende ist? Einfacher wäre es, nach 90 Minuten im Internet das Ergebnis abzurufen.

Wer kennt nicht Situationen aus dem Sport, in denen man kämpft, Treffer knapp verpasst, alles gibt und dennoch verliert!

Wie kann ein Team weitermachen nach zehn Niederlagen in Folge? Wie kann ein Trader sich aus einem langen Drawdown befreien? Nach sechs Jahren Trading war ich immer noch nicht erfolgreich. Man muss entweder ein Narr sein, um sechs Jahre lang zu verlieren, oder unglaublich viel Spaß am Traden, dem Prozess an sich, haben. Damit meine ich nicht, dass wir es genießen, zu verlieren, sondern die Arbeit als Trader an sich! Ich liebe es, den Markt wie ein großes Puzzle zu betrachten, Tradingideen zu entwickeln und zu testen, ob sie funktionieren.

Im Rückblick wird häufig von großen Erfindungen oder erfolgreichen Menschen gesagt, sie hätten einfach an ihre Vision geglaubt. Das mag zum Teil stimmen, aber ich bin überzeugt, dieser Glaube braucht Nahrung. Und diese Nahrung ist nicht der Erfolg, auch nicht die Aussicht auf Erfolg, sie ist der Genuss, den wir während der Arbeit empfinden. Natürlich können Erfolge auch eine Nahrung sein, weiterzumachen, aber genau in diesem Fall haben sich Erfolge ja erst später eingestellt!

Ich gebe zu, es kommt der Moment in der Kariere eines Traders, in dem man glaubt, alles, was zählt, sei der Erfolg, das Ergebnis. Das ist menschlich. Aber dieser Moment ist der erste Schritt auf dem Weg zur Niederlage.

Wie kann man sich aus einem Drawdown befreien, der tiefer und länger ist, als man je gedacht hat? Indem wir uns darauf zurückbesinnen, warum wir traden. Weil es Spaß macht. Ja, klar, wir haben auch das Ziel, Geld zu verdienen. Aber Ziele nur um der Ziele willen zu erreichen, quasi wie auf einer Einkaufsliste abzuarbeiten und abzuhaken, wäre wohl das traurigste Leben, das ich mir vorstellen könnte. Ein Leben ohne wirklichen Genuss. Denn der Moment, in dem wir ein Ziel erreichen, verstreicht schnell und dann brauchen wir neue Herausforderungen. Aber die Zeit, in der wir auf Ziele hinarbeiten, ist lang, und je größer die Ziele sind, umso länger dauert das. Deshalb ist es so wichtig, dass wir diese Zeit genießen können. Was zählt also, das Spiel oder das Ergebnis? Es zählt das Spiel!

Den Weg zum Ziel genießen

Wie ist das, wenn wir ein Ziel erreicht haben? Klar fühlen wir uns gut, natürlich auch stark und selbstbewusst, aber egal ob im Sport oder bei der Arbeit, dieser Moment verstreicht sehr schnell. Wir können versuchen, ihn künstlich zu verlängern, indem wir nach einer guten Golfrunde noch allen erzählen, wie toll wir gespielt haben, oder einen schönen Trade auf Facebook posten und all unseren Freunden zeigen. Aber das ist alles nur der verzweifelte Versuch, das gute Gefühl, ein Ziel erreicht zu haben, festzuhalten. Wenn das Spiel vorbei ist, nehmen wir bereits eine dissoziierte Perspektive ein. Wir betrachten es im Rückblick. Mit dem Begriff »Flow« wird die Idee beschrieben, sich voll auf eine Sache einzulassen, ohne Zweifel und ohne Ablenkung. Diese Flow-Erfahrung machen wir während des Tradens, während des Spiels und nicht danach. Das ist es, wofür wir leben, nicht für das Ergebnis an sich!

Das Ergebnis ist maximal eine Konsequenz des Spiels. Das Spiel aber ist eine Folge von Möglichkeiten. Wann immer wir unser Augenmerk nicht auf die Möglichkeiten, sondern auf die Konsequenz und somit auf das Ergebnis richten, beginnen wir unbewusst, Erwartungen und Ängste aufzubauen. Während des Spiels haben wir Möglichkeiten, uns richtig oder falsch zu verhalten. Somit ist das Spiel das Wesentliche, auf das wir unsere Konzentration lenken sollten. Das Ergebnis hingegen ist das Resultat eines Spieles und nicht mehr veränderbar. Natürlich hängt das Ergebnis mit dem Spiel zusammen. Wir können nicht gewinnen, wenn wir ständig schlecht traden, genauso wie eine Fußballmannschaft nicht aufsteigt, wenn sie ständig schlecht spielt.

Aber festzustellen bleibt: Das Spiel kommt vor dem Ergebnis, und wenn wir während des ganzen Spiels nur auf das Resultat konzentriert sind, wäre das so, als ob wir ausschließlich am Ende eines Filmes interessiert sind. Nein, genauso wie es Spaß macht, den ganzen Film zu sehen, macht es auch Freude, ein Spiel zu spielen oder eben zu traden. Auch wenn das Ergebnis eine Konsequenz des Spieles ist, darf es nicht zu sehr in den Vordergrund rücken.

Volle Konzentration auf den Prozess

Wir würden nur verkrampfen, wenn wir uns allein auf das Ergebnis fokussieren. Besser ist es, seine ganze Energie auf das Spiel zu richten. Ist unsere Aufmerksamkeit zu sehr auf das Ergebnis gerichtet, fehlt diese Energie zwangsläufig im Spiel. Der Trader ist abgelenkt. Nur wenn es uns gelingt, unsere volle Konzentration auf den Prozess des Tradens, auf das »Spiel«, zu richten, können wir die beste Leistung und damit dann auch gute Ergebnisse erwarten.

Es ist nichts falsch daran, mit einer positiven Haltung in ein Spiel zu gehen und zuversichtlich zu sein. Das ist sogar eine Grundvoraussetzung, um erfolgreich zu sein, aber wir dürfen dabei nicht vergessen, dass das Ergebnis erst am Ende des Spiels feststeht. Die vollkommene Konzentration auf das Ergebnis, auf Erfolg oder Niederlage, stört das Spiel. Sie nimmt uns unsere Unbefangenheit. Plötzlich beginnen wir, Zwischenergebnisse linear hochzurechnen. Wir haben bereits 500 Euro mit zwei Trades verloren, und wenn wir so weitermachen, sind wir sicher am Ende des Monats pleite. Genauso werden Gewinne linear in die Zukunft fortgeschrieben. Umso enttäuschter ist der Trader dann, wenn die Gewinnserie abreißt. Dabei hat er selbst einen großen Teil dazu beigetragen. Denn statt den Gewinn willkommen zu heißen, hat er ihn erwartet.

Es ist wie mit einem lieben Gast. Wenn wir ihn erwarten und er verspätet sich oder kommt gar nicht, sinkt unsere Laune. Wir werden unruhig und unsere Gedanken beginnen plötzlich, verrückt zu spielen. Ist etwas vorgefallen, haben wir etwas falsch gemacht?

Kommt ein lieber Gast überraschend, freuen wir uns immer. Meist sogar noch mehr, als wenn wir seinen Besuch erwartet hätten.

Erwartungen beschränken die unzähligen Möglichkeiten, die in Zukunft geschehen können, auf nur ein einziges Szenario.

Erwartungen bauen Druck auf. Dieser muss nicht negativ sein. Der Druck kann uns herausfordern und motivieren. Leider kann der Druck aber auch dazu führen, dass wir die Ansprüche an uns selbst nicht erfüllen. Überfordernde Erwartungen werden uns sogar entmutigen.

Positive Erwartungen stärken das Selbstvertrauen. Das funktioniert nur, wenn die Erwartungen den Fähigkeiten hinsichtlich der Aufgabe entsprechen.

Das Ergebnis ist lediglich ein Resultat. Betrachten Sie das Ergebnis mehr als Feedback. Als einen Kontrollparameter des Prozesses. Es gibt Ihnen Auskunft über den Prozess des Tradens. Es ist eine Rückmeldung, wie Ihr Spiel, Ihr Traden, verlaufen ist.

Erfolgreiche Menschen haben Spaß an ihrer Aufgabe

Egal welches Ergebnis Sie nach Hause bringen: Vergessen Sie niemals, Sie haben sich für dieses Spiel entschieden, weil Sie es genießen. Weil Sie Spaß daran haben. Wenn Sie von Anfang an nur das Ergebnis interessiert hat, liegen Sie falsch und ich gebe Ihnen eine Garantie, dass Sie langfristig nicht erfolgreich sind. Erfolgreiche Menschen haben zuerst Spaß an ihrer Aufgabe und dann kommt der Erfolg! Wenn die Leistung, die wir erbringen, uns keinen Genuss bringt, verschwenden wir Energie – und das auf doppelte Art und Weise. Zuerst müssen wir unendlich viel Energie in den Prozess stecken. Wir müssen uns zwingen, die »Arbeit« zu erledigen, weil wir nur an dem Ergebnis interessiert sind, und da Menschen immer nach Balance und Ausgleich suchen, müssen wir dann neben der Arbeit noch versuchen, uns anderweitig Genuss zu verschaffen.

Wenn wir nicht das Spiel an sich genießen können, sind wir bereits auf dem besten Weg, zu verlieren. Denn nur Leidenschaft bringt die Bereitschaft mit sich, sich voll auf den Prozess einzulassen. Der Genuss macht uns immun gegen Misserfolg. Nur so können wir temporäre Niederlagen überstehen, ohne dauerhaft Schaden zu nehmen.

Das heißt nicht, dass wir das Ergebnis aus den Augen verlieren. Natürlich wollen wir auch gewinnen, aber nur wenn wir ohne Stress agieren, sind wir auch stark. Aus dieser Einstellung wird sich Erfolg von selbst ergeben – wenn nicht sofort, dann später!

6.
SCHLUSSWORT

Hat es nun gereicht, ein paar Hundert Seiten über mentale Stärke zu lesen, um mental stark zu werden? Ich denke, es ist gar nicht notwendig, diese Frage zu beantworten. Wer dieses Buch durchgelesen hat, wird verstanden haben, dass mentale Stärke nicht von heute auf morgen zu erreichen ist.

Dennoch habe ich dieses Buch *Einfach traden* genannt. Denn das ist das Ziel: einen mentalen Zustand zu erreichen, in dem es sich einfach traden lässt. Eine Schule der Persönlichkeitsentwicklung zu durchlaufen, bei der wir uns selbst coachen. Dies kann nur erfolgreich sein, wenn wir achtsam und aufmerksam sind. Wem es gelingt, die Ideen aus diesem Buch umzusetzen, der wird das Ziel »Einfach traden« in zweifacher Weise erreichen. Das Traden wird ihm leichter fallen, weil er sich durch nichts ablenken lässt, und er kann »einfach« handeln, weil ihn nichts mehr zurückhält.

Das Trading wird unabhängig von den Ergebnissen keine Belastung mehr für uns sein, stattdessen ist es uns möglich, in einen Zustand des Flow zu gelangen, bei dem wir die optimale Kombination von Aufgaben und Fähigkeiten erreicht haben. Wir sind dann weder unterfordert noch überfordert. Wir operieren mit höchster Aufmerksamkeit genau an der Grenze zur Überforderung, sind aber noch in der Lage, problemlos die uns gestellten Aufgaben zu erledigen. Die Befriedigung, die aus solch einem Zustand erwächst, ist mit Geld nicht zu bezahlen. Im Zustand des Flow schielen wir nicht auf das Ergebnis. Wir sind so mit der Aufgabe, mit dem Prozess, beschäftigt, dass unser Bewusstsein gar keine Ressourcen zur Verfügung hat, sich noch mit etwas anderem auseinanderzusetzen. All unsere Aufmerksamkeit ist auf die Aufgabe gerichtet und nicht mit Zweifeln oder Ablenkungen beschäftigt. Menschen erzielen im Zustand des Flow die bestmöglichen Ergebnisse. Im Flow zu sein ist der optimale Performancezustand.

Um in diesen Zustand zu gelangen, müssen wir Vertrauen in unsere Fähigkeiten entwickeln. Wie das geht, habe ich im Kapitel »Vertrauen« gezeigt.

Mentale Stärke erreichen wir nicht mit einem Fingerschnippen. Wir müssen uns sozusagen erst einmal mit »allen Wassern« waschen lassen. Das ist harte Arbeit. Doch es ist eine Arbeit, die sich lohnt. Denn wenn wir einmal die Prinzipien der mentalen Stärke verstanden haben, können wir sie auch in anderen Lebensbereichen einsetzen.

Mentale Stärke beruht auf wenigen Grundregeln, die wir nur umsetzen müssen.

Diese Prinzipien sind:

1. Aufmerksamkeit

2. Konsequente Fokussierung des Bewusstseins (Welches ist mein Ziel?)

3. Verantwortung übernehmen für alles, was uns widerfährt

4. Erschaffung von neuen Realitäten (Modellen), die uns unterstützen

5. Lernen, Emotionen zu verstehen und zu identifizieren

6. Lernen, auf Gefühle richtig zu reagieren und sie notfalls zu verändern

7. Den Mut haben, konsequente Entscheidungen zu treffen

8. Lernen, zu akzeptieren, was wir fühlen, erfahren und was geschieht. Gelassenheit, ohne dabei gleichgültig zu werden. Ich nenne dies »aktive Gelassenheit«.

Um diese Prinzipien umzusetzen, müssen wir unser Bewusstsein und unser Unterbewusstsein häufig neu programmieren. Wir müssen alte Denkgewohnheiten aufgeben und neue annehmen.

Es gibt einen Unterschied zwischen faktischem Wissen und prozeduralem (praktisch nutzbarem). Die Fakten zu kennen ist zwar gut, ändert aber nichts, solange wir nicht auch bereit sind, unser Wissen anzuwenden.

Viele Trader befinden sich ständig in der Spirale, weiteres faktisches Wissen aufzubauen, ohne jemals genau zu lernen, wie sie es praktisch nutzen können. Diese Trader sind reinste Wissensmaschinen und kennen alle Strategien, Indikatoren und was es sonst noch auf der Welt gibt. Aber Erfolg haben sie deshalb nicht, weil sie nie gelernt haben, wie sie ihr Wissen einsetzen müssen. Meine Empfehlung ist deshalb immer: Lernen Sie zuerst die Grundlagen über den Markt. Hören Sie dann auf, weiteres Wissen anzuhäufen, und konzentrieren Sie sich darauf, etwas über sich zu lernen, damit Sie wissen, wie Sie Ihre Kenntnisse für sich am besten einsetzen können.

Wie bei vielen neuen Dingen wird es uns nicht immer gleich gelingen, das gewünschte Ergebnis zu erzielen. Aber eine wesentliche Tugend erfolgreicher Trader ist Beharrlichkeit. Sie äußert sich in einer gewissen Widerstandsfähigkeit gegenüber Rückschlägen aller Art. Wer nach dem Lesen dieses Buches nicht unmittelbar erfolgreich ist, hat nicht versagt und braucht häufig auch nicht weiteres Wissen über Märkte und Strategien. Um ein Experte zu werden, braucht es Zeit. Ich will Sie ermutigen, an Ihren Träumen dranzubleiben. Studien zeigen, dass Menschen ca. 10 000 Stunden Training brauchen, bevor sie in einer Sache Experte sind. In diesen 10 000 Stunden werden Sie nicht nur den Markt sehr gut kennenlernen, sondern, wenn Sie wollen, auch sich selbst.

Ich habe in diesem Buch meine Erfahrungen niedergeschrieben, mein Modell von der Welt, der Welt des Tradings, erläutert. Ich habe meine Umgangsweisen mit Emotionen beschrieben. Ich hoffe, dass diese Erfahrungen auch anderen Tradern weiterhelfen, sich zu entwickeln. Deshalb habe ich dieses Buch geschrieben. Natürlich wird jeder sein eigenes Modell der Welt, des Marktes und seine Ansicht über Gefühle entwickeln. Genauso wie es tausend Möglichkeiten gibt, Geld am Markt zu verdienen, so wird es unterschiedliche Wege geben im Umgang mit Gefühlen. Wichtig ist nur, dass wir lernen, uns überhaupt mit diesem Thema zu beschäftigen. Denn oft vergessen wir vor lauter Marktanalysen und Ansätzen, dass der Schlüssel zum Erfolg immer noch in uns selbst liegt und nicht in einer externen Strategie. Alles Externe kann uns genommen werden, wir können es verlieren. Das, was in uns ist, wird uns niemand nehmen können. Darauf lässt sich wirklich bauen. So entwickeln wir echtes Selbstvertrauen in uns und unsere Fähigkeiten.

REGISTER

A

Ablenkungen vermeiden 80, 81
Abwehrreaktionen 119, 120 125, 177, 192
Achterbahn der Emotionen 17
Achtsamkeit 194-195, 200
Akzeptanz 98, 123, 125, 126, 140-142, 170-172, 179, 186, 190-192, 194, 195
Angst 28, 62-63, 65, 79, 89, 99-103, 108-120, 123-127, 129, 133, 135, 137-140, 146, 147, 176, 178, 179, 181-183, 188-194, 196, 199, 201, 211-215
Angst als natürlicher Schutzmechanismus 118
Angst konstruktiv bewältigen 120
Angst, Umgang mit 126
Antizipieren 34, 51, 52, 57, 65, 191
Aufmerksamkeit 21
Aufmerksamkeit üben 28
Aufmerksamkeits-Shift 23

B

Bauchgefühl 64
Bedauern 105-106
Bedrohungen 119, 177
Beharrlichkeit 128-129, 151-152, 225
Bestandsaufnahme 67
Bestandteile eines Gefühls 108
Bogenschütze 81

D

Depression 186, 190, 193, 195, 200
Dichotomie von Erwartungen 22

E

Emotionen 16-17, 63, 90, 97, 99, 186, 187, 194, 195, 215, 224, 225

Entlohnungskonzept 174
Entscheidung, diskretionäre 35
Entscheidung, richtige 37
Entscheidungen, gute 34
Entscheidungssituationen, unklare 44
Entscheidungssysteme 37, 39
Enttäuschung 21, 98-99, 104, 110, 127, 170, 193
Erfahrung 22, 25, 36-37, 47-49, 51, 53, 54, 58, 65, 67, 77, 80, 85, 86, 93, 94, 98, 104, 116, 122, 125-128, 136, 142, 143, 149, 150, 152, 153, 171, 193, 194, 207, 218, 225
Erfahrungen, prägende 97
Erfahrungen, unmittelbare 96
Erwartungen 14
Erwartungsleere 175, 183
Expertensystem 37

F

Fähigkeiten richtig einsetzen 27
Feedback 16, 19, 29, 55, 60, 74, 75, 103, 136, 145, 151, 164, 165, 170, 190, 195, 199, 200, 212, 220
Flexibilität 16
Fokus 26
Formen der Angst 115
Framing 152
Frustration 16, 98, 99, 101, 103, 104, 121, 164, 165, 166, 167, 168, 169, 170
Furcht und Selbstvertrauen 149

G

Geduld 98, 121, 128, 153, 154, 155
Gefühle als Signale 102
Gefühle analysieren 110
Gefühle identifizieren 107
Gefühle testen 111
Gefühle, reagieren auf 111
Gehirnhälfte, linke 61
Gehirnhälfte, rechte 61
Gelassenheit 194, 195, 224
Geldprobleme 178
Gemütszustand 95
Gewinne erwarten 18

H

Hebelpunkte 39, 47-49, 51, 59
Hoffnung 15, 79, 182

I

Indikatoren 31-34, 56, 58, 68, 118, 122, 141-142, 225
Inflection Point 167, 185, 203, 204, 207-209
Intuition/Rationalität 36, 60

K

Kontrolle 168
Kontrolle, interne 90
Kreativität 13
Kursverlauf 32, 56, 65, 141

L

Langeweile 105
Loslassen und vergeben 139

M

Markt als chaotisches System 24
Markt als Ganzes 33
Markt, chaotischer 69
Markt, grenzenloser 70
Markt, richtige Distanz 82
Marktbedingungen 18-21, 44, 46, 174, 207, 208
Marktbewegungen 18
Marktmodelle 68
Marktmodelle, gute 72
Mentale Stärke 89-98
Mentales Training 91
Money Management, rationales 62

N

Nicht-Denken 82

P

Polarität der Gedanken 84
Positives Denken, zwanghaftes 23
Preisempfehlungen, unverbindliche 70

Prinzip »wenn, dann« 51
Prioritäten 161, 164
Prozessziele 165

Q

Qualitäten freisetzen 25

R

Rationalität/Intuition 36, 60
Realitätsmodelle, persönliche 68
Reifeprozess 192
Risk Manager 20, 208
Rituale 138, 139, 146
Routinen 38-39, 107, 137, 138, 146

S

Selbstbetrug 17
Selbstbild, Erhaltung des 12
Selbstcheck, mentaler 87
Selbstvertrauen, fehlendes 149
Selbstvertrauen, übersteigerndes 148
Sich selbst erfüllende Prophezeiung 51
Sicherheit und Risiko 180
Simulation 47, 52-54, 65, 215
Spot der Aufmerksamkeit 79
Stärken 27
Status quo, vorweggenommener 14
Stopps, ängstliche 115
Stresssymptome 177
Struktur des Gefühls 161
System im Drawdown 44ff.

T

Tape-Reading 56
Toleranz 121, 123, 126, 184, 185, 190, 192
Tradingtagebuch 47, 77, 91, 95, 120, 124

U

Überzeugungen 73, 74, 76, 77, 131, 137, 176, 196, 198, 201
Umgang mit Verlusten 123, 173-176, 179, 180, 181-184, 192, 203

Umwelt, gedankliche 174
Umwelt, materielle 175
Ungeduld 105, 110, 154-164, 166
Unsicherheit 24, 25, 130, 135, 180
Unterbewusstsein, Kraft des 35

V

Verantwortung 11, 106, 122
Verdrängen 135, 186
Verhaltenskontrolle 164
Verhandeln 186
Verlangen 158
Verluste 81, 84-86, 93, 97-101, 112, 113, 116-119, 121-125, 127, 128, 132, 134-137, 141-145, 147, 157, 160, 167-169, 172-177, 179-186, 187, 189-194, 203-205, 210-212, 214, 215
Verluste spiegeln 137
Verlustserien, Wahrscheinlichkeit 143
Verlustspirale, Wege aus der 125
Vertrauen erarbeiten 134
Vertrauen in die eigenen Fähigkeiten 22
Vertrauensbeweise 128

W

Wachstumsspirale 171
Wahrscheinlichkeiten 24-25, 144
Wertkonflikte 112
Wirkung von Angst 113
Worst-Case-Szenario 54
Wunsch nach Kontrolle 187, 194, 199
Wut und Zorn 186

Z

Ziele 39
Ziele ändern 41, 42
Ziele, erreichbare 165
Ziele, unbewusste 40
Zielkonflikte 39-40
Zutrauen 129, 150, 151

Die Kunst des erfolgreichen Tradens

Birger Schäfermeier

Die Suche nach dem Schlüssel zur finanziellen Freiheit durch Trading und Investmenterfolg führt die meisten Menschen auf eine lange, teure und häufig unendliche Odyssee. Dutzende von Tradingstrategien werden erprobt, die unterschiedlichsten Indikatoren getestet, Gurus befragt, Analysen gewälzt – auf der oft vergeblichen Suche nach dem Heiligen Gral, der Methode, dem Handelssystem, das einem sichere und dauerhafte Gewinne verspricht. Nur eine geringe Anzahl von Tradern verwirklicht ihr Ziel, mit kontinuierlicher Spitzenperformance satte Profite zu erwirtschaften. Birger Schäfermeier ist einer von ihnen, und er zeigt Ihnen, wie es geht.

304 Seiten I 24,99 € (D) I Broschur I ISBN 978-3-89879-672-9
Mehr Informationen zu Investmentthemen finden Sie unter www.portfoliojournal.de

Das große Godmode-Trader-Handbuch

Jochen Stanzl
Thomas May

Die Toptrader von GodmodeTrader.de, dem größten europäischen Internetportal für Trader, packen aus: *Das große GodmodeTrader-Handbuch* bietet Ihnen die Information, die Sie für Ihren täglichen Erfolg brauchen: Als Anfänger, wenn Sie einen individuellen Einstieg in einen speziellen Tradingbereich suchen und erste Tradingerfahrungen sammeln wollen. Als fortgeschrittener Trader, wenn Sie neue Tradingfelder suchen. Als Profi, wenn Sie Ihre Strategie optimieren wollen.

In exklusiven Interviews geben die Toptrader zudem einen Einblick in persönliche Tradingerlebnisse, sprechen über ihre ersten Börsenerfahrungen und werfen einen Blick in die Zukunft. *Das große GodmodeTrader-Handbuch* bietet Ihnen die geeigneten Bausteine, um Ihre individuellen Tradingergebnisse zu verbessern.

368 Seiten I 39,99 € (D) I Hardcover I ISBN 978-3-89879-828-0
Mehr Informationen zu Tradingthemen finden Sie unter www.tradersjournal.de

Erfolgsrezept: Kurzfristtrading

Larry Williams

Trading ist ein kurzfristiges Geschäft. Doch oft lohnt es sich erst, wenn man einen Wert länger im Depot behält und so bestmöglich vom Kursanstieg profitiert. In diesem Buch überträgt Williams erstmals Gesetzmäßigkeiten der langfristigen Anlage auf den kurzfristigen Tradingbereich und entwickelt so völlig neue Strategien, die bis dato noch nie veröffentlicht wurden. Er zeigt die drei dominantesten Zyklen an den Märkten auf und beschreibt genaue Kursmuster sowie Ein- und Ausstiegssignale. Jede Strategie wird genauestens erklärt und analysiert. Williams ermöglicht einmalige Einblicke in die Welt der Profitrader und gibt dem Privatanleger genaue Regeln, wie er vorzugehen hat. Larry Williams at his best!

Neben Aktualisierungen und der Darstellung neuer profitabler Handelsstrategien für das Kurzfristtrading ist diese Auflage um ein weiteres Kapitel ergänzt worden.

416 Seiten I 39,99 € (D) I Hardcover I ISBN 978-3-89879-690-3
Mehr Informationen zu Tradingthemen finden Sie unter www.tradersjournal.de

Gewinnen, wenn die Kurse fallen

Dr. Alexander Elder

In seinem neuen Buch widmet er sich intensiv und ausführlich dem Verkauf bestehender Positionen: Neben Grundlagen des Risikomanagements und der Trading-Psychologie steht vor allem der richtige Zeitpunkt, eine Long-Position zu schließen, im Fokus seiner dargelegten Expertise. Denn mit dieser Schlüsselkompetenz stehen und fallen Gewinn und Verlust des Traders. Elder vermittelt darüber hinaus umfangreich und detailliert Know-how rund um das komplexe Thema Leerverkäufe. So lernt der Anleger, wie er von Kursrückgängen profitiert, seine Chancen auf Gewinne verdoppelt und Verluste wirksam minimieren kann.

384 Seiten I 29,99 € (D) I Hardcover I ISBN 978-3-89879-792-4
Mehr Informationen zu Tradingthemen finden Sie unter www.tradersjournal.de

Risiko- und Money-Management simplified

Wieland Arlt

Für jeden Trader ist ein professionelles Risiko- und Money-Management unverzichtbar, um Trading-Ergebnisse dauerhaft und nachhaltig zu verbessern. Im Eifer des Tradings wird das oft vernachlässigt. Deshalb stellt Wieland Arlt in seinem Buch einfache Methoden vor, die in der Praxis mit wenig Aufwand umzusetzen sind.

Er stellt für unterschiedliche Handelsstile verschiedene Konzepte vor, sodass kurz- und mittelfristig orientierte Trader von der Planung eines Trades bis hin zur Wahl des passenden Finanzproduktes individuell begleitet werden. Wieland Arlt gibt praxisnahe Hinweise und demonstriert, dass ein professionelles Risiko- und Money-Management Tradingerfolg planbar macht.

200 Seiten I 14,99 € (D) I Broschur I ISBN 978-3-89879-860-0
Mehr Informationen zu Investmentthemen finden Sie unter www.portfoliojournal.de

Ein Service des FinanzBuch Verlags:

www.kursplus.de

**Trading-
Experten live**
erleben –
Fragen stellen

Es erwarten Sie:

- Strategien aus der Praxis für die Praxis
- intensiver Austausch mit den Experten
- umfrangreiche Seminarunterlagen
- direkt umsetzbares Börsenwissen
- und vieles mehr…

Abonnieren Sie unseren **Newsletter** und erfahren Sie alles über unsere meist **kostenfreien** Seminare!

Mehr Informationen unter
www.kursplus.de

Das tradAc Traderausbildungsprogramm
von und mit Birger Schäfermeier

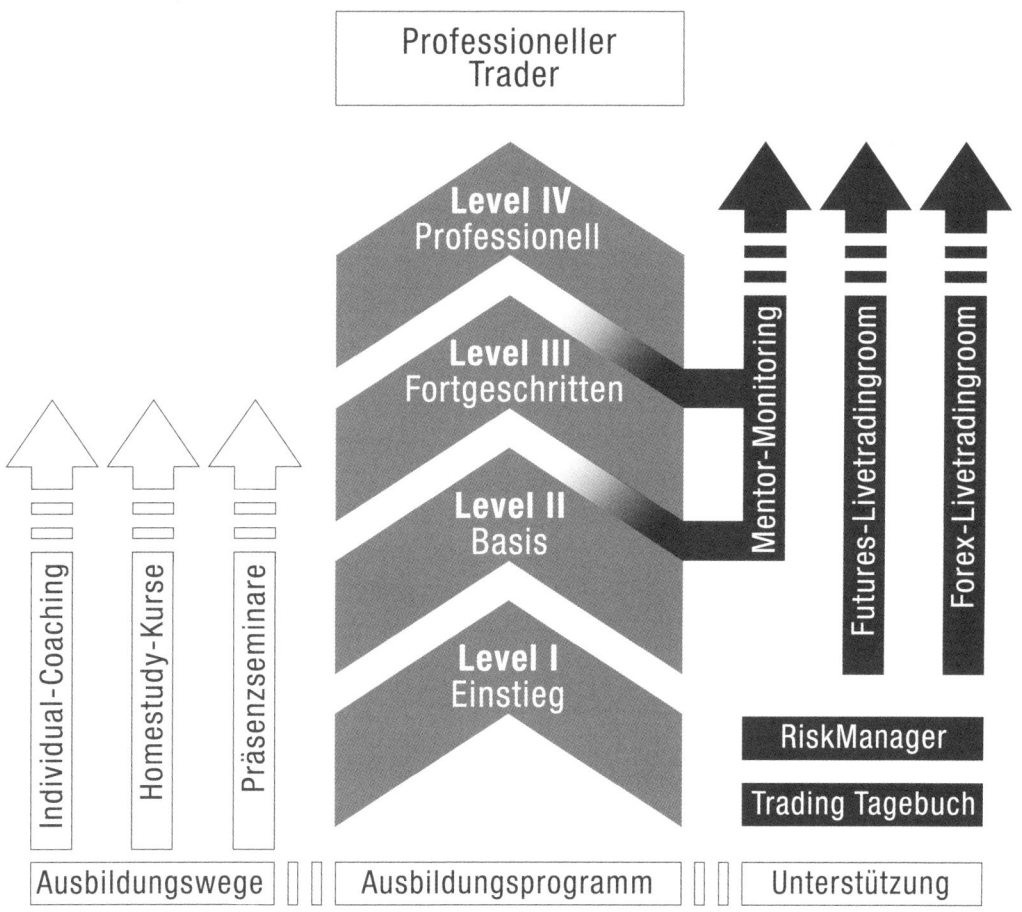

www.tradac.de
www.tradac-livetradingroom.de

Wir beraten Sie gerne: 0208 - 970 402 90

Wenn Sie **Interesse** an **unseren Büchern** haben,

z. B. als Geschenk für Ihre Kundenbindungsprojekte, fordern Sie unsere attraktiven Sonderkonditionen an.

Weitere Informationen erhalten Sie bei unserem Vertriebsteam unter +49 89 651285-154

oder schreiben Sie uns per E-Mail an:

vertrieb@finanzbuchverlag.de

FinanzBuch Verlag